北京市社会科学理论著作出版基金资助

强调范畴及其若干句法研究

汲传波 著

图书在版编目(CIP)数据

强调范畴及其若干句法研究/汲传波著. —北京：北京大学出版社，2015.1
ISBN 978-7-301-25317-5

Ⅰ.①强… Ⅱ.①汲… Ⅲ.①汉语–句法–研究 Ⅳ.①H146.3

中国版本图书馆 CIP 数据核字（2015）第 001919 号

书　　名	强调范畴及其若干句法研究
著作责任者	汲传波　著
责任编辑	唐娟华
标准书号	ISBN 978-7-301-25317-5
出版发行	北京大学出版社
地　　址	北京市海淀区成府路 205 号　100871
网　　址	http://www.pup.cn　新浪微博：@北京大学出版社
电子信箱	zpup@pup.cn
电　　话	邮购部 62752015　发行部 62750672　编辑部 62753374
印刷者	北京大学印刷厂
经销者	新华书店
	650 毫米×980 毫米　16 开本　14.25 印张　240 千字
	2015 年 1 月第 1 版　2015 年 1 月第 1 次印刷
定　　价	39.00 元

未经许可，不得以任何方式复制或抄袭本书之部分或全部内容。
版权所有，侵权必究
举报电话：010-62752024　电子信箱：fd@pup.pku.edu.cn
图书如有印装质量问题，请与出版部联系，电话：010-62756370

语言内容的形式化
——序汲传波《强调范畴及其若干句法研究》

汲传波2004年考入中国社会科学院攻读语言学博士学位,当时他给我的第一印象是儒雅,甚至还显得文弱。然而他却选择"强调范畴"来做博士论文,显示出学术上的刚强。

"强调",虽然教科书中经常出现,语言学论著中也经常使用,但很难把它说清楚。研究强调范畴,需要说明何谓强调,强调与焦点等相关概念的同异,强调范畴的内部系统架构,强调的语言表达方式等等。而要说明这些问题是有相当难度的,因为学界在此领域积累不多,问题涉及多个方面多个学科,而且在研究上也难以抓住张目之纲。但传波以其特有的执着与耐心,经历了反复出现的迷茫、苦闷与畅快,终于在2008年完成论文,通过答辩。之后四年,他承担了繁重的教学与科研任务,还赴韩国工作,但时时不忘修改充实论文,业余时间大约全成了他做"余业"的时间,这持续证明着文弱的他学术上的刚毅。

再次阅读传波这部即将付梓的书稿,我感受最明显的是:作者用Malim(1994)的"不随意注意"理论来解释强调现象,为强调找到了心理学依据;他梳理了西班牙语、匈牙利语、圣经希伯来语、英语等对强调的研究成果,展现了强调研究的类型学景观;阐述了何谓强调、怎样判别强调、所谓强调究竟强调的是什么、强调的程度差异、强调的多种句式等等,建立起了语言学上的强调范畴及其次范畴;运用主观量、强调级次等概念,考察了连字句、甚至句、"谁都……"句、"谁也……"句、"是……的"句等表达强调的情况。作者不仅对相关句式的研究有所推进,而且显示出细腻的观察语言事实的眼光和扎实的语法描写功夫。此时之书稿与当年学位答辩时比,内容有大范围扩充,水平有大幅度提升。真是梅需四季孕,剑要十年磨。

范畴研究是中国语法学界近十余年来重要的发展领域之一,学者们不仅提出了事物范畴、时间范畴、工具范畴、方位范畴、属性范畴、指代范畴、数量范畴、疑问范畴、传信范畴、否定范畴、致使范畴、比较范畴、选择范畴、递进范畴等，而且对这些范畴的研究都有程度不等的收获。语言范畴是认知范畴在语言上的投射。语言内容（包括"语义"）是"语里"，语言形式是"语表"，语言研究的任务之一就是寻求表里之间的对应关系。有一个时期，中国语言语法学界研究表里关系一般是"由表及里"，从形式入手，寻求形式所表达的语义乃至更为宽泛的语言内容；范畴研究则是"由里及表"，从语义或语言内容入手，寻求语里所对应的语音、词汇、语法、篇章等各层面、各方面的语言形式。"由表及里"和"由里及表"两种研究路向相互配合，才能够更为全面地观察表里对应的语言景观，发现更多的语言事实和语言规律。

语义研究是结构主义以来语言学研究的最大进展之一。通常认为，结构主义语言学不研究语言意义，理由是语义问题太复杂。这常被说成结构主义语言学的不足之处，其实也是结构主义者的聪明所在。不过在研究语言的实际过程中，谁也离不开意义，结构主义也难例外。比如结构主义主力之一的布拉格学派，其音位理论已经成为语言学不可缺少的篇章，音位理论的基本概念是"对立"与"互补"，而要确定对立与互补，断不能离开意义的参与。描写语言学家在切分语言单位、描画语言的层次构造时，自诩只用形式标准，其实仍然少不了意义的参与。因此准确地说，结构主义只是没有就语义问题进行专门深究，并非认为语言学不该研究意义，认为语言研究应当摒弃意义。

语言学史的沿革就是既有"沿"又有"革"。结构主义之后，一方面继续向着形式化的方向发展，这是"沿"；一方面往语义研究方面倾注了大量精力，且取得了一系列具有里程碑意义的突破，这是"革"。语义研究的成果，不需细想就能举出很多，如词汇学领域的语义场理论及其义素分析，数理逻辑领域的逻辑语义学，语用学领域的语用推理，语法学领域的语义角色和论元结构理论、语义指向理论。上面所说的语言范畴和在中国较为时兴的功能语言学，其许多研究也属于语义研究，甚至已经超出语义而涉及更广的内容，比如传波所研究的"强调范畴"，比如功能语言学的"距离相似性"原理等。特别是黄曾阳先生的 HNC 理论，其学术志趣之一，就是用一套基本概念来揭示自然语言是如何描述万事万物的。最近袁毓林教授为了帮助计算机自动分析语言而建设的语义知识库，分别描写名词的物性结构和动词、形容词的论元结构，把名词、动词、形容词的实体指称、概念关系、情感评价等都纳入语义知识库内容中，这实质上几乎是对语言能够表达的大千世界的研究了，而非一般所谓的语义所能涵盖。

结构主义之后语言研究在形式化上也有巨大进展。这是数理逻辑、计算语言学联袂介入语言学的一个结果，是转换生成语言学等形式学派主动追求的结果。这种形式化的发展，不仅使语言学成果的表达呈现出符号化、公式化的倾向，不仅对语言形式进行形式化，而且也试图使语言意义形式化。这种形式化，不仅便于计算机理解自然语言，而且也帮助语言研究能够扎实地向着语义的深度迈进。以语法学为例，词类、句法成分和语法关系的形式化，有利于以此为岸阶去探究语义角色的形式化；语义角色的形式化又形成一个新岸阶，为论元结构的探讨提供方便；论元结构的形式化又便于更深入地去研究"物性"之类的问题，实现对语言内容之河谷的更为深远的探讨。当然，语言研究的形式化也会带来一些弊端，比如可能会在语言学内部产生隔阂，因为许多语言学家并不欣赏甚至并不认同这种形式化；也会与许多学科加厚隔膜，因为很多学科并不便于吸收过于形式化的语言学成果。

纵观语言学的发展趋势，语义研究还会向着纵深的方向发展，乃至研究自然语言所能表达的整个"语言世界"的内容。由于计算机智能所产生的巨大社会作用和学术诱惑力，语言研究形式化还将成为一种重要的学术取向，努力将人们能够发现的语义范畴形式化，并逐渐趋近于将语言内容形式化的目标。

序至此处，已经超出"经验主义"的范畴了。而语言学，总体上说是经验科学，语言学者应当像脸朝黄土背朝天的农夫一样，辛勤耕耘才能有所收获，甚至有时还要有点"只问耕耘，不问收获"的傻劲儿。今日是农历癸巳年正月初九，正是雨水节气，这使我突然想起去年秋天写的《鹊桥仙·农夫》，便寻来录此，作为序言的结尾，并与传波以农夫精神共勉：

满犁泥土，
满楼麦豆，
耕田一把好手。
秋冬春夏无闲时，
仿佛是生为忙碌。

日出而作，
日归而宿，
不舍天光一幕。
喜哀怒乐收成定，
就一个山野农夫。

李宇明
2013年2月18日
序于北京惧闲聊斋

前　言

汉语本体研究中常用"强调"这一术语进行词语释义或归纳格式语义，虽比较概括，但也比较笼统，常常"可意会不可言传"。在汉语作为第二语言教学中，用"强调"来解释词或语法格式会遇到一些麻烦。因为汉语中表示强调的格式、词语很多，它们到底有什么不同，这是必须要向汉语学习者讲清楚的。基于此，本书尝试回答以下问题：强调到底是什么？判断强调的标准是什么？诸多表达强调的格式之间有无异同？有无程度上的差别？

为寻求以上问题的答案，本书选定"强调"作为研究对象，尝试对汉语强调问题进行系统梳理，探寻强调现象的心理动因，深化对强调本质的认识；努力厘清强调与对比、强调与焦点的关系；借鉴语义范畴研究思路，尝试构建强调范畴及其次范畴；对强调范畴的部分次范畴从语法、语义、语用等层面进行深入比较研究。在研究方法上，本书重视功能和用法研究，重视语料库的作用。

本研究的理论价值在于对强调现象的深层解释。面对如此纷繁复杂的强调格式，如果我们能够找到其中的某些规律，这将会拓宽、深化人们对强调的认识。另外，本研究从表达语法的视角对近义强调句式进行语义、语用比较，其成果可以为汉语作为第二语言教学大纲的修订及教学语法点的注释提供参考。

全书以"强调"为纲展开各章节，围绕对强调结构的认知解释、近义强调结构的强调级次等核心内容进行研究。第一章简要介绍选题的由来、写作目的以及全书框架。第二章首先评述了国内外学者对强调现象的相关研究成果，然后根据心理学的不随意注意理论，提出了判断强调的标准，并对"强调"进行了新界定。第三章概述研究的路向与方法。第四章就强调与焦点、对比的关系进行了深入比较分析。第五章至第八章是全书语义、句法研究的核心。第五章研究极量强调范畴及其相关格式的异同，涉及连字句、甚至句、即使句等句式。第六章研究全量强调范畴，涉及"疑问代词＋都/也……"句。第七章研究框架凸显强调范畴，涉及"是……的"句。第八章重点考察语气强调范畴的一个小类"反复"，探究反复表达强调的途径。第九章是结论及余论。

"强调"是很复杂的现象，它分散于语言研究的各个层面，很难集中，研究困难远超预期。此外，由于本人才疏学浅及精力、时间所限，书中一定会有不少缺点甚至错误，衷心希望得到各位专家、读者的批评指正。

目 录

第一章 绪论 ………………………………………………… 1
  第一节 论题与目的 …………………………………………… 1
    一、论题由来 ………………………………………………… 1
    二、研究目的 ………………………………………………… 2
  第二节 思路与框架 …………………………………………… 4

第二章 关于"强调" ………………………………………… 7
  第一节 研究现状 ……………………………………………… 7
    一、国内的研究 ……………………………………………… 7
    二、国外的研究 ……………………………………………… 13
    三、简评 ……………………………………………………… 20
  第二节 前人对强调的界定 …………………………………… 20
    一、国内学者的观点 ………………………………………… 20
    二、国外学者的观点 ………………………………………… 22
    三、简评 ……………………………………………………… 22
  第三节 新的阐释 ……………………………………………… 23
    一、强调的本质是心理现象 ………………………………… 23
    二、强调具备的两个特征 …………………………………… 27
    三、判断强调的标准 ………………………………………… 30
    四、强调手段与强调特征 …………………………………… 31
    五、强调的界定 ……………………………………………… 33

第三章 研究路向与理论视角 ……………………………… 35
  第一节 语义范畴 ……………………………………………… 35
    一、语义范畴研究的价值 …………………………………… 35
    二、语义范畴的界定与分类 ………………………………… 36
    三、关于语义范畴研究的三个问题 ………………………… 38
    四、强调范畴的构建 ………………………………………… 40

第二节　功能与认知 …………………………………… 44
　　　一、功能与形式研究的分野 ……………………………… 44
　　　二、重视"篇章—功能"和用法研究 …………………… 45
　　　三、重视交际功能 ………………………………………… 46
　　　四、语言的主观性 ………………………………………… 47
　　　五、语料来源 ……………………………………………… 47

第四章　强调与焦点、对比 ……………………………… 48
　　第一节　强调与焦点 …………………………………… 48
　　　一、焦点研究述要 ………………………………………… 48
　　　二、强调与焦点的关系 …………………………………… 52
　　第二节　强调与对比 …………………………………… 55
　　　一、对比研究述要 ………………………………………… 55
　　　二、强调与对比的关系 …………………………………… 58

第五章　极量强调范畴 …………………………………… 60
　　第一节　连字句研究成果综述 ………………………… 60
　　第二节　连字句强调问题新探 ………………………… 65
　　　一、重音 …………………………………………………… 65
　　　二、对比 …………………………………………………… 67
　　　三、焦点 …………………………………………………… 68
　　　四、极低的可能性预期/违反预期 ……………………… 69
　　　五、主观量（极量与全量） ……………………………… 71
　　　六、小结 …………………………………………………… 72
　　第三节　连字句与甚至句的比较研究 ………………… 72
　　　一、概述 …………………………………………………… 72
　　　二、量化的观点评析 ……………………………………… 73
　　　三、连字句与甚至句的对比 ……………………………… 77
　　　四、"连……都/也……"与甚至构式比较 …………… 92
　　第四节　连字句相关格式的强调级次 ………………… 98
　　　一、强调级次 ……………………………………………… 98
　　　二、近义句式强调级次的研究方法 ……………………… 98
　　　三、"连……都……"与"连……也……"的强调级次 … 99

二、"连……都/也……"与甚至句的连用与级次……………… 102
　第五节　连字句与即使类让步句……………………………………… 104
　　一、即使类让步句………………………………………………… 105
　　二、比较…………………………………………………………… 106
　　三、连字句、即使句的连用情况………………………………… 113
　　四、结论…………………………………………………………… 113
　第六节　本章小结…………………………………………………… 114

第六章　全量强调范畴……………………………………………………… 116
　第一节　研究成果简述……………………………………………… 116
　　一、"疑问代词＋都/也……"句的语义重心…………………… 116
　　二、疑问代词是偏指还是任指…………………………………… 117
　　三、信息与焦点的视角…………………………………………… 117
　　四、强调和教学的视角…………………………………………… 118
　第二节　"疑问代词＋都/也……"表达强调分析………………… 118
　　一、异于常规——重音、焦点的前移…………………………… 119
　　二、强化：全量或极量…………………………………………… 120
　　三、与连字句的语义比较………………………………………… 121
　第三节　强调级次…………………………………………………… 122
　　一、"疑问代词＋都……"与"疑问代词＋也……"………… 122
　　二、"疑问代词＋都/也……"与连字句………………………… 124
　　三、"无论/不管＋疑问代词＋都/也……"与相关结构……… 126
　第四节　本章小结…………………………………………………… 127

第七章　框架凸显强调范畴……………………………………………… 128
　第一节　引言………………………………………………………… 128
　第二节　何为"是……的"强调句………………………………… 129
　　一、"是……的"句分类………………………………………… 129
　　二、"是……的"句与是字句/判断句的纠葛………………… 131
　　三、"是"与"的"的作用……………………………………… 132
　　四、我们研究的对象……………………………………………… 135
　第三节　为何把"是……的"句作为强调句……………………… 135
　　一、前人的观点…………………………………………………… 135

二、我们的分析 ································ 138
第四节 "是……的"句强调什么 ···················· 142
　　一、强调哪个句法/语义成分 ···················· 142
　　二、我们的研究 ································ 145
第五节 "是……的"语义、语用分析 ················ 161
　　一、前人的研究成果 ···························· 161
　　二、"是……的"与相关副词的比较 ·············· 162
第六节 "是……的"的强调级次 ···················· 173
第七节 本章小结 ···································· 174

第八章　语气强调范畴 ···························· 176
第一节 研究概述 ···································· 176
　　一、界定 ······································ 176
　　二、反复的功能 ································ 176
　　三、英汉比较 ·································· 178
　　四、反复的语义、语用功能 ······················ 178
　　五、反复为何是强调 ···························· 179
第二节 反复实现强调的途径 ························ 180
　　一、研究基础 ·································· 180
　　二、反复实现强调的途径 ························ 181
第三节 本章小结 ···································· 188

第九章　结论及余论 ······························ 190
第一节 本研究的创新与价值 ·························· 190
第二节 余论 ·· 191
　　一、关于"强调" ······························ 191
　　二、有待深入研究的其他强调现象 ················ 191

参考文献 ·· 194
附表 ·· 208
后记 ·· 214

第一章 绪 论

第一节 论题与目的

一、论题由来

汉语本体研究中,"强调"一词经常被人使用,一些词或语法格式的语义(语用)特点常被概括为"强调"①。最典型的如"是……的"句、连字句、反问句、倒装句等等,这些句式大都被学界归为"强调句式"。我们对《现代汉语八百词》(增订本)进行统计,发现有近 70 个词或语法格式的释义中含有"强调……"或者"表示强调",如"就是"强调肯定,"可"表示强调语气,"乃至"表示强调等。②

本体的研究成果也被运用到对外汉语教学实践中,《汉语水平等级标准与语法等级大纲》(1996)中列举了"强调"的 8 种方法,如"反问句""连……也(都)……"等。《中高级对外汉语教学等级大纲》(词汇·语法)(1995)列举了中级汉语教学中"强调"的 11 种方法,高级汉语教学中"强调"的 7 种方法。《对外汉语教学中高级阶段功能大纲》(1999)列举了表示强调的词、短语、句子等共 24 项。③

语言学界对"强调"术语的运用频率较高,但是明确的界定较少。国内外的不少学者已意识到这一问题的存在,Muraoka、周小兵、刘丹青、郭继懋等学者的看法颇具代表性:

Muraoka(1969)把"强调"比作棒球比赛中的替补球员,认为人们常常不给予它清晰的定义就草率(lightly and rashly)地使用。

---

① "强调"是语义还是语用现象,后文详述。
② 《现代汉语八百词》的编写目的主要是供非汉族人学习汉语时使用,也可供一般语文工作者和方言地区的人学习普通话参考。该辞书是目前对外汉语教学界非常重要的参考书之一。有关"强调"的详细统计,见附表一。
③ 经过整理以后的三个大纲的相关内容,可以参看附表二、三、四。

周小兵（2002）也认为"强调"似乎已经成了一个垃圾桶，不好解释的东西都扔进去，如介词"把"、副词"都"、语气词"的"等。

针对目前有些语气词的研究中把许多语气词的用法归为"强调"的现象，刘丹青先生提出了疑问：既然都表示强调，那么它们之间有没有区别？他认为，说某个词表示强调只是浅层次的解释。① "'强调'是汉语语法研究中常用的概念，但提到它常缺乏科学界定和清晰的分类，因此容易成为没有操作性和规则性的空洞解释。"②

郭继懋（1997）研究反问句时指出："'表示强调'这一说法很笼统。"③

我们同意以上学者的意见，认为在本体研究中用"强调"这一术语进行词语释义或归纳格式语义，虽比较概括，但也比较笼统，常常"可意会不可言传"。在对外汉语教学中，用"强调"来解释词或语法格式会遇到一些麻烦，因为汉语中表示强调的格式、词语很多，它们到底有什么不同？这是必须要向留学生讲清楚的。对外汉语教学给本体研究提出了值得思考的问题：强调到底是什么？判断强调的标准是什么？诸多表示强调的格式之间语法、语义、语用有无异同？既然学界都把它们归为强调，那么它们之间应该有一个共核，这个共核是什么？强调有无程度上的差别？

为寻求以上问题的答案，本书选定"强调"作为研究的对象，尝试对汉语强调问题进行系统梳理，探寻强调现象的心理动因，深化对强调本质的认识；本书拟从语义范畴研究的路向出发对强调范畴进行探讨，对强调范畴的部分次范畴从语法、语义、语用等层面进行深入研究；本书还将努力厘清强调与对比、强调与焦点的关系。

二、研究目的

语言研究的第一个目的是"对种种语言现象，包括语音的、词汇

---

① 这段话是2003年刘丹青先生在中国社会科学院语言所给博士生上语言类型学课时讲到的。
② 刘丹青《焦点（强调成分）的调查研究框架》，《东方语言学》编委会《东方语言学》创刊号，上海教育出版社，2006年，第53页。
③ 郭继懋《反问句的语义、语用特点》，《中国语文》，1997年第2期，第111页。

的、语法的、语义的、语用的等等，作出尽可能合理的解释"。① 本书研究的重要理论价值也正在于对强调现象的深层解释。如果我们能从纷繁复杂的众多强调词、强调句式中找到其中的某些规律，那必将会拓宽、深化人们对强调的认识。

施春宏（2011）认为，目前汉语构式（尤其是句式）研究的路径和策略是：大多从形式/结构出发，寻找相应的语义，而较少由功能出发，从表达的需要去探讨适切的形式/结构。即更多的研究是形式/结构驱动的，而非范畴（语法意义或功能的类型）驱动或功能驱动。本书从范畴视角对强调相关构式进行研究，是范畴或功能驱动的研究范式。以强调为纲，系联相关构式（连字句、甚至句、即使单句、是……的、疑问代词＋都/也……）的研究，前人未曾涉及。因此，以范畴驱动的近义构式比较研究，应该可以拓宽研究视野，发现新的规律。

强调范畴与汉语其他范畴研究的旨趣在类型学方面有些相似。文贞惠（2003）认为，之所以研究"否定范畴"这一课题，是因为否定所具有的普遍性。人类任何一种语言的语法结构中都会存在否定（和肯定）语义范畴，它是非常普遍的语法现象，不过同一个语义范畴因不同文化社团而会表现出不同的特点，这种特点很可能反映说汉语的文化社团的认知心理、思维方式，这样，可以从另一个角度了解汉民族的思维方式。正如"否定范畴"研究一样，强调范畴的研究也具有类型学的价值，因为它是各种语言都客观存在的语言现象。我们通过对汉语强调现象的系统、深入研究，不但可以发现汉语的强调特点，也可以为类型学的研究提供借鉴。②

本研究的价值还在于其实践意义。"科学研究的最终目的都是为了应用，语言研究也不例外。语言分析与研究的根本目的就是为了有助于人们对语言的运用，而且无论对于正面的或反面的语言运用情况都能给予合乎情理的说明，使人们不但知其然，而且知其所以然。"③"西方早期的语言学研究，很大程度上是出于外语教学的需要"，"中国第一部汉

---

① 陆俭明《语言研究目的浅议——兼谈汉语应用研究有广阔的前景》，《语言文字应用》，2006年第2期，第7页。

② 检索中国期刊网全文数据库，以"强调"为题名，可以查阅到诸如英语、法语、日语、德语关于"强调"的相关研究成果。后文综述中也可以发现，"强调"存在于各种语言之中。

③ 同①，第9页。

语语法的出现,也是为'准外语'教学的目的"。① 本研究从表达语法的视角对近义强调句式进行语义、语用比较,其成果可以为对外汉语教学大纲的修订及对外汉语教学语法点的注释提供参考。

第二节 思路与框架

综观前人对强调的研究成果,我们发现,大部分都关注强调手段的描写。强调手段可以概括为两大类:语言手段和非语言手段。而语言手段又可以具体细化为语音、词汇、句法、修辞、篇章等②(如图 1-1 所示)。

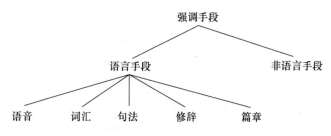

图 1-1:传统的强调手段分类

对汉语强调现象进行系统论述的文献不多,从哪个角度切入比较科学、有新意是笔者研究开始时一直思考的问题。近些年,语义范畴研究成为热点,发表了很多有价值的成果,这给笔者指引了方向,让笔者尝试在前人研究的基础上,从理论上探讨强调范畴和强调次范畴构建的可行性。因此,本书在提出强调的定义、强调的判断标准之后,重点从强调视角观察强调的若干次范畴:凸显强调范畴、强化强调范畴等(详见图 1-2)。本书对这些范畴中的连字句、即使句、甚至句、"疑问代词+都/也……"句③、"是……的"句、反复现象进行了重点研究。由于时间、精力有限,其他的范畴或者句法现象本书暂未涉及。

---

① 陈平《引进·结合·创新——关于国外语言学与中国语言学研究关系的几点思考》,《当代语言学》,2006 年第 2 期,第 166、167 页。
② 修辞主要指的是一些所谓的修辞手段,篇章是指写作时的谋篇布局。可参看第二章第一节"研究现状"。
③ 本节以及后文所谈的"周遍句"仅指"疑问代词+都/也……"类,其他的未涉及。

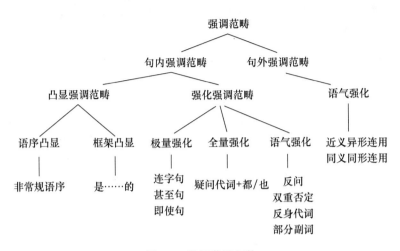

图 1-2：强调范畴架构

本书的核心之一是理论阐释部分。首先，我们对国内外有关"强调"的研究成果进行综述，重点是从不随意注意理论出发对"强调"作出新的界定。其次，我们选取从语义到语形的研究路向，借鉴语义范畴的相关成果，在此基础上构建强调范畴与次范畴；以功能与认知作为基本理论支撑，涉及交际、主观性等核心概念。另外，我们还对强调与焦点、强调与对比进行比较，发现它们的异同所在，为后文的研究打下理论基础。

本书的核心之二是对于强调次范畴的研究。这些强调次范畴所对应的句法结构、句法现象都是一些特殊的句式。我们不是重复前人的研究，而是从强调的视角去观察这些强调句式，主要解决两个问题：它们为什么表达强调？它们强调什么？另外，我们还从连用的角度对近义的强调句式进行了强调级次的比较（即比较强调程度的高低），这是前人所未曾深入研究的。强调次范畴的具体研究内容分四个部分：

首先是极量强调范畴。本部分所涉及的句式有连字句、甚至句（一般甚至句、甚至构式）、即使类单句。从主观极量、主观全量、主观高程度、违反预期等方面去比较它们的异同。另外，还就"连……都……"与"连……也……"、连字句与甚至句、连字句与即使单句的强调级次进行比较研究。

其次是全量强调范畴。本部分所涉及的是"疑问代词＋都/也……"结构。在解释该结构为何表达强调、强调什么之后，重点比较"疑问代词+都……"与"疑问代词+也……","疑问代词+都/也……"与连字句的强调级次。

再次是框架凸显强调范畴。本部分所涉及的是"是……的"句。我们首先要解决表强调的"是……的"句与非强调的"是……的"句的划界问题,然后解释"是……的"句作为强调句的原因。研究重点是从实际语料出发考察"是……的"句到底强调什么句法、语义成分,考察对话、叙述、政论等三种语体中"是……的"的使用频次情况。另外,还就"是……的"句与近义的副词"实在、确实"等进行比较。

最后是语气强调范畴。这是本研究中唯一涉及超句法强调范畴的部分。我们先对反复的"强调功能说"进行解释,然后从实际语料出发对反复进行分类,探究不同的反复形式是如何表达强调的。

第二章 关于"强调"

第一节 研究现状

一、国内的研究

(一) 国内对英语强调现象的研究

目前国内讨论英语强调现象的文献非常多，但多侧重描写。具有代表性的是张文庭（1985）的《英语强语势》一书，该书描写非常详尽，它把"emphasis"翻译为"强语势"，既谈到了一般的强调手段（加强调词语、词序变动、重复、重叠、对比、转换、夸大等等），也谈到了各种词类的强调手段；既有对英语强调句型的描写，又有对表示祈使、否定和程度的强语势（强调）的介绍。张文庭（1985）对于"强调"的理解比较宽泛，他虽然列举了大量的强调现象，但是没有谈到这些强调现象之间的联系与区别。更为重要的是，作者对于"强调"是什么也没有给出清晰的界定。程存熙（1991）对强调手段的描述更加概括，他从语音、语法、词汇方面归纳了英语表达强调意念的语言手段，包括16种：句型式、声调式、在谓语动词前加 do/does（did）、位移式、加强调性的副词、加诅咒语、加附加语、用反身代词、ever 加疑问词、用强调性词组、比较句、用强调性否定词、双重否定、名词形容法、用 very 加强名词的语义、用进行时态等；另外，他还归纳了几种表达强调的修辞手段：重复法、夸张法、对照法、渐进法、突降法、反语法等。该文同张文庭（1985）的《英语强语势》一书一样，对于学习英语的中国人了解英语的强调手段有帮助，但也仅是描写性质，没有从理论上对强调现象进行研究。

其他许多谈英语强调手段的论文大都没有超出张文庭（1985）、程存熙（1991）所描写的范围。许多文章所做的只是补充几个新例子或者是转用新的名词，在此就不一一赘述了。值得介绍的是张辉松（2005a）的文章，他从系统功能语言学的角度来论述强调的功能性，非常有新意。他认为，强调既是一般意义上的功能，又属于三大纯理功能中的人际功能的一部分。各种强调手段就是这一功能的具体体现形式。张辉松（2005b）认为，传统上对语言强调手段的分类基本按照不同表达方式分为语音强调、词汇强调、语法强调和修辞强调。文章指出了这种传统分类法的不足，认为言语交际中存在着"直白强调"和"隐含强调"两种基本强调方式，并从这一新视角，对英语的各种强调体现手段进行了较为系统的探讨。虽然英语学界对强调的研究大都限于描写，但是张辉松的研究却另辟蹊径，视角新颖，常常结合最新的语言学理论进行研究，更为重要的是，他对强调现象一直持续进行关注，研究较为深入。

（二）国内对汉语强调现象的研究

探讨汉语强调现象的专论不多，有些也是侧重描写，但有些已经不是泛泛而谈，而是有一定的理论深度。志娃（1959）谈到了强调的几种手法：用相同的话来说；用相似的话来说；用意思正反两组的话来说；用反问的话来说。[①] 仔细分析，会发现志娃（1959）所谈的强调仅涉及修辞、语用现象，忽视了很重要的语音、词汇、语法的强调，范围比较窄，仍侧重描写。章熊（1981）认为，前人大都谈论句头的强调作用，其实句尾也具有强调作用，文章举例证明句尾具有强调作用，并且谈了句尾的强调作用和语言连贯性的关系，以及句尾强调的修辞功能。这篇文章重视句尾的作用，并且谈到了强调与连贯的关系。可惜的是，作者没有在这个问题上继续深入研究。而国外的学者却在强调与连贯这个问题上展开了深入讨论，并有专著问世，如 Werth 于 1984 年出版了 *Focus, Coherence and Emphasis*（《焦点、连贯与强调》）一书（后文还会对其进行述评）。龚千炎（1983）比较早地对汉语表达强调的语法格式进行了深入探讨，文章讨论了三种表示强调的固定格式，即"谁（什么、哪儿、怎么）……也/都""一……不（没、没有）"以及"连……也/都"。作者分别就这三种强调固定格式，描写它们的结构类型、表意功能和语法特点。该文虽写于上世纪 80 年代，但是今天仍有许多可借鉴之处。比如，作者把这三类句式纳入"强调"，一并进行研究，从"数量"角

[①] 志娃（1959）的研究已经开始触及强调的一些核心特征，比如"用相同的话来说；用相似的话来说"是用近义重复的方法增加量的程度；"用意思正反两组的话来说"是用对比的方式表达强调；"用反问的话来说"是一种语气的递增。这些都可以归入"强化次范畴"。

度来观察三类句式等等。① 另外有学者研究汉语简单句的语序与强调的关系,借鉴了系统功能语法的一些理论,从主位、述位、信息的角度进行论述,如赵振才(1985)。

除了专论之外,很多关于"强调"的研究大都散见于具体的词语或格式的研究之中,不成系统,主要有以下一些成果可以借鉴:

1. 副词与强调

"都":表总括、表强调这两种用法之间有引申关系,后者是从前者虚化而来的。(周利芳,1993)

"毕竟":把"毕竟"泛泛地解释为表示强调,不能解决语用问题,也没有清楚的强调范围。(董付兰,2002)

"也":表示强调语气,如"她穿得也太漂亮了""他头也不抬,专心学习"。(张庆余,1998)

"简直":带有"简直"的句子都包含了"肯定(强调)"的语法意义,肯定(强调)的是"简直"后的成分,承认它们所叙述的事实或达到的程度,承认话题和陈述两项等价,因而句子带有很强的主观性,从主观上认定话题已达到了陈述的程度。(张明莹,2000)

"才":是一个表示主观评价的评注性副词。它有减值强调和增值强调两方面。其中,减值强调指的是强调时间短、数量少、范围狭、等级低、差距小等;增值强调指的是强调时间长、数量多、距离远、时间久等。文章认为"才"产生两个派生义:一个是用来强调排他性逻辑联系,一个是用来强调申辩性语气。(张谊生,2000)

"可":重说语气是对交际内容持强调坚决的态度,如语气副词"可"用于陈述、疑问、祈使、感叹 mood 中,都起一种强调作用,去掉"可",则重说语气消失。(徐晶凝,2000)

杨培松(2003)归纳出的"强调"语气副词有 44 个:倒,反,竟,可,亏,偏,真,正,毕竟,诚然,倒是,的确,反正,反倒,分明,高低,根本,固然,好在,横竖,简直,竟然,居然,明明,偏偏,偏巧,其实,恰好,恰巧,恰恰,确实,甚至,实在,委实,未免,显然,幸而,幸好,幸亏,真的,正好,着实,总算,左右。

---

① 龚千炎应该是我国最早从"数量"的视角观察现代汉语强调格式的学者之一,其论文对于笔者构建强调范畴的若干次范畴有直接的启发。从"数量"或"量"的角度观察"强调"的其他学者还有李宇明、董秀芳等,后文详述。

王芝清（2009）收集到的"强调"类语气副词有 39 个：倒，反，竟，可，亏，偏，真，正，毕竟，诚然，倒是，的确，反正，反倒，分明，好在，简直，竟然，居然，明明，偏偏，偏巧，其实，恰好，恰巧，恰恰，确实，甚至，实在，委实，未免，显然，幸而，幸好，幸亏，真的，正好，着实，总算。

杨培松（2003）、王芝清（2009）都是借鉴齐沪扬（2002）语气副词的研究成果，列举了以上强调类语气副词，但是范围不同，更为关键的是两位研究者都没有证明这些语气副词为什么表达强调，归类似乎仍有些主观。

以上仅是举例性总结副词研究中涉及"强调"解释的部分，到底哪些副词与强调有关系，为什么与强调有关系，都是很有意思的研究课题。尤其是以上研究都把"强调"作为很多副词的重要语义、语用内容，使得"强调"的负载过于沉重。"强调"似乎已经成了一个垃圾桶，不好解释的东西都扔进去。（周小兵，2002）

2. 反身代词与强调

英语反身代词的主要功能是它的强调性而不是它的非强调性。反身代词有明显的反指性，它反指句子中的另一个名词性成分。两者互参，具有明显的强调意义。（周晚田，1999）汉语的反身代词"自己""本人""本身""自身"等都有强调用法，如"他自己没毛病"等。（李青，2001）反身代词为什么与强调有关系，这也值得探讨。

3. 特殊格式与强调

周小兵（1996）、太田辰夫（2003）、叶川（2004）、李泰洙（2004）等都认为"（连）……都/也……"表示强调。

Chu（1970）、汤廷池（1983）、姚亚平（1981）、倪兰（2002）、韩梅（2005）等都认为"是……的"表示强调。

"（连）……都/也……""是……的"这两个格式后文会详述。

李宇明（2000）研究了"一量＋否定"及其相关的强调格式，总结出了强调的四条规律："连……都/也……"是硬性强调格式；"一量＋否定"和"否定＋一量"是弱性强调格式；（在强调格式中）有"一量"的强调程度高于无"一量"的强调程度；表示强调的硬性的和弱性的格式、词语相互配合，便构成了不同程度的强调格式。他提出的"强调级次"的概念非常有价值。①

黄章恺(1994)认为,"与其……不如……""宁可……也不……""与其……宁可(宁愿、宁肯、勿宁、毋宁)……""宁肯(宁愿)……决不……""宁……不……"表达排除某种选择的同时表示强调;"即使……也……""纵使(纵然、就是、哪怕、尽管、就算)……也……""再……也……"表达假设、让步、转折的同时表示强调;"无论……都……""不论(不管、任、任凭、凭)……总(总是、也、还)……"表达排除条件的同时表示强调。

关于复句格式表达强调的问题,语言学界也有类似的看法。本研究认为这里的"强调"和"语义重心"并无不同。后文还会就它与强调的关系进行论述。

4. 语序与强调

徐建华、林铁红(1998)认为,描写句主谓语易位的目的之一就是强调谓语。如"热得叫人喘不过气来,这鬼天气"语义重心在前移的谓语上。陆俭明(2002)认为易位句的意义重心始终落在前置成分上,换句话说,后移成分永远不能成为强调的对象。杨德峰(2001)则认为易位句的前置成分一般是语义重心,后移成分有时是可有可无的,有时起着补充说明的作用,有时也是语义重心。赵振才(1985)根据句尾信息核心原则,探讨了汉语书面语的语序和强调的关系。胡裕树、张斌(2002)认为"这本书他读完了"句首的受事强调的是旧信息的重点,句末的重点则是新信息的强调之点。

语序问题也是汉语语法研究的重要课题,同时也是类型学研究的主要内容之一。它牵涉的问题非常多,本书不可能对其进行深入研究。但是语序的调整为什么表达"强调",这里的"强调"是什么含义,都是值得探讨的问题。

---

① 李宇明先生关于量范畴的研究对本书的研究有直接的启发作用,他关于强调格式的研究更是本研究的重要借鉴。"强调级次"这一概念的提出,看似简单,其实对于深化学界对于"强调"的认知,启发后辈从新的视角研究"强调",都具有非常重要的意义。李宇明先生曾多次教导:学术研究要有"反哺理论"的意识,我们不仅要用理论,更重要的是每篇文章都应反哺理论。理论是一种意识,是一种观念,是一种把规则不断提升的努力;理论也是一个从下而上,而不是从上而下的一级一级的提升和概括的过程。一篇论文反哺理论的程度,在很大程度上决定了论文的水平和影响力。

5. 重叠与强调

马洪海（2002）认为，重叠复句的语用价值可以用来表示强调，如"你能不能担保，你能不能"。重叠复句因为属于超句范畴，它所表示的"强调"与一般小句内的"强调"肯定不完全相同。这类强调在整个强调体系或强调范畴中处于什么位置，其强调的语用效果是如何形成的，诸如此类的相关问题值得探讨。

（三）国内关于强调的对外汉语教学研究

从对外汉语教学的视角谈汉语的强调问题，张清源（1998）尚属首次。他认为汉语表示强调的手段常见的有语音手段、语序、重叠或重复、特殊格式、功能词等等。文章虽属于介绍、描写性的，但是第一次从对外汉语教学的角度论述强调研究的重要性，这对本书的研究也具有启发作用。

肖奚强（2008）从中介语语料库出发，最早对留学生习得汉语强调格式情况进行系统研究。他还对强调格式各自的语用功能、分工进行了初步探讨。他的研究方法及专著内容都比较新颖，其研究成果对于汉语教学有一定的参考价值。

钟正岚（2011）是以教学应用为研究目的，通过考察对外汉语教学大纲和对外汉语教材，总结归纳出了40个汉语强调方式表达句式。然后，通过检索汉语母语者语料和汉语第二语言学习者语料，得出了各句式母语者的使用频率和二语学习者的正确使用相对频率。最后选取了28个汉语强调方式表达句式，提出了大致的排序设想。

李佳慧（2011）从汉英对比的视角，研究了连字句、"是……的"句、反问句等三类强调句式，并且就英语为母语背景的汉语学习者的偏误进行了分析。

以上研究表明，近年来以应用为导向的对外汉语教学界对强调现象比较关注，且取得了一定的成果。但是，我们也应认识到：在语言学界对强调到底是什么仍不明晰的情况下，强调的应用研究会受到很大的制约。就强调的应用研究而言，目前也缺少对近义强调构式的深入比较，尤其是缺少借鉴语料库语言学的研究方法：重视用法研究，重视分析构式所出现的句法环境。

（四）国内关于强调的英汉对比研究

有些学者从英汉对比的角度来研究强调现象。李荆、钟岚（1995）

从语音、词汇、语序、修辞及结构等方面对英语、汉语的强调手段进行了比较。方永德（1998）从句法、语义、语用等方面对英汉强调句进行对比研究。方文所研究的强调句仅局限在一般所谓的"断裂句"。李国强（2003）认为英汉语言在表达强调时，尽管手法多种多样，但是一般都可归纳为以下四类：使用特定词语、词语重复、词语前置和强调句型。但是在具体运用强调手法时，英汉语言也存在某些方面的差别，汉语在词语重复方面用得多一些，而英语的词语前置则用得普遍一些。

以上学者的成果有助于我们深化对"强调"的认识，如果研究的深度、广度再增加一些，会有助于从类型学的视角认识强调现象。

二、国外的研究[①]

与国内的研究相比，国外的研究不但时间上比较早，而且专门论述强调问题的著述较多，成果值得借鉴。研究对象涉及西班牙语、匈牙利语、圣经希伯来语、英语等，下面分别进行评述。

（一）西班牙语的强调研究

Beym（1952）所写的 *The Linguistic Category of Emphasis in Colloquial Spanish* 是一部比较早的专门论述"强调"问题的博士论文。该文认为，"强调"是通过一个在结构上多余的成分来表达的，西班牙口语中的强调表达手段有两种：强调成分和重复。此文章最有启发意义的是提出了"强调范畴"，可惜的是，作者没有论述什么是"强调"，也没有就"强调范畴"的构建进行说明。作者所谈的"范畴"仅仅是"类"的别称而已，不是本书所谈的语义范畴。这篇文章比较大的价值还在于提出了"对比"与"强调"的异同，对我们研究这两个概念之间的关系很有启发。此外，该文还提出表达强调的语调手段和句法手段可以自由变换。比如，在下面两句话中重音与强调的成分是等同的：

西班牙语：Me　gusta　el　café　dulce.（dulce 带重音）
　　　　　我　喜欢　　　咖啡　甜的

[①] 笔者曾于 2006 年 10 月至 2007 年 3 月在英国牛津大学汉语教学中心访问交流，本部分所述评的许多外文原文都是笔者在牛津大学图书馆查阅到的，那里丰富的藏书为本书增色不少。

西班牙语：Me gusta el café bastante dulce.
　　　　　我　喜欢　　　咖啡　很（very）甜的
　　　　　（dulce 带强调的成分 bastante）

（二）匈牙利语的强调研究

Kiefer（1967）用乔姆斯基的转换理论来分析匈牙利语中的强调现象，主要是描写匈牙利语的词序规则，作者把句法现象与语义、语音结合起来进行研究。该著作对于强调问题的梳理非常新颖、独特。作者对为什么研究"强调"进行了解释：匈牙利语的语序是自由的，但是仍然有严格的规则制约；研究强调问题，是因为强调影响了词序。作者认为不清晰的声音不是强调研究的内容，因为强调所要研究的只是语言的实体。音素、音位也应排除出强调的研究范围。强调某个词意味着对其第一个音节加一个更重的重音。如果主要的重音不位于第一个音节，而是落在了其他音节上，就可以确定这根本不是强调。强调仍旧可以落在一个具体的音素或者词素上，然而区别是，它是有语义的，即有语义对比的语素和词素是强调所研究的内容。①

作者对"强调"的界定是：强调是一种手段，是句子的某一成分与另一个（些）句子相应成分的对比。作者认为，强调作为一些词汇词素的固有特征，如所有的名词、形容词可以被强调，大多数的后置词也可以被强调。作者认为，要强调一个副词有两层含义：第一是想把要强调的副词和别的副词进行对比；第二，副词的具体意义优先于比喻意义（如果这种区别存在的话）。作者认为带有前缀的动词都能被强调是错误的，被强调的不是动词，而是前缀具有对比性的特征，因此带有前缀的动词从不被强调，而前缀可以有选择地被强调。所有匈牙利语的前缀都是有意义的，像副词一样。因此，动词只有两类而不是三类。作者还就几种句式中的强调现象进行了分析，认为一个句子只能有一个强调。

该文的核心思想提出，"对比"在确定是不是"强调"方面发挥着至关重要的作用，这对探究"强调"的本质非常有益。但是作者却把"强调"

---

① 如：Nem az ellenség<u>hez</u>, hanem az ellenség<u>be</u> megyük
　　　　Not the enemy-<u>to</u>　　but the enemy-<u>into</u>　go-we
　　　　　　　　　Emph　　　　　　　　　Emph
　　　We are not going <u>to</u> the enemy but <u>into</u> it.
　　　　　　　　　Emph　　　　　　　Emph

泛化了，几乎每个词都能被"强调"，每个句子都有一个强调，这其实与学界目前所研究的"焦点"有些相似，但是范围比"焦点"还要宽泛。

(三) 圣经希伯来语的强调研究

圣经希伯来语（Biblical Hebrew）① 有关"强调"的研究成果最多，比较有影响的、对本研究价值最大的有两篇博士论文。

Muraoka（1969）的 *Emphasis in Biblical Hebrew* 一文是研究圣经希伯来语中强调问题的早期论文。作者给"强调"作了界定，认为"强调"是说话人或写作者深层意识里对特别感兴趣或者专注的某个对象（事或人）、行为、状态、完整表述情景的语言表达。作者说他自己完全意识到把"强调"作为心理现象研究的危险与困难，但是他坚信任何尝试，如果不明确地估计和考虑强调的内在心理特征，都是注定会失败的。因为这些内在的心理特征是强调的本质。作为语言表达的"强调"，更多的是属于心理的而不是纯粹的交际领域的逻辑现象。的确，强调是一种装饰，一种叠加在语言表达所负载的基础的交际内容上的东西，它使交际内容的一部分更加明确与突出。作者还提到"感情"作为心理的特征在许多强调表达中发挥着重要的作用，强调表达的使用经常是内在的强化感情的外流与释放。作者也承认对这些高度主观性的心理因素和感情，用客观的方式来处理是不容易的。为了克服困难，必须寻找语境内感情的外在标志。作者还把强调分为两大类：句子或作为整体的完整表述上的强调，词或短语等小的语言单位上的强调。作者在考察了圣经希伯来语中的 S-P 结构和 P-S 结构后指出，词序的区别与强调没有相关性。他还指出，S-V、V-S、SVO、VSO、VO 等词序的不同也与许多因素有关，强调只是其中的一个原因。

总之，Muraoka（1969）的这篇论文是较早地把强调归为心理现象的论文，该文的价值在于把一个比较模糊的概念"强调"进行了相对比较清晰的界定。更为可贵的是，全文用这一定义去分析真正语篇中的强调现象，比如词序、人称代词等等问题，对一些以前人们认为是强调现象的说法进行了质疑。该文还就"强调"与"对比"进行了分析，对"对比"也进行了清晰的界定。文章的不足之处在于，作者在用强调的理论分析具体的语言现象时显得比较零乱，有时比较主观。这也正如

---

① Biblical Hebrew 翻译为"圣经希伯来语"是参考了北京大学外国语学院英文主页的译文。

Johnston（1991）所评价的："Muraoka 对强调的理解的主要问题在于他对于强调的心理特征的过高估计。"虽然如此，Muraoka 的这篇论文仍是早期研究强调现象的一篇极为重要的文献，它对本研究从心理学的视角去观察强调现象提供了最为直接的帮助。

Johnston（1991）的 *Syntax and Emphasis in Deuteronomy* 一文也是研究圣经希伯来语中强调问题的博士论文，该文着力点在《申命记》（Deuteronomy）（4—11 章）中句法（主要是词序）与强调现象的分析。在评述了前人对圣经的研究成果之后，作者从一个新的视角提出了自己对于强调的定义，即"强调"这一术语表示有标记焦点，是语音的（重音或语调）、句法的（词序变动或冗句）或者是词汇的（词语重复），它的目的是加重特殊语境下的一个小句的成分以产生意义的区别。强调或有标记的焦点不适用于小句或句子的正常重音或焦点；它是由异常的重音或词序产生的最为突出的部分。作者认为不是每个小句都是强调的或是有强调成分的，这一观点与前人不同。作者通过对比不同词序的句子发现它们具有不同的话语功能。

正如作者自己所言，Johnston（1991）的研究有三个优点：其一是修辞上的凸显，说话人或写作者通过强调的手段来达到成功地说服听话人或读者的目的；其二是消除了过去的困惑，明确地把"强调"的定义限制在它所发挥的真正功能，即凸显一个小句的成分以达到产生意义区别的目的上。其三，认为强调是适应上下文语境的。我们认为，作者借鉴了焦点研究的成果，他把强调的研究放到上下文语境中，认真地分析具体语料中的强调情况，这都是非常有价值的。同时，作者把正常重音、焦点的句子排除在"强调"研究的范围外，这大大深化了对强调本质的看法，值得借鉴。但文章的不足之处在于：他把"强调"与"有标记焦点"完全对应，有时又与"修辞上的凸显"对应，这些概念上的等同虽然易于理解，但是却忽视了"强调"本身的特征。另外，"有标记的焦点"范围是否太窄？比如，"反复"现象超出了单句的范围，不属于焦点研究的范畴，却被学界认为是强调现象。强调与修辞到底是怎样的关系，作者论述得还比较模糊。

（四）英语的强调研究

1. 话语视角的研究

Werth（1984）的 *Focus, Coherence and Emphasis*（《焦点、连贯

与强调》）一书是从话语的角度对强调进行研究的专著。作者认为，强调是保证话语中的信息连贯的一种手段。对于强调包括哪些内容，作者先后给予几种图示进行说明（图2-1）：①

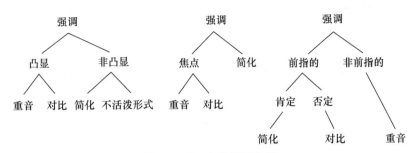

图 2-1：Werth 的强调分类

从图 2-1 中可以看出，虽然作者前后有所调整，但是可以肯定的是，强调存在于每个句子中。第一个图说明强调不仅包括凸显的形式，也包括非凸显的形式。第二个图说明强调包括焦点，而焦点又包括重音和对比两类。最后一个图显示作者将强调置于话语中观察，与前句的语义相联系，如果是前指的，又可以两分为"简化"和"对比"，非前指的就是"重音"。作者认为，强调不是重音和音调的表层显示，而是话语语义连接的基本操作手段。如果从话语的角度去分析强调现象，那么强调是语义的还是语用的？Werth（1984）在结论一章认为，"强调"是一个语义或语用概念，标明命题间的连贯性关系。

Werth（1984）从话语角度，尤其是注重从上下文语境去观察强调现象，他的整部著作分析缜密，论证充分。但是作者对"强调"这一概念的界定未免过于宽泛，他认为每个句子都有强调，这与我们对强调的理解不同，因此该文的话语研究方法对我们来说意义并不大。但是，这也启发我们在关注句内强调现象时，还应适当考虑它的话语连贯作用。

2. 交际语法视角的研究

Leech & Svartvik（2002）从英语交际语法的角度对强调进行了梳理，

---

① 第一、二、三图示分别译自 Werth（1984）专著中的第 8 页、第 95 页、第 109 页。这些术语的英文对应形式为：强调 emphasis，凸显 prominence，非凸显 non-prominence，重音 accent，对比 contrast，简化 reduction，不活泼的形式 inert forms，前指的 anaphoric，非前指的 non-anaphoric，肯定 positive，否定 negative。

他们认为言语中有感情的强调,包括感叹/惊叹、感叹语、强调性的词、词的重复、操作词的重音、强化的副词与修饰词等等。作者完全从"感情"的角度来理解"强调"概念,列举式地把强调的例句呈现出来。在我们看来,这样的研究有新意,但是比较零散,缺乏深入的分析。

3. 写作视角的研究

从写作的角度、从书面语表达的角度观察强调现象,是非常实用的研究。无论对于第一语言学习者,还是第二语言学习者来说,这些研究成果都有助于提高他们的语言表达能力。

Brooks & Warren(1952)认为,写作中如果没有注意强调原则,写出的东西或许是统一与连贯的,但仍旧不能产生预期效果。"强调"如同"统一"与"连贯"一样,也是组织的一种原则。作者所说的"强调"实际上是指在写作中要让读者对某部分的重要性非常清楚。怎么来强调呢?作者列举了以下几种:(1)断然/直接地陈述,比如"我最羡慕的人";(2)位置,首尾是强调的位置,中间是最不强调的位置;(3)均衡、协调,在讨论中最重要的话题理所当然受到最大的重视;(4)体式。作者还谈论了"强调"的一些小的方式,比如重复、短而独立的段落等。

从写作视角观察"强调"的另一部著作是 Kane(1983)的 *The Oxford Guide to Writing—A Rhetoric and Handbook for College Student*,作者认为"强调"意味着力量的加强,我们在交际的任何时候都会使用。在说话时,人们会用不同的方式达到强调目的:大声地谈(或有时低声地),慢慢地说,把通常一起说的词分开,改变音调或音色等等。书面表达中,可以分为强调句和句内强调。强调句有以下几类[①]:(1)宣告、通告;(2)平衡、相称;(3)未完成句/碎片;(4)祈使句;(5)被打断的

---

① 各例句如下:(1) Finally, last point about the man; he is in trouble. (2) It is a sort of cold extravagance; and it has made him all his enemies. (3) What do baseball managers really do? /Worry. /Constantly. /For a living. (4) Come here! …… (5) White men, at the bottom of hearts, know this. (6) In the morning the men left. (7) Color is not a human or personal reality; it is a political reality. (8) That John Chaucer was only an assistant seems certain. (9) 如下面句中的 "How could I",意思是 "I could not possibly","I took the exam on a cold, rainy January morning and I tried hard, but I didn't pass. How could I?" (11) The first premise of the college elective system is that the subjects and courses of the curriculum are of approximately equal value. Well, they are not.

句子；(6) 倒装句；(7) 否定—肯定重述；(8) 圆周句（指主要意义至句尾才明白的句子）；(9) 修辞问句；(10) 节奏/韵律和押韵①；(11) 短句。

关于句内的强调，作者的观点也非常有价值，他认为有九种方式：(1) 形容词；(2) 成对的形容词；(3) 堆积形容词；(4) 省略法；(5) 隔离、孤立（孤立的成分经常出现在句首或句尾）；(6) 机械的手工操作的版面设计；(7) 连接词重复和省略；(8) 位置；(9) 重复。

Greenbaum & Nelson (2002) 也从写作的视角概括了强调的几种方式。他们认为，在一般的无准备的对话中人们只有很少的时间监控说什么和怎么说。但在写作时，人们有更多的时间，一般也有机会修改所写的内容。有时人们对第一次想出来的东西比较满意，但是经常在写作时会考虑新的东西，或许会改变所写的东西或者写作的方式。在修改过程中，人们可以利用语言得到一些资源。人们的写作方式影响他们的选择。在文中，作者考察了在选择中的一些语法问题，主要是考虑如何保证传达信息的有效性。这些强调的手段主要有：尾焦点、前焦点（倒装）、There 结构和分裂句、插入语表达以及反身代词等等。作者从写作表达的角度去考察"强调"，这一看法非常有实用意义，可以帮助第一语言和第二语言学习者掌握强调的表达手段。值得注意的是，作者把"插入语""反身代词"也作为强调的手段，拓宽了强调的范围。不过，文章还是以描写为主，缺少系统的解释。

以上三部著作中关于"强调"的表达手段大都没有超出一般句法研究的范围，但是作者把"强调"作为保证信息传达的有效性来看待，这值得国内研究者参考。

（五）国外学者对汉语强调的研究

国外还有一些学者对汉语的强调现象进行总结，比如 Lin (1981) 列举了汉语句内强调的九种情况：(1) 宾语前置，如"书，那本，我不喜欢"或者"书，我不喜欢那本""我，汽车，飞机，都开过"；(2) "把"结构；(3) 重叠；(4) 双重否定；(5) 反问；(6) "是"，如"是……的"结构；(7) "连……都/也……"；(8) 肯定句中用疑问词，如"谁、什么、哪、多少、几"与"都、也"连用；(9) 加强副词等，如"就、

---

① 例句 (10) 如：× √ × √ √ √ ×
　　He speaks and thinks plain, broad, downright, English.
　　(√: stress ×: nonstress)

才,又,还,再"。作者所列的九类强调在国内的研究中也大都被归入强调范围内,只是1、2、3、9的归属还有一些不同意见。比如《汉语水平等级标准与语法等级大纲》(1996)就没有涉及到1、2、3,第9项也只有"就""可"及副词"是"三个。

三、简评

综上所述,国内英语学界主要描写英语中的强调表达手段,很少对强调格式或手段进行深入分析,这可能与第二语言的教学更加注重"表达"有关。与国内英语学界的研究相比,国内汉语学界对"强调"问题的研究则要深入一些,但尚显零散,缺乏系统整合,缺乏理论深度。比如研究了强调的词、格式等语义、语用特点,也研究了语序、重叠等所表达的强调问题等等,但没有触及"强调"的核心问题,即"强调"到底是什么,也没有用"强调"理论系统分析语言现象。

相比而言,国外对强调现象的研究比国内要早得多,而且有一定的理论高度。本书所评述的博士论文或者专著,有的探讨西班牙口语的强调范畴,有的用乔姆斯基的理论分析匈牙利语的句法现象,有的用强调理论去分析圣经希伯来语,有的探讨话语中的强调现象。这些论著从不同的侧面深入研究了什么是"强调",对"强调"的定义范围有宽有窄,视角各异,为本书的研究提供了非常好的借鉴。

虽然国外针对非汉语的强调研究有不少成果,但是如何在汉语强调研究中借鉴这些成果尚无学者探讨。另外,随着认知语言学研究的深入,我们或许能够运用新的认知理论来深化对强调现象的认识。

第二节 前人对强调的界定

前贤对"强调"的研究成果不少,但是对"强调"到底是什么,大家众说纷纭,没有人就这一问题进行专门论述。本节尝试从已有的研究成果中,从专家、学者零散的论述中,抽析、归纳出他们对"强调"这一概念的看法。因为涉及不同的研究流派,各种观点之间难以归类和整合,我们大致按照国内与国外、时间先后两个顺序进行总结。

一、国内学者的观点

国内学者早期的观点认为"强调"是修辞的研究对象。志娃

(1959)认为"强调"是一种修辞现象。梅华(1983)也提出"强调"应单独列为一种修辞格。朱品凡(1999)持类似的看法,他认为,"强调"是一种修辞手段,在实际的语言运用当中,人们为了突出句中某个部分,或者说要使读者对所要表达意思中的某个部分产生强烈的印象,而加强这一特定部分的表现力,以使它显得比其他部分更重要。

后来也有一些学者从信息、语势、功能、语义、语用、主观性等不同的侧面认识"强调"。比如:

张绍杰(1986)认为,"强调"在组织信息以达到有效交流方面发挥着重要的作用。

李宇明(2000)在研究量范畴时提出,"强调"是语势的一种重要表现,语势指说话人的情感在语言中的反映。

张清源(1998)认为,"强调"是一种重要的语用功能,即凸显某个语义或增加某个语义强度。张辉松(2005a)也认为"强调"是语言的众多功能之一,它有突出语义、增强语气的功能。

余国良(2005)认为,要给"强调"表达法下个确切的定义很困难,但是可以肯定,"强调"是一个语义上的概念。

石毓智(2005)认为,"强调"指强化性质的程度或者事件的真实性。"强调"用在形容词短语之前表示程度高,用在动词之前则强调事件发生的真实性。比如,用作强调标记的"是"完全失去了动词性,不做句子的主要成分,去掉后原句子仍然成立。

刘丹青(2006)认为,"强调"是说话人的一种信息处理方式,就是用某种语言手段(形态、虚词、语序、韵律等)对某一语言片段加以突出,以使听话人特别注意到这部分信息。

袁从润(2007)认为,"强调"是个语用概念,它是指说话人在交际时把需要突出表达的意念(主观的愿望、目的、看法等重要信息)通过语言的非常规表达传递给受话人,给受话人以超一般的心理刺激,从而获得特别的表达效果。

鲁莹(2011)认为,强调现象是言者主观性的典型表现,强调的本质属性是言者的主观性,强调范畴是一个主观范畴。①

---

① 鲁莹《现代汉语话语强调范畴构建与研究》,《语言文字应用》,2012年第1期,第141页。

二、国外学者的观点

前文我们已提及的 Muraoka（1969）的 *Emphasis in Biblical Hebrew* 一书是比较早地对"强调"进行界定的论著，作者认为"强调"是说话人或写作者深层意识里对特别感兴趣的或者专注的某个对象（事或人）、行为、状态、完整表述的情景的语言表达。

Werth（1984）则认为"强调"是保证话语中的信息连接的一种手段。

Waltke & O'Connor（1990）认为，"强调"是通过重音产生意义的区别，或者说是产生意义区别的一种韵律特征（语音的、形态的、句法的最突出的部分）。① 该定义可以说是被学界比较普遍采用的一个，常常与"重音"相混淆。②

也有学者把强调纳入焦点的研究范围，比如 Johnston（1991）认为"强调"是有标记的焦点。玛丽安娜·黛安娜（2002）认为"强调"主要是一种词义概念，它可以用不同的方式表达，包括特殊的重音和语调方式、词汇的选择、语法标记的选择等等。

哈杜默德·布斯曼（2003）则认为，"强调"一般情况下指通过不同的语言手段，如韵律特征、选词或词序来强调某种交际意图。③

更有一些学者从写作视角来看"强调"，如 Leech & Svartvik（2002）、Brooks & Warren（1952）、Kane（1983）、Greenbaum & Nelson（2002）都认为"强调"是交际、写作过程中的概念。

三、简评

关于"强调"，以上说法意见不一，国内外涉及"强调"的研究都有，学者的学术背景也不甚相同，定义肯定有交叉之处，比如把"强调"看作"信息"与"焦点"，"语势"与"强化"等。但是以上的定义很难再进行合并，因为他们的视角不同，概念的内涵与外延也都不尽相同。汉语学界对这个问题专门进行探讨的很少，学者们大都在文章中不

---

① 转引自 Johnston, Edgar O. (1991) *Syntax and emphasis in Deuteronomy*. Annenberg research Institute, formerly Dropsie College. PHD. 125-127.

② 强调与重音的关系，我们后文在界定"强调"时会涉及。我们的观点是：句内强调一定会有重音的转移。

③ 该词典还提到"强调"（emphasis）的第二种解释：用在修辞性的转义上，是提喻（synekdoche）的一种特殊用法，即词在语义上的简练运用。

予以明确地解释就直接使用"强调"这个概念,或者对"强调"只进行简单释义而不展开说明,这都造成了评述和研究的困难。① 但是从学者们对"强调"的界定中,我们可以初步归纳出"强调"与哪些现象有关,即与语义、语用、主观性、信息、焦点、语势、功能、篇章连接、修辞、交际等等有关。这些不同的定义一方面说明强调现象的复杂,另一方面也说明单纯从某一方面对"强调"进行界定的难度很高。虽然如此,这些已有的成果还是为我们后文的研究奠定了基础。我们可以根据语法研究的目的,在前人的成果基础上对"强调"进行重新审视。

第三节 新的阐释②

一、强调的本质是心理现象

"强调"到底是语法、语义、语用还是修辞现象?如图 2-2 所示,"强调"不是单一的语言现象,而与语音、语义、语法、语用、修辞等都有关联。在语言研究领域,能跨越如此多语言界面的语言现象应该为数不多,正因如此,前贤对"强调"的界定才"横看成岭侧成峰,远近高低各不同"。

图 2-2:强调的不同特征

如果从一个角度去看"强调",它与图 2-2 中的任何一个说法都有联系,各有各的道理。但是,要给"强调"下一个比较合适的定义,必须抓住它的本质。我们认为"强调"本质上是一种心理现象。③ 这和 Muraoka(1969)的观点相同。但是 Muraoka(1969)只承认"强调"是心理现象,没有用心理学的理论进行证明就作了判断。本书则根据心

---

① 笔者在此仅罗列这些关于"强调"的说法,后文还会就一些说法进行详细论述。目的是想说明"强调"这一问题的复杂性以及研究的分歧。同时在此感谢张伯江先生在笔者开题时对此问题给出的建议。

② 本节曾以《从认知心理学视角论语言中的"强调"》为名发表于《现代语文》2009 年第 8 期。收入本书时笔者进行了大幅修改。

③ 索绪尔就认为语言这个符号系统主要是心理的,"它们的所在地就在我们脑子里"(转引自崔希亮《语言学概论》,商务印书馆,2009 年,第 17 页)。

理学的"注意"理论进行论证。

詹姆士(1890)讨论了注意的本质,认为注意是心理以清晰而又生动的形式,对若干种似乎同时可能的对象或连续不断的思想中的一种占有。它的本质是意识的聚焦和集中,意思是指离开某些事物,以便有效地处理其他事物。

彭聃龄、张必隐(2004)认为,注意的指向性指意识指向某一对象或活动而离开另一对象或活动。

海曼德兹—皮昂(Hemandez-Peon,1966)曾经把注意的指向性比作探照灯的光束。在亮光照射的中心,人们得到最清晰的印象;而在亮光照射的边缘,事物就变得模糊不清了。[①]

从以上心理学者的论述中,似乎不难发现:语言表达中的强调现象,不正是如"探照灯光束照射的中心"吗?"强调"的使用使人们的意识聚焦和集中于某些语言形式或者这些形式所表达的意义。

在认知心理学的研究中,Malim(1994)总结了引起不随意注意[②]的刺激物有以下七种特点:

1. 刺激的强度(intensity):鲜明的颜色比不鲜明的更加吸引我们。

2. 刺激的大小(size):大的东西比小的东西更容易吸引我们的注意。

3. 刺激的持续与重复(duration or repetition):短暂出现的刺激不如持续的、重复出现的刺激更吸引我们的注意。

4. 刺激的感情内容(emotional content):带有感情的刺激比不带感情的刺激更能吸引我们。

5. 刺激的意外、突然或新奇性(suddenness or novelty):突然的或没有预料到的刺激比我们预料中的或以前遇到过的刺激更容易吸引我们。

6. 对比的或有差异的刺激(contrasting stimuli)比相似的刺激更容易吸引注意。

7. 运动的(something which moves)比静止的更容易吸引注意。当一只兔子处于猛兽攻击的危险中时,它常常会突然停下来以避免吸引猛兽的注意。

以上七个引起不随意注意的条件是刺激物的一些外在特征,比如强

[①] 此三处均详见彭聃龄、张必隐《认知心理学》,浙江教育出版社,2004年。

[②] 不随意注意,又叫作"无意注意",一般指被动的、积极性水平比较低的注意,不需要人的有意识的控制。

度、大小等。只要具有其中一个条件，就可以引起不随意注意。对于语言交际来说，如果想达到吸引受话人的目的，也需要在不随意注意方面下功夫，只是比心理学的更为复杂。在口语中，发话人可以通过加重任何他想加重的音节达到强调的目的；在书面语中，写作者可以采用非语言的手段，比如字体变大、变黑、变粗，加下画线等方式，因为与不加这些标记的常规形式进行对比，容易引起人们的注意。这些手段都可以归为形式上的刺激或外在的刺激。比如下面的例句：

(1) 我从 2002 年开始在<u>北京大学</u>从事对外<u>汉语</u>教学。

上面的例句中，加下画线的词"北京大学、汉语"肯定会引起读者的注意。

语言形式（词、句子等）作为一种刺激物比心理学谈到的刺激物更复杂，原因在于语言形式除了外在特征外，内在的语义内容以及语用功能也可以引起人们的注意。这些强调的语言手段具有什么特征？或者说具有什么特征的语言手段才是强调？这是我们所关心的问题。根据认知心理学的不随意注意理论，我们可以推导出在语言的三个层面上"强调"的特征与表现，进而发现强调的本质，如表 2-1 所示。由表可知，在语言的层面，要达到强调的目的，语形上有非常规的语言形式（异于常规）；语义上或语用上要呈现凸显或强化。

表 2-1：强调特征推导示意表

心理学依据	推导出的强调语义、语用特点	强调形式	强调的本质
鲜明的颜色比不鲜明的更加吸引我们	凸显/强化	异于常规	心理刺激在语言上的投射
大的东西比小的东西更容易吸引我们的注意	凸显/强化		
短暂出现的刺激不如持续的、重复出现的刺激更吸引我们的注意	凸显/强化		
带有感情的刺激比不带感情的刺激更能吸引我们	强化		
突然的或没有预料到的刺激比我们预料中的或以前遇到过的刺激更容易吸引我们	强化/凸显		
对比的或有差异的刺激比相似的刺激更容易吸引注意	凸显		
运动的比静止的更容易吸引注意	凸显		

我们从心理学的视角去分析语言中的强调，虽然缺乏严格的形式论证，但是却与认知语言学的某些思想不谋而合。比如，张辉松（2010）根据认知语言学的象似性理论①，从数量象似性、顺序象似性、距离象似性、标记象似性等原则的运用和违背两个角度对强调功能的认知机制进行了系统的论证，最后得出结论，认为象似性就是强调功能的主要认知机制之一。表 2-1 的第一列与第二列之间确实存在着象似性，这说明语言形式与客观世界之间存在着对应关系。

陈忠（2005）从认知语言学的视角总结出关于图形与背景的关系，认为图形的特征一般是：完整、运动、相对较小、关注度高、显著度高、依赖性高、自立性低、典型性低等。除了"相对较小"与认知心理学所谈及的刺激特征不同之外，其他的图形特征都与之相符。"相对较小"其实具有一定的局限，比如一群普通身高的人中，突然来了一个两米多的高个子，肯定这个高个子是图形，不是背景。从认知心理学来看，这个高个子会引起不随意注意。如果一群普通人中有一个非常矮小的人，这个小矮人如果混在人群中，是不可能作为图形的，因为不能引起人们的注意；只有这个小矮人出现在人们的视线中，即小矮人出现在普通人的前面，人们才会注意到他。其实，这时小矮人的位置已经发生了变化，不仅仅是因为"相对较小"引起了人们的注意。

袁从润（2007）认为"强调"是个语用概念，它是指说话人在交际时把需要突出表达的意念（主观的愿望、目的、看法等重要信息）通过语言的非常规表达传递给受话人，给受话人以超一般的心理刺激，从而获得特别表达的效果。② 晏静（2011）在其硕士论文中也同意这一观点。③ 以上两位作者所谈到的"超一般的心理刺激""非一般的心理刺激"，虽然没有对其进行具体分析与论证，但是却与本书的观念不谋而合。

由此，我们认为，表 2-1 对强调特征的推导有一定的认知基础，下面对其进行分条详细论证。

---

① 象似性是指语言形式在音、形或结构与所指（客观世界、经验结构、认知方式、概念框架、所表意义）之间存在映射性相似对应的现象。
② 袁从润《现代汉语强调方式初探》，安徽师范大学硕士学位论文，2007年，第1页。
③ 晏静《现代汉语强调的表现》，吉林大学硕士学位论文，2011年，第2页。

二、强调具备的两个特征

(一) 异于常规①

不随意注意理论告诉我们,要想达到吸引人注意的目的,必须要使该刺激物外表上具有明显的异于其他刺激物的特征,比如强度强、体积大等。由此,我们认为"异于常规"是判断强调与否的一个条件。口语中,常规重音的位置人们一般不把它看作"强调",而"非常规重音"的位置才是"强调"所在。② 观察汉语书面语的强调时,某个句子、词语是否是强调,可以从形式、意义、语用几个方面来看。非常重要的一个原则就是,强调一定是和非强调联系在一起的,人们判断一个词语、语法格式、句子是强调,心目中一定存在一个非强调的形式。这个非强调的形式则一定是常规的形式。这很容易理解,正如"万绿丛中一点红",只有那么多的"绿叶"衬托,我们才会注意到其中的那朵"红花"。如果都是"红花",其中的某一朵就不会引起人们的注意。Johnston(1991)就认为"强调"是由异常的重音或词序产生的最为突出的部分。

我们的观点与陈用仪(1979)不谋而合。他认为,严格说来,一切多成分的句子都有所侧重,都可以称为强调句,但是,对于以谓语为"新闻"的句子,由于出现次数最多,我们习以为常,也就不觉得是强调句,而且其强调的力量也不明显了(如果再需要强调,还得另想办法)。拿汉语"我昨天下午在街上看见了老李"这句话来看,强调点本来是落在整个谓语"看见了老李"上,但我们通常并不觉得这是一个强调句,而且它对谓语的强调作用的确在我们心目中变得十分不明显,以至于当真要强调谓语时,还要加一些辅助词,如"是看见了老李""真的看见了老李"之类。③

因此,我们认为判断一个句式是否为强调句式的重要条件是它是否与一般的、常规的句法结构不同。表现在小句内,是重音和焦点发生改

---

① 后文所谈的"异于常规"都是仅指形式上的非常规特征,本研究的"异于常规"包括小句内焦点、重音移动。虽然焦点是一个语义或语用概念,但是焦点的移动在语形上是可以感知到的。

② 关于重音和强调,连字句一章还有详细论述。

③ 陈用仪《西班牙语的强调句》,《外语教学与研究》,1979年第1期,第32页。

变。"是……的"句、连字句、"疑问代词＋都/也……"句等句式被学界视为强调句的原因之一就是该类句式的异于常规的特点。后文的研究证明"甚至……都/也……"句、即使类单句也具有这一特点。表现在超句范围，异于常规指的是一些反复、排比、夸张等语言现象，这些语言现象与一般的语言表达手段不同，因而能吸引人的注意，达到一定的修辞、语用效果。比如，王胜文（2005）就认为夸饰（夸张）作为修辞格，其最大特点是通过超常组合，突出人们对事物的主观感受。无论是违逆常理、打破常规，还是超出常量（阈值）、改变常态，旨在凸显"走极端"的特质，强化"错位"效应，增强感染效果。

超句范围的异于常规的形式之一就是重复①。语言表达时，重复的语言形式（不包括构词重叠）常常会引起人们的注意，因为在形式上重复带给人们的是视觉上的冲击；在语义内容上，重复也会带来一些语义量的改变，或语义量变大，或语义量变小。本研究尤其要关注的是超句层面上的反复现象。

（二）凸显与强化②

1. 凸显

语言学界对"凸显"的一般理解是，在某一认知域内，某部分受到人们特别的注意。跟"凸显"相近的术语有"凸现""突现"等（卢英顺，2008）。有研究发现，"认知凸显度越高，引起的注意力就越大，而且容易被感知；认知凸显度越低，引起的注意力就越小，不容易被感知。因为我们看到一所大的房子和一条很深的河流要比看到一所小的房子和一条很浅的河流花费的努力要小"。③

强调的语言形式与凸显有着密切联系。比如非常规的语序，把重要的信息与次要的信息换一个位置，以引起受话人注意。"怎么了，你"与"你怎么了"相比，前句强调"怎么了"。因此，非常规语序的强调

---

① 后文要研究的"反复"现象就是一种重复。句子层面上，我们的观点是"反复"的外延大于"重复"。

② 张辉松、赵琼（2008）曾提出："在语义上，强调具有'强化'和'凸显'两大基本取向。强化是对情感、判断、鉴赏、责任、意愿、倾向等态度的着重表达，而凸显则是对特定含义、要点、主题、中心思想等凸显或着力表达。"本书借用这两个概念，但是对这两个概念的理解与他们不同。另外，我们的研究角度与研究方法也与他们有很大差异。

③ 牛保义《凸显度优先：TALL-SHORT 类相对反义词的认知研究》，《外语学刊》，2007年第2期，第49页。

方式可以称之为"语序凸显"强调。

　　语言中还有一种强调形式，即"是……的"句，一般认为，这种句式强调"是"后的句法成分。从认知的观点来分析，"是……的"句也是对句法内某些成分的一种凸显，以期引起受话人的注意。这种凸显与语序凸显不同，所凸显的成分处于一个框架之中，我们称之为"框架凸显"强调。

2. 强化

　　如果说凸显着重于语言形式上的强调，那么强化主要指语义或语用的层面。强化指的是通过语义上的极大量、全量或语气上的增强引起受话人的注意。这种极大量、全量指的是主观量，是指含有主观评价意义的量，与"客观量"相对立。（陈小荷，1994）

　　极量强化主要包括连字句、甚至句、即使句等句式，因为这类句式是通过肯定或否定极量，达到引起受话人注意的目的。全量强化主要指"疑问代词＋都/也……"句，因为这类句式是通过肯定或否定全量，达到引起受话人注意的目的。语气强化主要包括反问句、双重否定句、反身代词、反复、部分强化副词。

　　下面我们重点来论证极量强化，全量强化和语气强化后文各章会进行论述。

　　心理学理论认为鲜明的颜色比不鲜明的更加吸引我们，大的东西比小的东西更容易吸引我们的注意。以上只是就两个刺激物对比而言，如果多个刺激物同时出现，必定是极大或极小的一个能引起注意。表现在语言现象中，口语表达时如果重音加重、强度增加，就会引起人们的注意；书面语的表达中，要想达到强调的目的，重音不能发挥作用，除了在字体上凸显之外，只有通过语义强度的改变来体现了。我们用"极量"这一概念表达极高或极低的语义强度，因此具有极量的语言形式一般会比普通量级的语言形式更能引起人们的注意。

　　为什么说"主观"的语义极量更让人产生注意呢？因为客观的语义极量，比如"世界上最高的山峰是珠穆朗玛峰"中的"最高"，一般是采取客观的介绍，不凸显说话人的主观感情。最为重要的是，如果认为这类句子是强调句的话，找不到与之相对应的非强调句。而主观语义极量就不同，比如后文要论述的连字句，它表达主观语义极量，可以找到语义上相应的非强调句。如：

（2）这道题太难了，连水平最高的老师都不会。
（3）这道题的难度最高。

例句（2）表达的是主观语义极量，说话人认为"水平最高的老师不会的题"一定非常非常难。例句（3）有两种解释：一种只是客观的叙述，这道题难度最高；另一种是说话人的主观判断，但是在语言形式上是常规的，不存在移动的焦点或重音，即不是非常规的语言形式。这两种解读都不会带来强调。比较例句（2）和（3），在题"难"的程度上，应该是（2）大于（3）。

董秀芳（2010）从汉语史的研究视角出发，发现全称量化词、限止量化词、极大量词、极小量词都发展出了对句子所表示的命题加以强调的用法的实例，这说明表量成分与强调用法之间有着密切的关联。她认为极小量成分出现在否定句中，在功能上就相当于一个全称量化成分，也就相当于一个相应的肯定句中的极大量成分。因此，归根结底，表量成分的强调用法是极大量成分与强调的自然关联造成的。从董秀芳的研究结论可以推断，本书所提出的主观语义极量作为判断强调与否的一个标准是有语言事实根据的。

三、判断强调的标准[①]

"异于常规、凸显与强化"两个特征之间不是平行关系，其中"异于常规"是判断一个语言形式是否为强调的必要条件。因为根据必要条件的定义：如果没有前件必无后件，而有前件未必有后件，那么，前件就是后件的必要条件。也就是说，如果一个语言形式不具备异于常规的特点，它必定不是强调形式；如果具备异于常规的特点，可能未必是强调形式。之所以把"异于常规"作为判断一个语言形式是否为强调的必要条件，是因为如果不用形式的标准去判断，只用语义或语用的标准，就不具备可操作性。

异于常规最容易用来判定强调与否的标准。当然，这种异于常规的尺度如何把握，也会有分歧。比如，有些学者认为把字句是异于常规的

---

① 其实完全可以把两个特征都作为充分条件，也就是说符合哪一个特征都可以判断该语言形式是否为强调。但是这样进行判断的话，汉语的强调形式就会非常多。实际上我们发现，语言的刺激远比心理学中所谈的刺激复杂，只有一个特征有时候并不会引起人的注意，需要几个特征才可以达到引起注意的目的。

句式，将其归为强调句。但是我们遵循较为严格的标准，不再将把字句归为强调句。原因在于，把字句产生之初，由于其异于常规的形式可能会带来强调。但是随着把字句在汉语中固化为一种表达处置意义的句式之后，说话人在使用这个句式时，受话人不再产生特殊的心理反应。也就是说，把字句不再给受话人产生一种特殊的心理刺激。

为了避免判断出现分歧，我们把"凸显与强化"作为判断强调与否的第二个条件。如果一个语言结构在形式上异于常规，在语义（语用）上凸显或者强化，那么这个语言结构就必然属于强调结构。比如，把字句在现代汉语中一般认为是处置式，不再认为它的语义是凸显或强化，因此我们不把它作为强调结构。

四、强调手段与强调特征

传统的所谓强调手段，① 除了复句格式②外，它们都符合我们所提出的两个必要条件（部分证明详见后面各章），如图 2-3。由此，我们认为以上提出的两个必要条件在判断一个语言形式是否是"强调"上是可行的。这也许能够解决语言学界纷争至今的强调判断问题。③

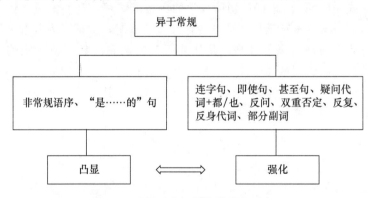

图 2-3：强调形式与强调的特征对应图

---

① 除了语序调整、反身代词、复句格式以外，其他的强调手段均来自《汉语水平等级标准与语法等级大纲》(1996)。

② 我们认为一般所谓的"复句"的分句表达强调的观点不符合我们提出的强调条件。其实复句中的"强调"与语义重心并无不同。我们的观点是将其排除于强调研究的范围。关于特殊的复句，比如即使句、无论句的情况，后文会进行说明。

③ 我们也清楚地认识到强调所包括的语言现象非常多，涉及的问题非常复杂。在此仅提出设想，今后还需要不断地去完善、修正。

图 2-3 中,"凸显"与"强化"之间我们用一个双箭头标示,这是因为凸显与强化存在着相关性。在语义上凸显的语言结构,其实隐含着对所凸显的语言形式的强化;而强化的语义或语用内容常常需要借助凸显来实现。

我们没有就双重否定、反问句、非常规语序、副词、反身代词进行深入研究,目前的判断只是根据已有的研究成果和前文提出的条件进行大概的推断。但是我们对连字句、"是……的"句、甚至句、"疑问代词+都/也……"句(周遍句)、即使句、反复现象的研究已经可以证明用上面提出的标准进行判定的可行性。

下面我们初步尝试用典型范畴理论划分强调的层次。典型范畴理论的主要观点有:一是典型成员具有认知上的突显性,即具有范畴内大多数或全部成员的多种表征,出现频率最高,并反映了范畴的中心倾向;二是典型成员具有认知上的相似性,每个典型就是一个认知参照点,其他成员依据与典型相似性程度的多少而聚集排列。典型拥有相邻范畴中成员最少的共有特性,也就是说,典型成员与其他范畴典型具有最大的区分度。同时,范畴成员之间的边界是模糊或不固定的,范畴成员之间呈现家族相似性。① 根据认知语言学的典型范畴观,我们把强调语言格式中包含语义极量和全量的部分看作典型的强调,这是因为极量的语义带给受话人的刺激强度最高。其他的语气强调和凸显强调格式相比而言,带给我们的刺激强度就低一些。当然,还有一些我们未讨论的语言格式,也被有些学者作为强调的一类,比如"与其……不如……"等复句格式等。强调的层次如下图 2-4 所示:

---

① 史厚敏、何芸《基于典型范畴理论的连系动词家族相似性研究》,《洛阳大学学报》,2007 年第 1 期,第 61 页。

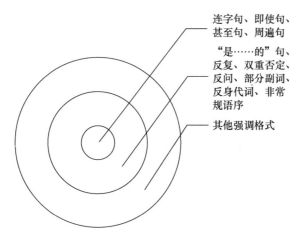

图 2-4：强调的三个层次①

从图中可以看到，由里到外，强调的典型性逐渐降低。本书对最内层的典型强调手段进行重点研究，包括连字句、即使句、甚至句、"疑问代词＋也/都……"句。因时间与精力的关系，本书仅对第二层的强调格式"是……的"句和反复进行了重点研究。

五、强调的界定

根据前文的研究，我们尝试给"强调"下一个新的定义：发话人在语言表达过程中，引起受话人不随意注意所采用的语言手段。引起不随意注意的既有语言形式的原因，也有语义的原因，这些形式就是强调手段。这些强调手段所表达的主观意义就是强调语义。

强调的本质是一种心理现象，是在受话人的心理上产生的一种刺激，因此这种刺激的产生必然带有说话人的主观印记。主观性是认知语

---

① 强调的三个层次的归类问题非常复杂，本书仅进行大概排列。有学者从语音实验的角度对"是"和"连"所标记焦点的音高进行了对比，发现从语音角度来看，"连"是比"是"低一个层级的焦点标记成分，尽管"连"所标记的成分可以实现音高突显，但其变化幅度明显小于"是"所标记的焦点（贾媛等，2009）。我们认为，虽然"连"所标记的成分音高不如"是"所标记的成分，但是因为连字句所蕴含的违反预期、主观极量是是字句所没有的。从这个角度来看，连字句所具有的强调特征更多。今后可能还需对连字句与是字句所负载的强调程度进行对比实验。

言学研究中的重要概念,是语言学界研究的热点,是指说话人在说出一段话的同时表明自己对这段话的立场、态度和感情,从而在话语中留下自我的印记(Lyons,1977)①。因此,"强调"的研究也是主观性研究的一个重要组成部分。

---

① 详见沈家煊(2001:268)。

第三章 研究路向与理论视角

第一节 语义范畴[①]

一、语义范畴研究的价值

早在20世纪40年代,吕叔湘先生就在《中国文法要略》中建立了语义范畴系统,并对其进行了研究。近年来,语义范畴成为汉语语法学界研究的一个热点问题,内容涉及到量范畴(李宇明,2000)、比较范畴(刘焱,2004)、工具范畴(徐默凡,2004)、选择范畴(周有斌,2004)、致使范畴(周红,2005)、递进范畴(周静,2007)、差比范畴(许国萍,2007)、属性范畴(刘春卉,2008)、传信范畴(陈颖,2009)、时量范畴(王世凯,2010)、量级范畴(陈光,2010)、疑问范畴(邵敬敏,2010)等[②]。现代汉语语法研究的主流长期以来一直沿着从形式到意义的研究路向,成果虽然显著,但是方法未免单一。语义范畴研究所倡导的从意义到形式的研究路向正好弥补了这一不足,显示出较好的发展前景。邵敬敏(1998)指出:"如果说二十一世纪的汉语语法将会有重大突破,那么,首先就会表现在对语义范畴、语义关系和语义选择的研究上。"语义范畴研究的价值,正如李宇明(2000)所指出的:"第一,从外到内和从内到外的两种研究路向虽然是相辅相成的,但是由于形式和意义之间的复杂对应关系,两种研究路向却可能看到不同的语言景观。从外到内看到的是一种形式所表达的多种意义,而从内到外看到的是一种意义所赖以表达的多种形式。""采取从内到外的研究

[①] 本节部分内容曾以《论强调范畴的构建》为题发表于《暨南大学华文学院学报》2006年第2期。论文发表以来,以笔者所提出的强调范畴构建设想为纲,有的研究生写出了硕士论文(程葆贞《现代汉语强调范畴》,河南大学2010年硕士学位论文);有的研究生受此启发,拓展了研究范围,写出了博士论文(鲁莹《现代汉语话语强调范畴构建与研究》,中国人民大学2011年博士学位论文)。

[②] 有些专著虽然也以范畴为名,但不是从语义出发的研究,比如《现代汉语趋向补语范畴研究》(李燕,2012)等。

路向,也许便于不同语言(或方言)间的对比","以语义范畴为对比研究的对象,能够较为便利地发现不同语言间表达手段的异同,进而概括出语言的共性与特殊性"。

正因如此,语义范畴研究受到对外汉语教学界许多学者的重视。赵金铭(2002)认为:"外国人在学习汉语时,最主要的是要用所学的汉语表达自己的思想。在学习汉语语法时,他们最关心的是要表达一个语义时,应该用哪个语法形式,如果有可供选择的几个语法形式时,选择哪个语法形式最贴切。"语义范畴研究正好与对外汉语教学语法的要求相契合,因为它研究的主要是一束共同的语义之下不同的语言形式(当然主要是语法形式)的区别与联系。刘焱(2004)认为比较范畴对对外汉语教学具有理论上的指导作用,比较范畴的研究可以帮助我们解决外国人学习汉语比较范畴时出现的类型化的偏误。吕叔湘(1942)早就提出对外汉语教学要加强汉外对比研究。汉外对比的研究大多是从语义范畴出发。李宇明(2004)就认为如果仅从形式到意义的研究,不同的语言、方言间不便进行对比或比较,例如把字句的研究,很多方言和外语中没有类似的句式,所以就没有办法比较。综上所述,我们认为,无论是从建立对外汉语教学语法体系来说,还是就汉外对比研究来说,语义范畴研究都有其不可替代的优势。

然而,也要看到语义范畴研究目前还处于起步阶段,虽然前景美好,但要走的路还很长,对于语义范畴的研究还有许多悬而未决的问题。邵敬敏、赵春利(2006)的《关于语义范畴的理论思考》是对语义范畴进行理论探讨的一篇重要论文,文中探讨了语法形式与语法意义的关系,语法范畴、形式范畴和语义范畴的关系,以及语义范畴的分类及其依据。但是邵敬敏、赵春利(2006)也认为,语义范畴的内涵、外延、类型以及内部的关系,目前都不太清楚。有关语义范畴的研究才刚刚起步,大多停留在对具体问题的分析上,对有关的理论、方法还缺乏深入地思考,观点还不太成熟,理论也不系统。我们拟在前贤研究的基础上,以新的视角对语义范畴的内涵与外延进行分析,探讨语义范畴研究中需要注意的一些问题。

二、语义范畴的界定与分类

(一)语义范畴的界定

谈语义范畴之前,先了解一下范畴这个概念。西方对范畴的研究已经有了很长的历史,亚里士多德的范畴"经典理论"认为,范畴有明确的边界,范畴内的所有成员地位平等。认知语言学对这个经典理论提出挑战,提出了典型理论,认为一个范畴是由一些通常聚集在一起的特征所构成的"完形"概念,认为范畴具有"核心"和"边缘"之分,即"典型"和"非典型"。

关于语义范畴,认知语言学的典型理论认为,它既是语言问题又是认知问题。语义范畴涉及符号、人脑、世界三者之间的关系。从感知上升到概念,语言符号是不可缺少的工具,当一个词的指称对象不是一个而是一类事物时,它就代表一个语义范畴。

国内语言学者对语义范畴的界定不尽一致,外延宽窄不一。孙维张(1990)曾经构建过一个语义范畴系统。他所谓的"语义范畴"实际上是指义素分析法中的义素,应该是词义的下位概念,与语法研究中的"语义"不同。

邵敬敏(2004)认为语义范畴主要指在句法结构中通过某些词语体现出来的语法意义的概括和集中,它主要是指一种聚合。邵敬敏、赵春利(2006)认为语义范畴又叫语法意义范畴、语义语法范畴,指对语法意义进行抽象所得出的范畴。我们认为以上两种观点对语义范畴的界定相对偏窄。但也有许多学者对语义范畴的界定相对宽泛一些,如张黎(1997)认为语义范畴是指语言单位在言语表达中所充当的语义角色或语义类别。李宇明(2000)认为,人类在认识世界和改造世界的过程中,逐渐对各种事物的性质、特点等有所感知,有所认识,形成各种各样的范畴,如"时间""空间""数量"等等,从而构建出人类的文化世界。构成人类文化世界的各种范畴称为"认知范畴",认知范畴的语言化,便形成各种各样的语义范畴。一个语义范畴就是一束语言意义的聚集。周红(2005)认为,语义范畴是语言中的意义类别,与形式范畴相对。我们认同语义范畴宽泛的界定,因为语言的研究要往深、广的方向发展,研究范围的扩大可以发现以前未知的现象,发现一些未知的规律。

(二)语法范畴、语义语法范畴

语法范畴的概念一般有广义和狭义两种理解。广义的语法范畴是各种语法形式表示的语法意义的概括。狭义的语法范畴是词的形态变化表示的语法意义的概括。在汉语研究中一般倾向于使用广义的语法范畴概念。胡明扬（1994）首先提出语义语法范畴的概念："语义语法范畴指的是一定的语义内容和相应的语法形式，主要是和隐性语法形式相结合而构成的语法范畴。"马庆株的《汉语语义语法范畴问题》就是研究语义语法范畴的代表作。

（三）我们的观点

我们同意李宇明（2000）的观点，即语义范畴是一束语言意义的聚集，它必须有语言形式与其对应。在此，按照语义范畴所对应的语言形式的范围大小，可以把语义范畴分为以下三个层次：（1）广义语义范畴：指的是语义范畴所对应的形式是广义的语言形式，包括语素、词汇、语法、语用形式等。大多数学者所进行的语义范畴研究属于广义语义范畴。（2）准狭义语义范畴：指的是只与语法对应的语义范畴，既包括显性的语法形式，又包括隐性的语法形式。这实际上与前贤所谈的语法范畴是一致的。（3）狭义语义范畴：指主要与隐性语法形式相对应的语义范畴。这实际上与胡明扬、马庆株等学者倡导的语义语法范畴基本一致。

当然，在有些学者看来，语法范畴其实也是语义语法范畴，只不过语义语法范畴是为了强调这部分语法范畴和语义之间特别明显的联系而已。我们将语义语法范畴与语法范畴分开，主要是考虑它们所对应的语法形式的范围有一些差异。

由此，我们认为语法范畴、语义语法范畴其实只是语义范畴的一个小的范围，是只与语法形式对应的语义范畴。以它们的外延大小来看，其关系如下所示：

广义的语义范畴 > 准狭义的语义范畴 > 狭义的语义范畴

按通行的术语，即：

语义范畴 > 语法范畴 > 语义语法范畴

三、关于语义范畴研究的三个问题

（一）构建语义范畴

前文已经谈到，自吕叔湘先生（1942）提出数量、指称、方所、时间、正反·虚实、传信、传疑、行动·感情等范畴之后，许多学者也尝试构建语义范畴并对其进行研究，如比较有影响的李宇明（2000）对量范畴的研究等。语法学界对语义范畴内部到底包含哪些次范畴意见不太一致。张黎（1997）把施事、受事、有定、无定、语义特征、有界、无界等都看作语义范畴。邵敬敏（2004）则把方所、时间、数量、否定、肯定、人称等看作语义范畴。邵敬敏、赵春利（2006）把语义范畴首先区分为"语义特征范畴"和"语义关系范畴"，前者又可区分为"词义特征范畴"和"句义特征范畴"，后者可区分为"语义论元范畴"和"语义关联范畴"。当然，在目前对语义范畴的界定不统一的情况下，去研究语义范畴到底包括哪些次范畴，尚有困难。

虽然学界对语义范畴的界定不同，但这并不能成为我们漠视语义范畴研究的理由。我们完全可以在目前语法研究成果的基础上，构建具体的语义次范畴。比如量、比较、选择、工具、致使、递进、差比等范畴的构建就比较成功。语义范畴的构建不是空中楼阁，不是靠空想得来的，它必须建立在对语言形式比较清楚描写的基础之上。这也正如功能语言学的研究不可能完全抛开结构主义的研究成果一样。当然，我们完全有可能在分析、综合一部分语法形式所表达的意义基础上，构建一个语义范畴。语言学的研究需要通过事实进行归纳、综合，更需要大胆地提出假设和小心地进行论证。当构建好语义范畴以后，可以寻求在这个语义范畴统摄之下的其他相关语言形式，进而去研究各形式之间的联系与区别。

（二）寻求语言形式

语义范畴研究遵循从意到形式的研究路向，如果确立了语义范畴，接下来就要去寻求语言形式。有些语言形式是在归纳语义范畴时已经发挥作用的，不需要再去寻找。另有一些语言形式的获得就可能不是那么简单了。这里又碰到另一个问题，到底语言形式包括哪些？倾向于对语义范畴作狭义理解的学者，多把形式限制在语法的范围内，比如寻找具体的语法格式（刘焱，2004）。而对语义范畴作广义理解的学者，如李宇明（2000）则认为语义范畴的语言形式主要有词汇、语法和语用。① 刘贤俊（2003）在评论《汉语量范畴研究》时谈到："专著所涉及的语言形式不仅包括传统意义上的语言形式，还纳入了一些词汇形式，

---

① 语义范畴的语言形式包括"语用"，我们是这样理解的：语义范畴的语言形式不光表现在词汇、语法等传统的语言形式上，还可能表现在"语序的变动""修辞"等语用方面。这些都可以称之为"语言形式"。比如表达"量"语义范畴的有"重复"这样的语用形式。又如后文将要讨论的表达"强调"语义范畴的"语序变动""修辞"等等语用形式。我们同意李宇明先生一直所主张的语法研究中不必把语义、语用分得过于清楚的观点，其实语义、语用是无法截然分开的。

一些具体的句法格式,甚至是一些非元语形式的或超语形式的标点符号。这些都是被传统语言理论排斥在'形式'之外的。"我们认为,就某一语义范畴,仅研究其语法形式所发现的语言规律毕竟有限,这样广义的"形式"观打破了语法形式的局限,将词汇的、句法的、超句法的等等语言形式都包括在内,拓宽了语法研究的视野,有助于发现一些以前发现不了的规律,更有助于外语学习者通过一束意义去掌握不同的语言形式。

(三) 研究路向

构建语义范畴和寻求语言形式都可以在已有的研究成果基础上进行,然而语义范畴研究的更大难点在于采用何种方法进行研究,如何进行研究。目前,语义范畴研究还没有一个理想的研究模式,其研究的基本路向是从意义到形式,但是在研究具体的语言形式时还是运用从形式到意义的研究路向。这两条研究路向本身不是互相矛盾的,而是相辅相成的。因此,语义范畴研究的切入点是意义,研究重点却是探讨具体的句法格式相互间的区别与联系。比如,量范畴研究中对"与一相关的两种格式""一量+否定""很有NP"等的研究,比较范畴中对比字句、也字句、表比较的有字句的研究,选择范畴中对"宁可""与其A,不如B""不是A,就是B""或者""还是"的研究。

研究具体的某个语义范畴时,学者一般会把语义范畴细化为一些层级体系,比如李宇明(2000)把量范畴细化为物量、空间量、时间量、动作量、级次量、语势等。刘焱(2004)把比较范畴细化为平比和差比两类。周有斌(2004)把选择细分为典型选择、一般选择、列举、推测等。

目前语义范畴研究总体上讲还是描写性的,是对一个语义范畴统摄之下的各种语言形式进行描写,从而发现不同形式之间的联系与区别。随着认知、功能语言学的发展,语言研究中解释的成分越来越多。对语义范畴的研究,也需要借鉴认知、功能语言学的研究成果。另外,随着语言类型学在国内逐渐得到重视,也需要从类型学的视角出发观察在不同语言或方言中表达同一语义范畴的语言形式的异同。当然,要尽量避免在一个语义范畴统摄之下,简单地把一些语言形式堆砌在一起,无法构建系统,研究也不能深入。

四、强调范畴的构建

在前文语义范畴研究与强调研究的基础上,我们在此提出"强调范畴"这一概念,对其研究的必要性、可行性及其思路进行简要的探讨。

(一) 强调范畴研究的可行性

从语义范畴研究的视角出发,我们发现"强调"可以归纳为一个抽象的意义范畴。

"意义"可分为两种:表示事物间相互关系的客观认知意义(即施事、受事和限制、被限制等意义)和传达说话者态度的主观语用意义(指主题、焦点、强调、已知、未知等意义)。其中,认知意义是更基本、普遍和稳定的意义。相对而言,语用意义是附加的、不稳定的(陆丙甫,2006)。按照这一观点,"强调范畴"是语用意义范畴,但是我们赞同"区分句法、语义、语用三个平面只是出于研究的方便,语言本身并没有截然区分的三个平面"。① 根据前文研究,我们已经认识到"强调"很难说是一个单纯的句法概念、语义概念还是语用概念,"强调"的形式既有词、结构、句子,又有超句的成分。因此,把强调范畴看作语义范畴,这里的"语义"包含了句法意义,也包含了语用意义。

孙维张(1990)根据义素分析中的义素构建过一个语义范畴系统,在这个系统里,"强调"位于态度范畴的子范畴"意志"范畴之下。他认为,态度语义范畴子系统完全是由认识主体生发出来的,它表明认识主体在认识活动和认识过程中对客体所持的主观态度,以及表达自己的思想时所具有的情感意志等。显然,作者所谈的"强调"只是纯词义概念,与我们所谈的"强调"不同。我们的"强调范畴"概念要远远超出词义的范围,还包括格式、句子、超句的范围。

"强调范畴"的构建,表面上看似不相关的一些形式找到了共同点,在"强调"这一语义范畴的统摄之下,我们可以研究表示强调的形式究竟有哪些、各种形式之间有什么联系与区别、"强调"这一语义范畴又可以细化为哪些次范畴等等一系列问题。当然在研究这些问题之前,就需要对"强调"到底是什么进行界定,然后根据我们的定义对表示强调的"垃圾桶"去伪存真,把真正表示强调的形式留下来进行研究,把一些滥竽充数的语言形式扔出去。

(二) 强调范畴研究的构想

强调范畴是一束表达强调意义的集合,因此不但涉及语言手段,也

---

① 沈家煊《认知语法的概括性》,《外语教学与研究》,2000年第1期,第31页。

涉及非语言手段。这些手段具有形式的非常规性，或其所表达的语义内容能引起受话人的不随意注意。

从宏观的层面来看，可以从强调标记着手，尽量穷尽地把表示强调的形式标记找出来，然后对这些形式标记进行归类分析。当然，有些没有形式标记的也要研究。目前借鉴已有的研究成果，基本可以确定下列强调标记：重音标记、词汇标记（主要指一些有强调意义的副词）、句法标记、超句标记等等。其中重音标记、句法标记的描写研究较多。还有一些需要探讨的问题，比如各种强调格式之间的联系与区别的研究。目前，词汇标记、超句标记研究的很少，值得深入探讨。运用认知语言学的成果，从认知和功能的角度探讨人们使用强调的认知动因，也是一个很有价值的课题。另外，语序的变动与强调的关系，强调与修辞的关系等等也是很有意思的研究课题。在应用方面，张清源（1998）已经注意到了"强调"概念在对外汉语教学中一些需要注意的问题。确立了强调范畴之后，可以对其在对外汉语教学中的许多问题进行更深入的探讨。比如，对强调范畴所统摄的各种语言形式进行认真分析，找出它们的区别和联系，并且从认知上进行解释，这样对留学生掌握强调词或强调格式的用法会大有裨益。另外，"强调"在广告中的应用研究也是一个非常有价值的研究课题。

上述研究目标将会是一个浩大的工程，单靠一个人的力量短期是无法完成的。由于汉语"强调"研究的专论很少，可以借鉴的成果并不多。在有限的时间和篇幅内，对于强调范畴的研究范围不能太泛，如果面面俱到，就不会有深度。本书的研究主要集中在句法范围，借鉴学者以前的研究成果，有重点地进行研究。

强调范畴可以从形式上分为句内强调范畴（包括小句）与句外强调范畴两大类；从语义上分为内涵强调与外延强调两大类。① 以上两种分

---

① 笔者开始对强调分类时，把强调分为焦点型强调、语势型强调两类，焦点型强调的表达手段包括：是字句、连字句、倒装句等等。语势型强调的表达手段包括语句的反复、反问句、双重否定句等等。后来笔者放弃了自己的主张，采纳了张伯江先生的建议。张伯江先生提出两种分类办法：一种是句内与句外，这比较容易理解；另一种就是内涵与外延。他认为"really, actually, certainly, definitely"这些词，用副词强调后面的形容词，这就属于内涵的强调，如"really beautiful"，"really"就使美丽的内涵得到了强化。外延性的强调，包括那些跟数量有关的，量的强调、量的强化肯定是外延的强调，比如全称的"一点儿也没"、连字句，都是在强化某一个外延到了某一个地方。

类方法简明、清楚，容易把握。然而，本研究的主要目的并不在于理论系统的建构，更重要的是用"强调"的视角观察传统所谓的"强调手段"为什么表达强调。这些强调手段到底表达什么语义？因此，根据已有的研究成果，需要对前面分出的两大类再进行细分。句内与句外进行细分比较容易，而内涵与外延的细分就比较困难。我们选择句内与句外进行语义的细分。根据强调语义的区别，可以把句内强调范畴再划分为几个次范畴，如表3-1；当然，如果换一个角度，从语义看强调范畴，也非常有价值，如表3-2。

表3-1：从句法看强调范畴系统

强调范畴	句内强调范畴	凸显强化（语序凸显）	非常规语序
		凸显强化（框架凸显）	是……的
		极量强化	连字句、即使单句、甚至句
		全量强化	"疑问代词＋都/也……"
		语气强化	反问、双重否定、反身代词、部分副词（就、才）
	句外强调范畴	语气强化	近义异形连用、同义同形连用……

表3-2：从语义看强调范畴系统

强调范畴	凸显强调范畴	语序凸显	非常规语序
		框架凸显	是……的
	强化强调范畴	极量强化	连字句、即使单句、甚至句
		全量强化	"疑问代词＋都/也……"
		语气强化	反问、双重否定、反身代词、部分副词（就、才）、近义异形连用、同义同形连用……

需要说明的是，全量强调范畴实际上可以归入极量强调范畴。原因是主观全量本质上还是一个大量，在说话人所设定的范围内，主观全量是最大的量。比如"谁都来了"表达全量，这个全量在语义量轴上一定是一个极大量。但是考虑到极量强调范畴和全量强调范畴毕竟在语义表达上有一些区别，我们在后文还是将它们分章进行论述。

我们在初步构建起强调范畴系统之后，将把主要精力集中在强调范畴的次范畴上：极量强调范畴、全量强调范畴。这两个次范畴是强调的典型范畴。另外对框架凸显范畴、句外强化范畴（反复）也分别进行研究。本书也将重点关注前人很少研究的近义异形连用现象，即强调的连用现象。

第二节　功能与认知

我们对"强调范畴"的研究除了按照意义到形式的研究路向，还将运用功能与认知的研究视角，重视自然语料的分析。

一、功能与形式研究的分野

在语言研究中，大致有两种研究思路：一种是形式主义的语言观，一种是功能主义的语言观。认知的观点包含在功能主义语言观之内。形式与功能两大语言观有着诸多不同，比如："形式主义的语言观认为语言是一个自足的独立系统，因此所有的语言现象都可以在语言内部找到解释；而功能主义的语言观认为语言不是一个自足的系统，而是适应人类的使用需要而产生、发展的，因此语言现象的最终解释必须到语言的功能中去寻找。"① 也就是说："功能解释语法否认语言和语法的自足性，认为语言和语法受制于语言的功能、意义和认知等，主张通过功能、意义、认知等来解释语言现象和语法现象；有些语言和语法现象是历史发展演变的结果，因此，也可以通过研究语言的发展历史来对某些语言和语法的共时现象作出解释。"②

究其根本，形式主义与功能主义两大语言观的区别如下："形式主义认为语言学的中心任务是研究语法成分之间的形式关系，并不需要涉及这些成分的语义性质和语用性质。功能主义反对这样做，理由是形式必受意义影响，两者无法分开。"③

强调现象必然涉及语义、语用概念，脱离了意义就无法进行研究。因此，我们选择功能、认知的研究道路是研究对象的必然要求。其实，任何语法研究脱离了意义，就好像无水之源，难免捉襟见肘；也像无本

---

① 徐默凡《现代汉语工具范畴的认知研究》，复旦大学出版社，2004年，第23页。
② 李宇明《汉语量范畴研究》，华中师范大学出版社，2000年，第480页。
③ 徐烈炯《功能主义与形式主义》，《外国语》，2002年第2期，第8页。

之木,缺少了根基,难免有一些漏洞。这有些像辩证法的思维,在研究中有时可以侧重形式,有时可以侧重语义,但是不能太绝对了,完全忽视一方都不是辩证的研究方法。尤其是汉语语法更需要从功能的视角进行研究,因为汉语的特点是缺少明确的形式标记,时、体、态、性、数、格等语法范畴缺乏,较多采用虚词与语序表达,较多利用上下文理解语义。

二、重视"篇章—功能"和用法研究

功能主义语言观有不同的侧重,我们在研究中重视吸收以"篇章—功能"为导向的语法研究的优点。该理论有两大目标,"其一是描写、说明使用者如何运用语言形式。语言中存在着大量的表达'内容'相同而表现'形式'不同的表达方式,说话人在怎样的情形下选择使用两种不同的表达方式?其二是解释、回答'语言结构形式何以如此'"。[①] 前文已经简述了"强调"问题研究的目标,那就是弄清楚表达"强调"的不同形式的语义、语用特点,探究"强调结构"何以如此。这样看来,我们的研究是与"篇章—功能"的研究目标相契合的。另外,我们特别赞同功能语法学家的下列观点:"语言表达形式的多样性源自交际中不同的功能需求,不同的需求之间的相互竞争塑造了语言的结构形式。"基于上述基本理念,篇章语法研究者特别强调研究真实的篇章和自然的言谈。他们不仅重视言谈语境(linguistic context),同时也重视言谈环境(extra-linguistic context),并且强调语言形式的选择不是一个单向的表达过程,更是一个交际参与者相互制约的互动过程。他们认为语言成分的使用频率对理解语法结构的动因至关重要。认识到这一点,其实是与我们对语言本质的看法相联系的。在我们看来,语言的本质是用来交流的工具,既然是交流,必然不是孤立的个人的行为,而是一个互动过程。当然,对于汉语这种缺乏形式标记的语言来说,言谈语境和言谈环境的意义更为凸显。

---

① 方梅《篇章语法与汉语篇章语法研究》,《中国社会科学》,2005 年第 6 期,第 165 页。

另外，要重视用法的研究。用法（使用环境或者说语义背景）研究是当前句式研究乃至构式研究最薄弱的一个环节，可以说基本上还是一个空白（施春宏，2011）。陆俭明（2005、2007）在主张开展汉语作为第二语言教学的本体研究的基础上，多次强调要加强对用法的研究。李晓琪（2004）认为，对外汉语语法教学的目的不是让学生了解和掌握汉语的语法规则，而是要重视语法的交际功能，重视语法的实际应用，是要通过必要的语法学习，使学习者易于表达、便于阅读、善于交际。从这个意义上说，对外汉语教学语法应该以功能语法为理论依据，从功能出发，重在应用。陆俭明（2005）也呼吁："汉语教学的事实告诉我们，对外国留学生讲解某个词语也好，讲解某种句法格式也好，不仅要讲清楚那个词语、那个句法格式的意义，还一定要向学生交代清楚使用这个词语或句法格式的语义背景和具体用法。这样，学生才能较好地掌握和运用所学的这个句法格式或词语。"陆先生认为要"加强同义句式的研究，而这方面我们过去可以说没有什么研究"。上述学者的观点无疑都值得重视。对于近义强调句式，本研究试图廓清它们各自的语义背景和具体用法。我们在书中会涉及表达近义的句式与词的研究，比如同是表达确认的"是……的"强调句与"确实、真的"等的异同，同是表达主观大量的"连……都/也……"与甚至句的异同等。研究清楚这些近义异形结构的语义、语用特点，对于汉语教学和本体研究都是不可或缺的，尤其对于汉语教学来说，需求更为迫切。

三、重视交际功能

我们也赞同语言的交际功能观。Sweetser 早就明确指出，我们语言中的许多词语可以有歧义地在三个不同的层面上操作：命题内容的层面（propositional content level）、认识世界的层面（epistemic world level）和言语行为情景的层面（speech act level）。（毕永峨，1989）功能语法最重要的发现，首先是那些在交际过程中起着表达说话人态度作用的成分；看到这一层以后，就可以进一步理解，其实语言成分的作用范围是有大小不同的。作用范围越小的，功能越具体，句法强制性越强；作用范围越大的，功能和意义越抽象，也就越多地体现出客观意义减弱、主观意义增强的特点。相对比而言，那种强行分开词法与句法、句法与篇章的做法，显然不如功能语法"能看到更多更全面的语法事实"的这种视角。①我们会在研究超句法强调范畴的一章，重点考察口语交际中的反复使用情况；在"是……的"句的研究中，也会考察其在口语语体中的使用情况。

四、语言的主观性

近些年来，语言学家开始对语言的"主观性"和"主观化"给予充分的关注，这跟近来语言学"人文主义"的复苏有关，特别是功能语言学、语用学、认知语法的兴起，使长期以来占主导地位的结构语言学和形式语言学所主张的"科学主义"受到挑战。这些新起的学派都强调，语言不仅仅客观地表达命题式的思想，还要表达言语的主体即说话人的观点、感情和态度。②"主观化"（subjectivisation）则是指语言为表现这种主观性而采用相应的结构形式或经历相应的演变过程。我们在研究强调现象时发现，"强调"与"主观性"有着密切的联系，其具体的分析在"连字句"一章中会涉及。

五、语料来源

基于前研究的研究理念，本研究的语料完全采用真实语料。除了采用北京大学汉语语言学研究中心现代汉语语料库（北大 CCL 语料库）和汉英双语语料库以外，一部分语料来自手工检索的三本著作：对话体——《精彩实话——实话实说话题精选》（崔永元，2003），24.8 万字；政论体——《人民日报评论集——人民时评 2006 年卷》（人民日报评论部，2007），33.5 万字；叙述体——《王朔自选集》（王朔，2004），58.3 万字。另外，在研究反复时还使用了网上下载的语料进行人工检索：《北京人在纽约》剧本、《编辑部的故事》剧本以及老舍的《茶馆》《龙须沟》剧本。

---

① 张伯江《功能语法与汉语研究》，《语言科学》，2005 年 11 月，第 4 卷第 6 期，第 45 页。

② 详见沈家煊（2001：268-269）。

第四章　强调与焦点、对比

第一节　强调与焦点

强调与焦点的关系最为密切，但是也最难区分清楚。本节的主要任务是尝试厘清强调与焦点两个概念之间的关系。

一、焦点研究述要

焦点是近年来语言学研究的热点，成果非常丰硕，但是学术分歧也非常大。徐烈炯（2005）对此概括得非常精当，他认为："焦点（focus）是音系学、句法学、语义学、话语分析等语言学各个学科共同感兴趣的问题，也是形式语言学、功能语言学等语言学各个学派共同感兴趣的问题。语言学中得到如此广泛注意的课题不多。好处是各学科各学派可以相得益彰；难处是正如 Vallduví & Vilkuna（1998）指出，研究焦点好比住在'术语的地雷区'。虽然大家都用'焦点'这一词语，涵义却各不相同。"徐烈炯认为造成"焦点"概念混乱的主要原因有三个：学科不同、学派不同、语种不同。[①]

焦点研究分歧如此之大，我们仍有必要踏上这一"雷区"。因为要研究"强调"问题，"焦点"是怎么也不能逾越的一个槛，必须弄清楚二者的关系。我们在前人研究的基础上，打算廓清焦点的定义、焦点的性质以及焦点的不同类型。下面首先来看学界对焦点的定义。

（一）焦点的定义

焦点（focus）是句子中的最重要的新信息，焦点化的成分不仅是新信息，而且是最主要的信息，要依赖一定的语法手段来表示。现代汉语中主要焦点标记为"是"，谓语动词之前的成分可以在其前直接加"是"而使其焦点化。用作焦点标记的"是"减弱了其动词性（石毓智，2005）。

---

① 徐烈炯《几个不同的焦点概念》，载徐烈炯、潘海华主编《焦点结构和意义的研究》，外语教学与研究出版社，2005年，第11页。

焦点（信息焦点）是一个句子中在说话者心理上重要性比较强的那部分信息，是说话者有意加以突出、强调的对象。①

在语言的形式描述理论中，焦点是句子中某个句法成分的一种特征，在意义上是讲话人认为比较重要、需要通过语言手段强调的成分。表达焦点的句法成分是焦点成分。②

焦点是指句子所表达的信息中着重说明的部分或者发话人有意强调的部分，属于语用平面。③

焦点是一句话中说话者所要着意强调的部分。说到底，焦点还是一个语用概念，它的语义功能是强调突出，而这又必然在结构上有所体现，即焦点倾向于用特定的句式来表达，同时，焦点的表达还体现了人类的认知特点。（李青苗，2004）

徐烈炯、刘丹青（1998）认为，焦点（focus）在本质上是一个话语功能的概念，它是说话人最想让听话人注意的部分。在句子内部，焦点是说话人赋予信息强度最高的部分，跟句子的其余部分相对，可以用"突出"（prominence）来概括它的功能；在话语中，焦点经常有对比的作用，跟语境中和听说者心目中的某个对象对比，可以用"对比"（contrastive）来概括它的功能。从理论上说，焦点可以存在于句子的任何部位，因此不是一个结构成分。

焦点是既有语义性质又有语用性质的一类语言现象。（黄瓒辉，2003）

焦点既不是纯语用概念，也不是纯句法概念。焦点与句法、语用都有关。在确定焦点的标记性时，句法起作用；在确定焦点的具体所在时，语用起作用。（董秀芳，2003）

以上各家的界定大体上能概括语言学界的看法。仔细审视他们的定义，我们发现有一些共同之处，即学界大都同意"焦点是句子中的某一部分（不排除整句）"这一观点，这部分对说话人来说是着意强调的，对听话人来说是能引起注意的。学界的分歧在于焦点是句法概念还是语义概念、语用概念。我们认为焦点跟句法、语义、语用（包括话语功

---

① 刘鑫民《现代汉语句子生成问题研究——一个以语序为样本的探索》，华东师范大学出版社，2004年，第226-231页。
② 徐杰《普遍语法原则与汉语语法现象》，北京大学出版社，2004年，第117页。
③ 范晓、张豫峰《语法理论纲要》，上海译文出版社，2003年，第340-349页。

能）都有一定的关系。① 因为"汉语的句法结构、语义结构和语用结构是互相联系的，句法和语义结构是表里关系，句法—语义结构和语用结构是内外关系，句法、语义、语用是互相映照的"（张豫峰，2006）。既然焦点是语言表达过程中发生的，它与语用就有必然的关系，因此许多学者认为焦点是语用概念。但是语用与语义、句法都是相互关联的，不能认为它是语用概念，就忽视了它的句法、语义属性。

（二）焦点的分类及其表现形式

关于焦点的分类，有几种说法：一类、二类、三类、四类。其中常见的是二类的划分，四类的说法不多。我们把国内学者有代表性的观点进行简要介绍，然后结合国外学者的成果进行总结。关于焦点的表现形式，各家说法也不统一，我们也将他们的意见汇总起来。先来看焦点的分类：

一类说。即"在语言学意义下，只有一种焦点，亦即作为一种非线性语法范畴的'语法焦点'（grammatical focus）。'语法焦点'是讲话人判定为相对重要而决定用语法手段进行强调的对象，亦即语法化了的语用语义特征"。②

二类说。二类说认为焦点分常规焦点和对比焦点两类。③ 常规焦点跟对比焦点的根本差别在于二者的预设不同。如果句子的预设是"有X"，整个句子是要说明这个"X"，这时候焦点成分是呈现性的，属于常规焦点；如果说话人预设听话人认为某事是B，而实际应该是A，说话人说出这个句子的目的在于指别"是A而非B"，这时属对比焦点。④ 信息焦点通常是对预设中的某个变项进行赋值形成的，对这个变项所赋的值总是和其他可选项出于一种对比状态，因此，动态句中的焦点总是具有一种对比的意味，都是对比焦点。焦点的表达手段有语音手段（逻

---

① 有的学者对此也作了总结，认为关于焦点的性质问题，汉语语法学界素有不同的看法：一是以张斌、范晓为代表，认为焦点是一个语用概念；二是以徐烈炯、刘丹青、徐杰为代表，认为焦点是一个句法概念；三是以董秀芳为代表，认为焦点属于"句法—语用"范畴。另外，沈开木提出焦点是个逻辑概念，焦点是逻辑语义的前提。详见张豫峰《关于汉语句子焦点问题的两点思考》，《中州学刊》，2006年第2期，第245-247页。
② 徐杰《普遍语法原则与汉语语法现象》，北京大学出版社，2004年，第120页。
③ 范晓、张豫峰《语法理论纲要》，上海译文出版社，2003年，第340-349页。
④ 方梅《汉语对比焦点的句法表现手段》，《中国语文》，1995年第4期，第279-288页。

辑重音)、词汇手段(是、连、就)、句法手段(语序、平行结构、省略)。① 这种观点是把句子分为静态与动态两类,把焦点也相应地分为两类。

三类说。刘丹青、徐烈炯(1998)采用[±突出][±对比]两对特征来区分不同的焦点类型,分为自然焦点[＋突出][－对比]、对比焦点[＋突出][＋对比]②、话题焦点[－突出][＋对比]这三类。

我们根据前人的研究③,把他们对焦点的分类概括为下表:

表 4-1: 焦点的分类

学者	分类
Lambrecht (1994)	窄焦点、宽焦点(句焦点和谓语焦点)
Rochemont (1986)	介引焦点(即语义焦点、信息焦点)、对比焦点
Gundel (1999)	心理焦点、语义焦点、对比焦点
徐烈炯 (2001)	信息焦点、对比焦点、语义焦点、话题焦点
方梅 (1995)	常规焦点、对比焦点
徐烈炯、刘丹青 (1998)	自然焦点、对比焦点、话题焦点
范晓、张豫峰④、刘鑫民⑤	自然焦点(常规焦点、中性焦点、非对比焦点、静态焦点)、对比焦点(动态焦点)
徐杰 (2004)	语法焦点

根据前人的研究,焦点的表现形式可以归纳为如下四类⑥,见表 4-2:

---

① 刘鑫民《现代汉语句子生成问题研究——一个以语序为样本的探索》,华东师范大学出版社,2004 年,第 226-231 页。

② 非常有意思的是,Baker(1995)提出"强调"的使用服从下列两个语义、语用条件: a) Contrastiveness conditition; b) Relative discourse prominence condition。这两个条件正好对应了对比焦点的两个特征。Baker(1995)的观点转引自 Yan Huang, Anaphora-A Cross-linguistic Study, Oxford university press, 2000。

③ Lambrecht (1994)、Rochemont (1986)、Gundel (1999)、徐烈炯 (2001) 的焦点分类详见黄瓒辉(2003)。

④ 范晓、张豫峰《语法理论纲要》,上海译文出版社,2003 年,第 340-349 页。

⑤ 刘鑫民(2004:226-231)。

⑥ 参见莫红霞、张学成《汉语焦点研究概观》,《杭州师范学院学报》(人文社会科学版),2001 年第 4 期,第 61-65 页。玄玥《焦点问题研究综述》,《汉语学习》,2002 年第 4 期,第 35-43 页。仇栖锋《汉语焦点问题研究综述》,《齐齐哈尔大学学报》,2006 年第 2 期,第 87-90 页。

表 4-2：焦点的表现形式

焦点表现形式	语音	重音
	标记词	"是、连、就、才"等强调类副词，提顿词
	语序	语义序列非常规配位，句末成分
	标记格式	是……的，平行结构，连字句，把字句，复句后边的分句，句子修饰成分，省略，周遍句，重复动词

以上两个表格的内容对下文厘清"强调"与"焦点"的关系非常重要。

二、强调与焦点的关系

我们经常会看到这样的表述：焦点总是具有一种强调或对比的意味（杨艳，2004）。刘鑫民（1995）指出，焦点总是具有一种强调（或对比）的意味，当然这种强调是具有程度上的差别的，这种程度上的差别也影响到它们在序列中出现的位置。"强调"与"焦点"到底有什么不同？

语言学界有一些学者就"强调"与"焦点"的关系进行过论述。

有些学者主张"强调"包括"焦点"，比如韩礼德（1967）把信息焦点看作是强调的一种。①

有的学者认为"强调"的成分可以归入"焦点"，比如刘丹青（2006）认为："被强调的语言片段，大都可归入语言学中所说的'焦点'（focus），但焦点的种类可以分出多种，信息属性不尽相同。"

有些学者关心"强调"与"焦点"的不同之处，比如玛丽安娜·黛安娜（2002）认为，试图定义英语的焦点和强调存在着困难，因为它们和其他话题有重叠的地方，如感叹句和强势语。除此之外，应该明白，"强调"主要是一种词义概念，它可以用不同的方式表达，包括特殊的重音和语调方式、词汇的选择、语法标记的选择等等。另一方面，焦点似乎是一种话语功能的概念，与说话者/作者希望听者/读者关注的话语或篇章有关。我们不太清楚玛丽安娜·黛安娜为什么把"强调"看作是词义的概念，而不是看作话语功能的概念。虽然她注意到了二者的

---

① 转引自 Zhu（1997）。

不同，但是与我们一般的理解似乎相悖，并没有抓住二者的关键相异之处。

另外，有的学者也认为"强调"与"焦点"并不是一回事，理由是在普通语言学中，它们的定义不同，所指的对象也不一样。比如英语的助动词 to do 可用在其他动词之前做强调标记（emphasis），而英语表达焦点（focus）则是用 to be 构成的分裂格式，两者是不能混同的。（石毓智，2004）这里把分裂格式归入焦点，而不是强调，让我们不能理解。一般来说，分裂格式都是可以归入强调的。石毓智（2005）用"是"的不同性质来区分焦点与强调，认为"焦点"是句子中最重要的新信息，焦点化的成分不仅是新信息，而且是最主要的，要依赖一定的语法手段来表示。"强调"则强化性质的程度或者事件的真实性。用在形容词短语之前则表示程度高，而用在动词之前则强调事件发生的真实性。我们认为，这也是对"强调"过于狭义的理解。

"强调"与"焦点"都是术语的"雷区"，各自的界定都十分模糊，因此以上学者所谈及的二者关系没有优劣之分。他们都从某一侧面或某一视角去观察，因此得出的结论不免带有自己的倾向性。我们站在前人研究的基础上，已经对"强调"作了相对清晰的界定，因此考察、厘清"强调"与"焦点"，相对来说应该看得更清楚一些。

我们在前文论述了强调的本质是心理现象，而焦点的本质呢？徐杰（2004）的一段话比较有深意："语法焦点背后的语义基础是讲话人认为某成分'相对重要'（contrastively more prominent）。至于为什么讲话人认为某成分相对重要，那完全是出于他们自己的心理判断，跟语法规则系统无关。讲话人作此判断的原因可以是各种各样的，既可以是主观的，也可以是客观的；既可以是心理的，也可以是社会的，文化的；可能是因为信息太新，也可能是因为信息太旧。信息之新可以并且常常成为讲话人强调的原因，但是也不一定总是如此。"[1] 徐杰的观点如图 4-1 所示[2]：

---

[1] 徐杰《普遍语法原则与汉语语法现象》，北京大学出版社，2004 年，第 120 页。
[2] 同②，第 121 页。

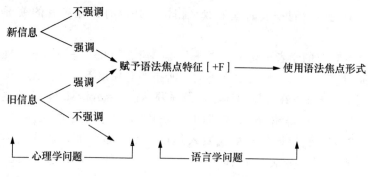

图 4-1：强调、焦点对比图

依上图所示，好像"强调"是心理学问题，而"焦点"是语言学问题。但是我们也看到了它们之间的联系，"强调"在语言中会有特定的形式来表达，这个形式就有语义、句法、语用问题。

我们认为，"强调"与"焦点"的相同之处正在于"强调"的语言表达形式有时与"焦点"吻合；相异之处在于有时不吻合。比如，句末的常规焦点不是强调，因此不是每个句子都存在强调现象，但是每个句子都存在焦点。近义句子的反复现象是强调，而不是焦点。因此焦点属于小句内现象，而强调可以大于句子的范围，甚至包括整个的篇章结构。

徐杰（2004）认为，一个句子可以有多个焦点，强调程度不同，强调程度高的是主焦点，强调程度低的是次焦点。焦点在不同句子中也有强弱差别，被突出、强调的是强式焦点，没有被强调的是弱式焦点。他总结了"单一强式焦点原则"，当一个简单句包含多个焦点时，专用的焦点语法形式只能突出强调其中的一个。我们的观点是：句子的主焦点是强调现象，而次焦点有时不是强调现象，是无标记的，不是发话人有意强调的内容。

至此，可用表 4-3 来归纳出焦点与强调的异同：

表 4-3：焦点与强调的异同

概念	比较项			
	范围	本质	手段	研究侧重点
焦点	句内	语言现象	语言手段	焦点的句法、语义
强调	句内、外	心理现象	语言、非语言手段	强调的心理动因、范畴、次范畴、强调连用

举例来说，连字句中"连"后的成分一般认为是焦点，也是表达强调的部分。在这里，焦点与强调在语言层面上是重合的。但是，强调作为主观的心理现象，它在句子层面上的客观实现就是焦点，这是主观心理的语言化。强调是形成句子层面焦点现象的心理动因，虽然强调有多种语言形式，但是在句子内部必然与焦点重合。相反，对于部分焦点现象的心理化解释，追寻心理层面的原因，就涉及了强调。①

前文也谈到，强调与焦点在句子内部会重合，然而这个焦点不是一般的常规焦点，必然是非常规焦点。该非常规焦点是异于常规的、发生重音转移而产生的。

句子外部的强调现象，包括反复、语篇的强调等等，在语言层面上一般不再称为焦点，许多都是以前修辞学研究的对象。但是修辞学所关心的是修辞格的特点、修辞的作用等，对主观心理作用的强调问题研究则很少。

第二节　强调与对比

一、对比研究述要

"强调"与另外一个概念"对比"也有非常紧密的联系。不同的研究视角，不同的学者在研究"强调"时总会涉及"对比"这个概念。总结前人的研究，我们发现涉及两个大的方面：一是关于对比的定义及其分类研究；二是关于强调与对比的关系研究。

（一）对比的定义及其分类

Muraoka（1969）的 *Emphasis in Biblical Hebrew* 一书应是为数不多的对"对比"进行界定的专著。该文从形式与语义方面定义"对比"。从形式角度来看，"对比"可能是明确的，也可能是暗示的。如果是暗示的，必须从上下文中寻找缺少的对比项。从语义的视角看，"对比"或者是相反，或者是简单并列。对"相反"来说，"对照"（antithesis）也许是更适合的名称。当这两个对比术语分别代表肯定与否定观念时，对照是非常明显的。另外，一个明确的对比可以在单句中发现，但是它

---

① 此处观点得益于导师李宇明先生的指教。

也可能范围超出单句。从其定义可以看出，作者认为两类对比都可以从文本中发现，但是一类比另一类更直接。虽然作者的分类很有意义，但是却仍然没有对"对比"的本质进行清晰界定，比如无法回答"我下了课去踢球""他下了课去学习""他上课睡觉"这三个句子中哪些是对比项及"对比"在意义上是否必须相反等问题。

正如"强调"这一术语一样，Myhill & Xing (1996) 认为，语言学家经常用"对比"的概念来试图解释某些结构的用法，但是没有对这个概念进行清楚明确的定义。作者对"对比"与"列举"进行了界定，认为对比与列举所涉及的一些实体是一个集合中的元素。这些不同类型的集合共有七个：互补的 (complementary)、有组织的 (organizational)、最接近的 (proximate)、等级的 (hierarchical)、修辞性的 (rhetorical)、结合的 (conjoined)、相似的 (analogical)。作者认为可以增列或修正以上所列集合范畴，而不能放弃严格的定义，允许研究者"感觉"像一个集合就认为它是集合。"对比"和"列举"的不同在于：在对比对中 (contrastive pairs)，有两个或更多的成分在两个小句中是不同的（或者是动词具有相反的意义，或者是非动词成分处在一个集合的关系中）；在列举对 (listing pairs) 中，仅仅有一个这样的成分。Myhill & Xing 的研究非常值得借鉴，作者提出研究不能建立在"感觉"的基础上，把"对比"的成分是什么类型进行了相对清晰的界定，避免了不同的学者在谈论"对比"时的模糊与分歧。这提醒我们，在研究"强调"时，在界定概念上花费大量的笔墨是值得的，因为这是整个研究的基础。

Chafe (1976) 以"罗纳德做了汉堡包"为例来说明对比句包含三个因素：第一是意识 (awareness)，指说话人假设听话人共享的东西，即"有人做了汉堡包"；第二是可能的备选项集合 (the set of possible candidates)；第三个是对哪个备选项是正确的进行确认 (the assertion of which candidate is the correct)。作者认为对比的表达是把更高的音调 (higher pitch) 和更强的重音 (stronger stress) 放置在对比焦点上。Chafe 的研究成果受到国内许多学者的重视，比如在研究连字句时，对"连"后成分的分析。

（二）强调与对比的关系

1. 强调与对比互相独立

Beym (1952) 在研究西班牙语的强调时，认为强调范畴与对比范畴有时可以用同样的成分来表达。但是区别在于这共同的成分在对比范畴中不是多余（non-superfluous）的，而在强调范畴中是多余（super-fluous）的。比如，"Yo certifico esa rupture"（I certify that the rupture）可以出现在两种语境中："Mi bermano no quiere hacerlo"（My brother does not want to do it）或"Me da mucho gusto hacerlo"（It gives me much pleasure to do it）。在第一个语境中，yo（you）和 mi hermano（my brother）对比，不是多余的。在第二个语境中，yo 是强调的，结构上是多余的。

Beym 认为"强调"与"对比"的另外一个区别是：强调范畴是与整个句子而不是句子的一部分相关的。因此，强调是超部分的范畴，强调句是与非强调句对比的。对比范畴是部分的，它只是与句子的一部分相关。

Beym（1952）的 *The Linguistic Category of Emphasis in Colloquial Spanish* 一文是把强调与对比进行比较研究的早期文献，它提出了区别二者的标准。虽然我们从其所给的西班牙语实例中并不能完全把握强调与对比的本质，但是这种初步的划分还是有一定的价值的。

有些学者的观点恰与 Beym（1952）相反，他们认为对比（contrast）表示在一定的语境中有关对象在性质或者状况上存在鲜明的差别，存在于两个紧邻的小句，其抽象格式可以描写为：S_1（是），S_2（是），而强调则是一个单句内部的用法。（石毓智，2005）

2. 强调包含对比

关于强调与对比的关系，有的学者的观点与前两位学者都不同，他们认为强调与对比是包容的关系，比如 Werth（1984）对强调与对比的关系作了说明，认为强调包括对比，对比是强调的一个下位层级。对比是一种凸显、一种焦点，是前指的。

Johnston（1991）认为，对比或对照可以通过几种方式中的一种获得，或者通过几种方式的结合获得，比如词序和词汇意义（连接词和否定副词的使用）。他把对比置于强调的一个次范畴进行研究。

Muraoka（1969）有时也把"对比"归入"强调"的下位概念。

3. 对比包含强调

Kiefer（1967）则认为强调是句子的成分与另一个（些）句子相应的成分的对比。对比在确定是不是"强调"方面发挥着至关重要的作用。有语义对比的是强调，不涉及语义对比的则不是强调。这意味着作者把强调作为对比的一个下位概念来看待。

二、强调与对比的关系

我们认为前人关于强调与对比关系的研究都有一定的道理。但是由于对强调与对比所界定的定义不同,所得出的结论自然就有差异。为此,我们根据研究的需要,重新思考二者的关系。

按照索绪尔组合、聚合的语言规则,我们在说出一句话的时候是否都要从一组聚合集中选择出一个合适的进行组合呢?那样的话,就会有一个问题产生,即每一个组合链上的成分都有对比项(与聚合集中的其他对象对比),这样的话,"对比"就太多了。我们认为,对比既可以出现在预设与现实句中,也可以出现在小句的上下文中,前者的对比如"这道题太难了,连老师都不会",这里"老师"与同在一个预设集合里的其他成员"学生……"进行对比,这个对比项可以出现在上下文中,也可以不出现。后者的对比如"我昨天吃了米饭,没吃饺子",这里"米饭"与"饺子"是对比项。如果从这种语义对比的角度来看,强调与对比是相交的关系,有些强调现象必然包含着对比,但是还有其他的语义,有些强调现象就不是;对比也是如此。它们之间的关系如图 4-2 所示:

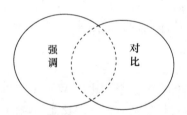

图 4-2:强调与对比的关系

我们认为,强调与对比作为一种相交的关系,不但体现在句法层面,也体现在心理层面。对比是强调的手段之一,句法上,对比是形成强调的重要的原因之一;在心理上,对比仍是强调的一个方面。①我们以将要研究的强调次范畴为例,来具体考察强调与对比的关系,如表 4-4 所示:

---

① 该部分思想得益于李宇明先生的指点。强调与对比的关系仍值得深入探讨。

表 4-4：强调次范畴与对比

项目	强调次范畴			
	连字句、甚至句、即使句	周遍句	"是……的"句	反复
是否包含对比	是	是	是	否

连字句、周遍句、"是……的"句中都含有对比，钟华（2007）的研究（表4-5）可以作为一个证明，我们在后文的论述中也会涉及到相关的内容。

表 4-5：显性、隐性对比焦点参照项、对比项的存现状态、提取方式表

类别	相关句式和语用功能	存现状态	提取方式
显性对比焦点	"是……的"句等（纠正偏误）	显性，确定	直接
隐性对比焦点	周遍性主语句、连字句（强调全量）	隐性，确定	间接

无论是显性对比焦点，还是隐性对比焦点，周遍性主语句、连字句、"是……的"句存在对比是有事实依据的。另外，连字句、即使句、甚至句又有许多共同的特征，尤其是在表达极量上。

由此可知，对比可能意味着强调，强调也可能包含对比，二者有重合之处，但并不是等同或者包含关系。① 这样，就能把大量的对比现象从强调范畴里排除。比如"我昨天吃了你做的水饺，没吃自己做的菜"，这句话里，"你"与"自己"，"水饺"与"菜"是对比项，然而我们并不把这类句子看作强调句。最为根本的原因在于这类句子没有发生重音、焦点的移位，因为这是判断强调与否的基本条件。

---

① 对比其实还包括异常句与常规句的比较。根据强调的定义，可以推知强调的心理过程是：语言形式作为一种心理刺激，引起了受话人的不随意注意。不随意注意必然是由该心理刺激与其他的刺激进行对比后所具有的特征引起的。从这个意义上来说，强调一定是对比，而对比可能是强调，也可能不是。这里的"对比"就不是指意义了，而是从强调所发生的环境（小句）来看的。

第五章 极量强调范畴

——连字句、甚至句、即使句对比研究①

连字句、甚至句、即使单句可以表达相似的语义,比如"我曾看过他年轻时的一张穿着军装的照片,真是帅呆了,可以说他比我见过的任何一个男模都帅,连(甚至/即使)那些超级名模,也无法和他相比"。

连字句、甚至句、即使单句作为典型的强调句有何语义、语用动因?它们之间有哪些功能分工?本章将重点回答这些问题。

第一节 连字句研究成果综述

连字句的研究成果非常丰富,自 80 年代以来,代表性论文就有十多篇。因为研究跨越的时间较长,研究者的视角各异,我们有必要进行系统地梳理一下。

白梅丽(Marie-Claude Paris)(1981)是研究连字句比较早的一位学者。她的研究方法比较新颖,其论文在后来的研究中经常被引用,影响较大。对于"连"的词性,她指出:"一方面,从句法看,'连'与名词性成分有关,就这个意义上讲,它的作用就像一个数量词;另一方面,从语义/陈述的角度看,使用'连……也/都',会起到限制和估价的作用。"② 因此,作者采用祖伯尔的说法,把"连"叫作"准量词"(quasi-quantificateur)。直到今天,语言学界对于"连"的词性问题也没有一个统一的看

---

① "一量+否定"强调格式,李宇明(2000)已进行了深入研究,本书没有再涉及。我们把这类强调格式看作连字句的一个特殊小类,属于极量强调范畴。
② 白梅丽(Marie-Claude Paris)《汉语普通话中的"连……也/都"》,罗慎仪节译,《国外语言学》,1981 年第 3 期,第 50 页。

法①，但白梅丽的"准量词"说有值得借鉴之处。② 对于"都/也"，她认为具有两个意义："定量"和"情态"。作者根据法语 même、英语 even 的研究成果对"连……都/也"句式的句法、语义进行研究，认为"连"的作用是把一个或数个最不可能具有某种特性 p 的成分给予某一类具有某种特性 p 为谓语的成分。③ 作者采用富高涅的看法，认为用"甚至"或"连"的目的是"就句子的使用场合而言，指出存在一个语用分级系列"。这一观点为后来的许多研究者所采纳。

崔永华（1984）的《"连……也/都"句式试析》是国内研究连字句比较早的一篇重要文献。该文在语言事实基础上归纳出的规律具有开创性，对于我们从表达的角度进行研究也具有很大的启发意义。作者认为"连"后的成分 T 包含以下的语义内容：（一）在多数情况下，T 是"V 的"中的一个成员；（二）T 具有极端意义；（三）T 具有周遍意义。④ 更为重要的是，作者分析了连字句在复句中的位置，从语篇的角度对连字句进行了研究，对于对外汉语教学实践具有非常高的实用价值。他归纳出连字句的表达作用：一是说明某种性质的程度很深（补充式；总分式；不但……，连……；甭说……，连……），二是证明另一件事情发生的可能性（连……，甭说……；连……，更……；连……，反问句）。

周小兵（1990）认为汉语连字句代表一个分级语义系列，"连……也……"处于这一系列的顶端而受到强调；他把连字句分为基础句式、类推句式、隐含句式，并对各句式的使用频率进行了统计。

崔希亮（1990、1993）的两篇论文主要是从语用角度讨论连字句问题，崔希亮（1990）认为，连字句至少表达了四重语言信息：基本信息、附带信息、预设信息及推断信息。连字句所强调的就是后三种信息，只不过在具体的上下文环境中，强调的焦点有所侧重，有的强调附

---

① 连"字句中"连"的词性归属问题，70年代末80年代初，曾有过激烈争论，观点有"介词说""连词说""关联副词说""助词说"。（参见倪宝元、林士明《说"连"》，《杭州大学学报》，1979年第3期，第55页）另见尹缉熙（1982）、熊锡新（1982）的研究。此外，90年代的论文仍旧在讨论"连"的词性问题，如周小兵（1990）认为"连"是副词。

② 本书讨论的"主观极量"，实际上与白梅丽的观点也有相关之处。

③ 比如"连马立也来看张三"一句的前提是"马立来看张三的可能性比其他人都小，也就是说，讲话的人没料到马立会来看张三"。

④ 崔永华《"连……也/都"句式试析》，《语言教学与研究》，1984年第4期，第37页。

带信息，有的强调预设信息，有的则强调推断信息。崔希亮 1993 年发表的《汉语连字句的语用分析》一文比前文的分析更深一步，他从预设、会话含义和推断三个方面分析连字句，核心观点有"语用分级""比较"等，我们将在后文中详述。

洪波（2001）从虚化和语法化的角度分析典型连字句，认为"连"字的词性为介词，连字句的语用意义是强调"周遍性"。

借鉴焦点的研究成果对连字句进行研究的学者还有刘丹青、徐烈炯（1998），胡德明（2002），袁毓林（2006）。刘丹青、徐烈炯（1998）把焦点分为自然焦点、对比焦点、话题焦点三类，认为连字句的焦点是话题焦点，这种提法非常具有新意并且有其合理性。① 胡德明（2002）把焦点分为语素焦点、词焦点、短语焦点和小句焦点，认为"连"标记的是词焦点和语素焦点。他从形式上对焦点进行分类，没有涉及语义、语用的问题。另外，他关于焦点的分类和学界普遍采用的焦点分类没有多少联系，只能是一家之言。袁毓林（2006）不认为"连"字的焦点是话题焦点，而是"语义焦点"，他认为连字句是一个传递新信息的广焦点。

彭增安、陈光磊（2006）也认为"连……都/也/还……"也是一种焦点表达方式，其中"连"是焦点标记，"连"后面的成分是说话人表达的重点。但这种焦点其实是一种对比焦点：说话人取一个极端的参照值，然后通过比较，得出这个参照值以上或以下的其他成员也同样具有这样的特点。

还有些学者从量的角度分析连字句现象。如龚千炎（1983）认为，连字句强调程度，大多表示最小数量。其《论几种表示强调的固定格式》是比较早的从量的角度研究连字句的论文。李宇明（2000）从量范畴的角度分析连字句，认为"连……都/也……"是硬性强调格式，即任何时候都表示强调，程度是最强的。张旺熹（2005）从认知的视角、隐性量的角度研究连字句，认为汉语连字句是用来实现人们对外部事物进行序位化操作的一种句法手段。其论文《连字句的序位框架及其对条

---

① 关于"连"是否是焦点标记词，"连"标记的是什么类型的焦点，语言学界争论很大。徐杰、李英哲不认为"连"是焦点标记词，理由是"连"有自己独立的意义；方梅、张伯江认为"连"是焦点标记词，标记对比焦点；洪波认为"连"不是焦点标记词。详见胡德明（2002）。

件成分的映现》对于有序名词的序位激活和无序名词的序位建构的论述尤为精彩。曹秀玲（2005）认为，"连……都/也……"整个句式是全称数量的一种表达形式意义，即极指。

构式语法也成为近来研究的热点，刘丹青（2005）从构式的角度出发，分析非典型的连字句，认为连字句的强调义来自整个构式的表意作用。

还有几位学者讨论"连……也……""连……都……"的区别问题，如高桥弥守彦（1987）、郭春贵（1996）、韩玉国（2003）等，他们的研究为我们从语义范畴的角度观察连字句提供了很好的基础。

另外，还有些学者运用比较的方法，探讨连字句的语义、语用问题。如 Shyu（2004）比较了"连……都……"与"甚至"的区别与联系，认为二者都表达违反预期的意义，但是"连……都……"句更多表现为量化（quantification）含义。赵敏（2004）也谈到了连字句和甚至句的对比，认为它们都表示某种性质程度之深，但是甚至句的强调程度大于连字句。

通过简要的梳理，我们可以看到连字句研究的角度之广以及研究成果之丰硕。语言学界着力最深的还是探讨连字句本身的句法、语义、语用特点，尝试从量、认知、焦点等各个方面进行解释。另外，还有少部分文章探讨了连字句中"都""也"的异同，探讨了连字句与甚至句的区别。

连字句的研究成果如此丰硕，但我们更关心的问题是：连字句到底强调什么？强调是什么原因引起的？连字句内部是否能划分出强调的级次？连字句与其他相关句式在强调方面的异同如何？

下面，我们通过表 5-1 把前人关于连字句强调的相关研究成果进行综合整理。

表 5-1：前人对连字句的研究

核心观点	作者	强调什么
"连"强调后面的成分	北京大学中文系 1955 级语言班（1957）①	强调和突出动作的对象（受事）
	倪宝元、林士明（1979）②	"连"强调"X 都/也"
	尹缉熙（1982）③	"连"强调它后边的词或词组，含有"甚而至于"的意思
	沈开木（1999）	"连"字强调的对象是焦点，常常是紧接在它后面的名词性句法成分，常常是主语④
强调程度	龚千炎（1987）	强调程度（超出常情或达到常情的极限）
	郭春贵（1996）	强调某种情况或程度
	石毓智、李讷（2001）	强调程度之高
强调极端事例	高桥弥守彦（1987）	一种突出的事例
	崔永华（1984）⑤	标举极端事例，表达程度高和可能性
	邢福义（1986）	把情况推向极端
强调周遍性	朱德熙（1982）⑥	强调已经说到的事物和其他事物之间的一致性
	洪波（2001）	通过对"典型事例"的强调来表达对相关事物的周遍性强调
强调暗码信息	崔希亮（1990）	强调暗码信息（预设、推断或附带信息）
强调违反预期⑦	刘丹青（2005）⑧、袁毓林（2006）⑨	强调话题居然具有述题所指谓的性质
强调高信息性	屈承熹（2006）	强调高信息性的话题

---

①②③　见崔希亮（1990：139-144）。

④　沈开木（1999）认为，"连"字能够表示"强调"的语法意义。例如：(1)（游击队）连影儿也没有见。(2) 连自己的命运还不能安排，（还能左右干预他人吗?）例 (1) 强调焦点（中心）"影儿"；例 (2) 强调焦点"自己的命运"。断定"连"字的强调作用，可以用抽掉法。如果"连"字表示强调，把"连"字抽掉后，基础短语便失去强调的意味。

⑤　作者没有明确使用"强调"一词，但是我们把他的观点也归为强调，便于研究。

⑥　见崔希亮（1990：139-144）。

⑦　"违反预期"这个概念出自 Shyu（2004），原文是"expectation-violation"。

⑧　预设中的"极不可能真"与断言中的"真"之强烈反差造成。

⑨　即话题和述题之间是一种出人意料的陈述关系，这种反预期的关联就足以构成一个新闻。

表中所列各家观点虽然不同，但是可以概括为三大类：第一类认为连字句强调"言内"，即"连"后的成分（包括极端事例说）；第二类认为连字句强调"言外"，包括周遍性、程度、暗码信息等；第三类认为连字句强调"言内成分的关系"所构成的出人意料、违反预期的效果。实际上，如果更概括地进行分类，第三类也可以包括在第二类中，表达的也是"言外"含义。但是考虑到后文与"甚至"的对比研究，我们还是归为三类。

关于强调的来源，大部分学者都认为是整个句式带来的。如表5-2：

表 5-2：前人对连字句强调的来源解释

学者	强调的来源
周小兵（1990）	所谓强调义，不是由单个"连"表达的，而是由"连……也……"格式和它的对比前件共同表达的
李泰洙（2004）①	整个句式构成一个全称否定或肯定，产生强调义
刘丹青、徐烈炯（1998）	对比、全量、比较等因素使连字句整体上有较大的信息强度
刘丹青（2005）②	预设和现实的强烈反差，"连 XP"处于预设中的可能性等级尺度的低端

第二节 连字句强调问题新探

连字句被学界一致公认为强调句，但都没有系统、深入分析其强调的成因。本节尝试从重音、对比、焦点、极低的可能性预期/违反预期、极量等层面去分析。

一、重音

我们在这里关注的是句子重音。句子重音的分类与命名意见不太统一，有的主张三分，有的主张二分，名称也不一致。王韫佳（2003）在列举了许多学者对于句重音的不同观点后，认为诸多理论中，对于语句

---

① 文章讨论省略了"连"字的"X＋也/都＋VP"句的强调义的来源，认为不是由于省略"连"造成的，而是X、也（都）和VP三者互相配合的结果。

② 此强调的观点是刘丹青关于典型的连字句的看法。

重音的分类尽管标准和名称各有不同，但仍然存在共性，那就是重音可以分为两大类：一类是可以用规则（句法规则或音系规则等）预测其位置的重音；另一类是无法用规则预测其位置的重音。如称名为原始重音、句重音、正常重音、节律重音、语法重音、普通重音和常规重音等都属于位置可预测的重音①，而对比重音、强调重音、逻辑重音、语势重音和非常规重音等类别都属于位置不可预测的重音。② 我们仍采用传统的二分法：语法重音和逻辑重音。

要弄清楚连字句中"连"后成分的重音是语法重音还是逻辑重音，需要先了解如何确定语法重音。关于重音指派的规则比较有影响的一个是 Cinque（1993）关于重音指派的零假设理论（null theory）：调核重音落在一个语言中递归的分支方向上内嵌最深的成分上。另一个是 Duanmu（1990）的辅重（non-head stress）原则：辅助成分（即非核心成分）应该在韵律上比核心成分重。③ 根据规则可以推知，连字句"连 X 都/也 Y"的语法重音应该落在"Y"上。

王韫佳等（2006）通过实验研究的方法得到了 300 个汉语自然语句中焦点重音和语义重音④的分布情况：（1）句子中的焦点重音具有明显的后置倾向，即在主谓句中倾向于落在谓语部分，而在有宾语的句子中倾向于落在宾语部分。（2）在宾语部分，焦点重音倾向于落在定语上。（3）焦点重音在谓语部分内部的分布受到谓语之后是否有宾语的影响，即在谓语动词带宾语的情况下，如果焦点音没有落在宾语上，那么它就倾向于落在状语上；如果没有宾语，重音在谓语部分内部的分派没有表现出显著的倾向性。我们按照王韫佳等（2006）的结论进行推理也能够得出结论，即连字句"连 X 都/也 Y"的语法重音应该落在"Y"上。

---

① 也有"意群重音"的称名。见宋玉柱《现代汉语语法论集》，北京语言学院出版社，1996 年，第 26-27 页。也有的学者称之为"一般重音""自然重音"。参见秦振锋《语法重音和逻辑重音》，《语文教学与研究》，2000 年第 4 期，第 51 页。

② 也叫"焦点重音"（focus stress）。参见刘丹青、徐烈炯《焦点与背景、话题及汉语连字句》，《中国语文》，1998 年第 4 期，第 245 页。"特别重音"参见秦振锋《语法重音和逻辑重音》，《语文教学与研究》，2000 年第 4 期，第 51 页。

③ 转引自袁毓林《试析连字句的信息结构特点》，《语言科学》，2006 年第 2 期，第 20 页。

④ 焦点重音指一个句子中为了表达焦点而出现的最突显的重音。语义重音是指一个句子中为了表达语义上的相对重要性而出现的所有重音。转引自王韫佳、初敏、贺琳《汉语焦点重音和语义重音分布的初步实验研究》，《世界汉语教学》，2006 年第 2 期，第 87-88 页。

然而语感告诉我们,如果连字句的重音落在"X"上,那么"X"所带的重音应该是逻辑重音。根据前文引用的王韫佳等的观点可知,它是属于位置不可预测的一类重音。① 问题是,"X"上的重音是由于"连 X 都/也 Y"结构新产生的还是由"Y"转移而来、改变的重音指派?"Y"是否还有语法重音?即连字句是否可以存在主重音和次重音这两个重音?

Ladd (1996) 指出,语音学 (phonetics) 很难证明语句中只有一个主重音存在且该主重音比别的重音都突显。Bolinger (1972) 在研究焦点与重音之间的关系时也没有限定重音的数目,他认为,语句中的任何一个词只要在意义上充分重要就有可能获得重音。② 有学者如 Chafe (1976) 则认为,对比焦点比简单的新信息项上所负载的音高要高,重音也要重。③ 以上语音学研究中的分歧,本研究不可能给予解决,但是我们应该确认无疑的是,"连 X 都/也 Y"结构中的"X"由原来没有重音而新获得了重音。当然,也可能有另一种情况,即"X"原来也带重音,只不过在连字句中重音获得了增强。这个重音与一般句子出现重音的位置极为不同。

举例来看:

(1) 连老王都喜欢《中国好声音》这个节目。
(2) 老王喜欢《中国好声音》这个节目。

从例子中可以看出,连字句非常明显地发生了重音转移。

二、对比

典型连字句中,"对比"指的是"连 X 都/也 Y"中的"X"处在预设中的可能性序列的低端,与序列中的其他项具有对比性。无论是持"话题焦点"论(刘丹青、徐烈炯,1998)还是"对比性话题"论(Chu, 2003)的学者,都不否认"X"的这种对比性。然而,非典型连字句中,由于"X"不处在预设中的可能性的低端,没有可以对比的

---

① 这里的不可预测应该理解成:用一般的句子实验得出的重音结论在连字句中判断会失效。这说明了此类句式重音上的特殊性。
② 转引自王韫佳、初敏、贺琳《汉语焦点重音和语义重音分布的初步实验研究》,《世界汉语教学》,2006 年第 2 期,第 90 页。
③ 连字句中,一般认为"连 X 都/也 Y"中的"X"是对比焦点,"Y"是新信息。

项,那么连字句中是否还有一个对比项呢?根据刘丹青(2005)的分析,我们可以推知,"连 X 都/也 Y"中的"X+Y"与其他的命题(语境预设的)"A+B""C+D"……构成对比。比如:

(3) 他们有钥匙,连门都不敲就进来了。

(转引自刘丹青,2005)

这里的对比项可能是:喊门(呼喊主人)、探问(是否有人)、询问(能否进来)或者请求(要求进入)。

另外,崔希亮(1993)也认为,连字句的会话含义存在的基础是"比较"。因此,我们可以说,连字句隐含着对比是不容置疑的。

当然,有一些特殊的连字句,比如:

(4) 今天的课,连一个学生都没来。

例句(4)中的"一个人"好像没有对比项,其实连字句中的"一个人"可以与"两个人""三个人"等构成潜在的对比,通过"一个"也没来,表达上课学生数量之少。

三、焦点

我们赞成袁毓林(2006)作出的自然焦点的确定假设,即自然焦点落在音系学上规定的韵律分量较重的成分上。关于对比焦点,作者认为,它与自然焦点的区别不在于有无[+对比]这一特征,而在于对比性的强弱:自然焦点的对比性弱,不具有穷尽性和排他性;对比焦点的对比性强,往往具有穷尽性和排他性。具体分析到连字句,袁毓林(2006)认为,"连"后的成分不像是对比焦点,至少不是对比性很强的焦点成分。

袁毓林(2006)的观点非常有新意,如果照此推论,对比焦点其实就是排他型焦点,因为连字句中"连"后成分是主观全量里的一个极量,与其他量项不具有排他的关系,而是具有同一的关系。因此,连字句中"连"后的成分就不是对比焦点了。

前文分析已知,学界对于"对比"的定义向来不统一,导致对什么是"对比焦点"的认识也不一致。承认连字句中"连"后成分是对比焦点的学者对"对比焦点"的界定相对比较宽泛,所依据的只是"它的对比性的有无"以及"它是否为焦点",而袁毓林(2006)的定义就比较窄，因此会有不同的结论。

前文已经提到，连字句中"连"后的成分具有对比性，至于是否承认它是"对比焦点"，我们并不关心。我们关心的是，是否承认它是焦点。目前的研究成果大都支持"连"后的成分是焦点的观点。袁毓林（2006）也认为"连"后的成分是语义焦点。徐杰、李英哲（1993）的对比焦点说及刘丹青、徐烈炯（1998）的话题焦点说都是证明。并且，前人的研究也清楚地说明"连"后的成分并不是自然焦点。有人认为句子只有一个焦点[1]，有人认为可以有多个焦点（Daniel Büring，1999；徐杰，2001；徐烈炯，2002）。[2] 如王灿龙（2004）认为，连字句句末成分传达的信息同样也是人们着意强调的内容，因此连字句是一个双重焦点（double focus）的句子。如果承认连字句有两个焦点的话，其中必有一个是主要焦点，一个是次要焦点。[3] 典型连字句中，"连"后的成分是主要焦点，而非典型的连字句中"X+Y"都是主要焦点。如果承认结构也可以作为一个焦点的话，也可以说非典型连字句中只有一个焦点，就是"X+Y"。

连字句中"连"后的成分可以是施事、受事、动词、修饰动词的成分或补充说明的成分等。不管是什么成分，都带有重音。受事成分还有一个移位的问题。按照凸显的观点，典型连字句中凸显的成分是"连"后的"X"，非典型的连字句中凸显的是"X+Y"。

四、极低的可能性预期/违反预期

极低的可能性预期是指，在说话人看来，"连X都Y"中的"X"实现"Y"的可能性极低。违反预期是指，虽然"X"实现"Y"的可能性极低，但是却实现了，因此极不可能发生的事情发生了。

前文提到，白梅丽（1981）认为"连"的作用是把一个或数个最不

---

[1] 顾钢（2001）认为，对比焦点是句中承载对比重音的部分，从逻辑上说两个以上的对比重音是不恰当的，因此焦点只能出现一次。潘建华（2000）认为如果句子有焦点，只能有一个。详见仇栖锋《汉语焦点问题研究综述》，《齐齐哈尔大学学报》，2006年第2期，第88页。

[2] 转引自张和友（2004：83）。

[3] 徐杰（2004）认为，当一个简单句包含多个焦点时，这些不同的焦点所受到的强调程度可能是不均匀的。作者将这一现象称作"焦点的强度级差"。把受强调程度高的焦点叫作"主焦点"，强调程度低的叫作"次焦点"。Chafe（1976）就认为一个句子有一个以上的对比焦点是可能的，比如"Rónald made the hámburgers"。

可能具有某种特性 p 的成分给予某一类具有某种特性 p 为谓语的成分。马真(1985)认为,"连……都……"句是举出一类中最不可能出现的为代表,强调说明这一类无一例外地全出现了。刘丹青(2005)也认为,典型连字句中的"连 NP"里的 NP(或 VP、小句)都处在一个可能性(可预期性)等级尺度(scale)的低端,比起该尺度中的其他成员来是最不可能有 VP 的行为或 AP 的属性的对象。而非典型连字句中"连"所介引的成分并不处在预设中的一个可能性等级序列的低端。原因在于,上下文、说话现场、言谈双方的共享信息和认知背景中都找不出与"连"后 XP 构成对照的一个成员,无法形成一种可能性等级尺度。

不过从构式的观点出发,仍然可以推断出所有的连字句(连 X 也 Y)其实都有一个预设:X-Y 具有极低的可能性。

崔希亮(1993)就已经论证了"连 T_i 也/都 VP"的基本预设是 T_i—VP 的可能性最小。

比如典型连字句:

(5) 连老王都敢吃老鼠肉。

(刘丹青,2005)

预设:"老王敢吃老鼠肉"的可能性极低。
非典型连字句:

(6) 那段时间箫雨天天在家做家务,出门连"的士"都舍不得打。

(刘丹青,2005)

预设:(箫雨出门)"舍不得打'的士'"的可能性极低。
所有的连字句正是由于句义违反了这一预期而获得强调义。

又如,丁雪欢(1994)认为,"连 X 都/也 VP"中,X 与 VP 存在逆反关系。如:

(7) 连钢条都被他折断了。

例句(7)=连(不大可能被折断的)钢条都被他折断了。

逆反关系大多出现在转折复句中,表达分句 A 与 B 之间的关系,如黎锦熙(2000)把转折复句分为重转、轻转、意外这三种类型,其中意外的转折复句是"打消前句,表示出乎意料之外与无可奈何的心理"。吕叔湘在《中国文法要略》(1982)中指出:"对待句和正反句,都含有转折……凡是上下两事不谐和的，即所谓句意的背戾的，都属于转折句。所说不谐和或背戾，多半是因为甲事在我们心中引起一种预期，而乙事却轶出了这个预期。因此由甲事到乙事不是一贯的，其间有一转折。"

连字句体现逆反关系、体现出违反预期的特点，大多不是显于语表，而是连字句语里隐含的信息。

有时，我们可以从连字句的语表中发现"竟然、居然"等表达违反预期的词语。① 比如：

(8) 这个有着 8000 多万元固定资产、1000 多名工人的国有企业，竟然连工资都发不出来。

(9) 第 4 局，邓亚萍在先发球的主动情况下，打得急躁，竟然连失 5 分。

(10) 真没想到，我爹还有这么大的志气，他居然连他领进来的人都不认了。

(11) 这座伟大的城市，这座无边无际的都会，居然连一点儿声音也听不见，而那里正谈论多少事呀！

"居然"的意思是"表示出乎意料"。一个语言单位受"居然"修饰以后，成为信息焦点。表达者用它来引出超常之事，表示"惊讶"的强烈主观评价，接受者则对其后续被修饰语义信息投以选择性注意。②

五、主观量（极量与全量）

连字句与量范畴密切相关。李宇明（2000）已经把连字句纳入到了量范畴系统进行研究；张旺熹（2005）非常深刻地指出，深藏在连字句序位化这一核心概念背后的是人类认知范畴中一个极为重要的概念——量范畴。连字句表达的正是一个以量范畴（量级）为基础的语义范畴系统。

由上文可知，"连 X 都/也 Y"中的"X"或"X+Y"处于主观预设序列的低端，从主观量的角度分析，"X"或"X+Y"都是极量，而包含"X"或"X+Y"的语义序列的整体是主观全量。如前文所述，

---

① 徐杰（2004）认为，连字句蕴含有"居然/竟然"的语气。
② 曾毅平《"居然"如此修辞》，《修辞学习》，2002 年第 6 期，第 15 页。

朱德熙（1982）、洪波（2001）都谈到了连字句表达周遍性强调。在这里，主观全量只是说明连字句表达全称的肯定或否定（李泰洙，2004；曹秀玲，2005），并不意味着语义序列的所有项目都非常清楚地一一列举。比如上文所转引的例句"连老王都敢吃老鼠肉"，老王处于语义序列的低端，是主观极量，说话人所设定的一群人（包括老王）是主观全量。

六、小结

综合以上的分析，我们发现连字句中的语义所体现的许多特征符合强调的标准：

1. 异于常规：重音的前移；
2. 强化：语义强度大，"连"后的成分表达主观极量，句子隐含主观全量。

这也是为什么学界把连字句视为强调句的心理动因。

第三节　连字句与甚至句的比较研究

一、概述

连字句的研究成果非常多，前文已述。要真正搞清楚连字句的强调本质，需要与表达相近意义的句式进行比较。"甚至"与连字句有比较多的关联。甚至句可分为两类，一类不带"都/也"，可以称之为一般甚至句；一类带"都/也"，可以称之为甚至构式。带"都/也"的甚至构式常常与"连"共现。

"甚至"的研究成果表明，大都认为"甚至"强调突出的事例/项。侯学超（1998）认为，"甚至"做连词时是"连接最后一项，表示该项是各项中最极端的或最少有可能发生的"，做副词时是"突出一系列事实（有时隐含）中最极端的或最少可能发生的"。周静（2003）认为"甚至"所连接的是递进范畴中语义程度最深的成分。周静（2004）认为，"甚至"作为副词时，强调最后项的不同寻常与超出意料，作为连词的主要作用是凸显并强调位于最末位置的小句。

连字句与甚至句的比较研究成果不多。周小兵（1990）提到"连"

跟"甚至"义近，有时可用"甚至"替换，但有的连字句不能用"甚至"替换，是由于某些句法条件的限制，如"就连她都不来"不能换用"甚至"，是因为"就"的排斥限制。非常可惜的是，周小兵没有再作深入研究。赵敏（2004）认为，跟"连"和连字句一样，不论"甚至"做什么词，"甚至"都是标举极端事例，表示强调的是"甚至……也/都……"结构即甚至句，它强调的同样是某种状况的程度之深。连字句、甚至句在表达功能上也有差异。它们在表示某种性质程度深、说明某件事情不同寻常的用法时，语气的强弱程度是不同的，即：甚至＞连。Shyu（2004）的文章探讨了连字句与甚至句的异同，她认为连字句与甚至句都表达违反预期的意义，但是在表达量化方面存在差异。

以上研究表明，连字句与甚至句都可以强调突出的事例，都可以表达违反预期。它们在强调上有无异同呢？要探讨连字句究竟强调什么，应该先把连字句与两类甚至句进行比较研究。下文我们将在前贤观点的基础上，从表达和强调的角度来研究表达相近意义句法结构的区别。

二、量化的观点评析

要研究连字句与甚至句的异同，首先需要来评述一个比较重要的观点，即量化。

（一）量化的观点介绍

Shyu（2004）提出了一个很有意思的观点，那就是量化的含义在"连……都……"句中明显地表现出来，但却不一定在用"甚至"的句子中传达出来。在句法上，她从三个方面进行证明。

第一，可由"连—名词组"与数量名词（如"每个＋名词，所有＋名词，大多数＋名词"）具有类似的句法分布来证明。[①] 如：

（1）每个人/谁/大多数人都爱吃臭豆腐。
（2）连李四都爱吃臭豆腐。

但是"连"与"每个、所有"通常不能共现。不能说：

[①] 洪波（2001）也提到了连字句的周遍性强调，刘丹青、徐烈炯（1998）也提到了连字句"全量"的特点。

(3) *（连）每个人/大多数的人/谁都爱吃臭豆腐。

第二，"连"强调的成分需要放在动词前。如：

(4) 张三连这本书都看过了。

同样，强势量化词（SQ）① 作为宾语也通常是前置的：

(5) 张三每本小说/大部分的书都看过了。

第三，"连—NP"和强势量化词在否定和（道义）情态动词上有共同的限制辖域（restricted scope）：

(6a) 连张三都没有/敢看恐怖电影。
(6b) *连张三没有/敢都看恐怖电影。
(7a) 每个人/大部分的人都没有/敢看恐怖电影。
(7b) *每个人/大部分的人没有/敢都看恐怖电影。

而"都"与普通的指称 NP（referential NPs）可以出现在否定的前面或后面，产生不同的辖域解释。如：

(8a) 这些人都没有看过张三。
(8b) 这些人并没有都看过张三。

"连—名词组"与强势量化词也有一些不同，强数量词的量化是断言的（asserted），而"连—名词组"依赖于说话者的预设或者语境，是蕴含的（implied）。如：

(9a)（全班）*每个人都吃了辣椒，可是李四没吃。
(9b)（全班）连阿妈都吃了辣椒，可是李四却没吃。

由此可见，"连……都……"与真值世界（truth-conditioned world）不一定同一。我们认为，这可以推断出连字句的主观预设的

---

① 强势量化词（strong quantifier）的术语翻译转引自蔡维天《谈"只"与"连"的形式语义》，《中国语文》，2004 年第 2 期，第 106 页。Milsark（1974）曾经观察到英语中有一类量化词不能出现于存在句，而另一类可以：(a) *There are every people/all people/most people in the room. (b) There are a few people/some people/three people in the room. 如 (a)(b) 所示，由 every、all 及 most 引领的名词组不能出现在 there be 后面；而由 a few、some 及 three 引领的名词组则无窒碍。Milsark 称前者为强势量化词，后者为弱势量化词（weak quantifier）。

特点。①

Shyu（2004）通过以上三个方面的比较，证明了连字句蕴含着量化，一般可以表达主观大量。

（二）对量化观点的评析

通过引述 Shyu（2004）的观点，我们可以发现她对连字句的量化解释与许多学者的解释方法不同。她用连字句与其他句式的比较，说明连字句蕴含着主观大量。而国内学者一般倾向于认为连字句的全量意义来自句式所带来的"周遍意义"。而这个周遍意义是通过语义、语用推理得出的，没有把连字句与大量（每个＋名词，所有＋名词，大多数＋名词）进行比较。

我们从北大 CCL 语料库中可以找到"连"与"每＋量词""所有"共现的句子，虽然数量不多：

(10) 连每个脚趾头都捏到了。
(11) 他的父母时常来电话向吴教授咨询有关孩子身体的注意事项，连每次疫苗接种也要来电来信请示。
(12) "得利"牌箱包款式新、做工细、质量好，而且所有的原辅材料，甚至连每一枚螺丝钉都是"舶来货"。
(13) 连每天的喝水也不能保证供应。
(14) 中央档案馆是一个戒备森严的地方，一道又一道岗都由军人看守。连每一座大楼前都有岗哨。
(15) 除去校对目录上每一种书的书名、作者和卷数以外，连每一种书的册数、页数都详细清点。
(16) 整个世界便开始发光、熔化、又重新组合，不仅仅是外表，就连每一粒原子都经过了重新组合。
(17) 它将作者的"笔迹"原样呈现在读者面前，连每一处涂改都忠实保留着。
(18) 舱里金碧辉煌，就连每一根柱子上都刻着金色盘龙。
(19) 本来这种事情应该是男的出头，但是我实在是不愿意，甚至于我连每一步都不要去想。

---

① 刘丹青（2005）综合前人的研究成果，认为连字句都包含一个说话人的主观预设（presupposition）。

(20) 连每一幢楼的窗口里传出来的声音也是差不多的。
(21) 那位公爵夫人非常迷人,就连每一缕头发都散发着强烈的诱惑力。

以上例句中,"连"分别与"每个、每次、每枚、每天、每座、每种、每粒、每处、每根、每步、每幢、每缕"等共现。

CCL语料中仅见两个"连"与"所有"共现的例句。

(22) 这时因为情况紧急,不但所有的将士、孩儿兵、炊事兵以及受伤的将士都准备好随时厮杀,连所有眷属,不论老弱或妇女,都一个个手执刀剑,等待拼命。
(23) 泰斯不但人不见了,连所有装着他宝物的小袋子和披风也都不翼而飞。

以上例句都是 Shyu(2004)论据的反证,由此我们认为,"连……都/也……"格式与强势量化词共现与否并不能证明该格式一定含有量化的含义。

蔡维天(2004)的观点也支持本书的看法,他认为连字句可以和强势量化词连用,却与弱势量化词不相容。如蔡维天(2004)列举的例句:

(24) 阿Q连每个人/所有的人/全部的人都骂了,还有什么不敢做的?
    a. 预设:一般人骂每个人/所有的人/全部的人的可能性极低。
    b. 断言:阿Q骂了每个人/所有的人/全部的人。

此句以(a)这个极性命题为预设,提高了"阿Q连每个人/所有的人/全部的人都骂了"的合法度。

而连字句与弱势量化词不相容:

(25) *阿Q连几个人/一些人/三个人都骂了。
    a. 预设:阿Q骂了几个人/一些人/三个人以外的人。
    b. 断言:阿Q骂了几个人/一些人/三个人。

蔡维天认为,不相容的原因在于此处"几个人/一些人/三个人"都不作特指解,在语境中没有指称,另外无法提供一个极性命题来修正其预设。"一般人骂几个人/一些人/三个人的可能性极低"和我们对这个世界的认知不符。

甚至句可以与"每个、所有、大多数"等强数量词共现,在语料中的确可以找到不少例句。如:

(26) 他们都希望能结婚或保持他们的婚姻,甚至大多数离了婚的都希望能再结婚。

(27) 照杨小姐的话说,这里的竹楼、陈设,甚至所有的一切,都是为孔雀而建。

(28) 个人的小家当然要顾及,但是太顾及"小家",甚至每周往来几十公里度假,就不好了。

由此看来,从量化方面区分连字句与甚至句的异同虽具有新意,但尚需更深入的研究。

三、连字句与甚至句的对比①

英语的 even 可以翻译为"甚至""连……都……",什么时候翻译为"甚至",什么时候翻译为"连……都……",目前的研究成果很难回答。本节研究所采用的语料主要来自北大 CCL 语料库和北大汉英对比语料库。

(一) 句法与重音

前人对"连……都/也……"句法特点的研究已经非常充分,结论表明,"连"的后面以名词为主,但也可以是动词或小句(刘丹青,2005),或者是类似状语性成分的动词性结构(崔永华,1984)。"甚至"的后面所跟的成分在语类上要远远多于"连"所跟的成分。"甚至"做副词时,光杆动词、方式副词、原因副词、介词结构都可以用在其后(Shyu,2004)。如:

(29) 李四甚至离开了邮局。
(30) 李四甚至慢慢地走(都快迟到了)。
(31) 他甚至坐飞机来看你。

---

① 我们在具体对比时,例句的采用大都只查找"连……都……"或"甚至……都……",而没有考虑"连……也……""甚至……也……",在本节的分析中没有考虑它们的细微差别,作等同处理。本节部分内容曾在《渤海大学学报》2010 年第 1 期上发表过。但是因为发表时篇幅所限,论述不如本节详尽、清晰。

(32) 李四甚至从地下钱庄借了钱了。

以上四个一般甚至句都不能改换为连字句,这是因为"连"字本身的介词属性决定了其后不能跟方式副词、原因副词、介词结构。虽然"连"后可以跟光杆动词,但是受到诸多制约,不太自由。

"甚至"做连词时,可以放在并列的名词、形容词、动词、介词短语、小句的最后一项之前,突出这一项,但是连字句不允许出现在这类句法环境中。如:

(33) 那时候,他们还受着封建制度甚至奴隶制度的束缚。

(引自《现代汉语八百词》)

(34) 因此,他们作出的决议、指示虽然很多,但有的不完全正确,有的甚至完全错误。

(35) 这种信息让网络专业人士在网络危机或失效的时候做出及时的和有内容的决策,甚至采取行动,防止出现问题。

(36) 甚至在林彪、"四人帮"那样迫害和摧残知识分子的时候,广大科学技术人员也没有动摇对党对社会主义的信任,在极端困难的条件下,仍然坚持科学技术工作。

(37) 三是因为是非功过不清,赏罚不明,干和不干一个样,甚至干得好的反而受打击,什么事不干的,四平八稳的,却成了"不倒翁"。

Shyu(2004)也提到,"甚至"作为焦点副词,不要求宾语一定提前,这和"连……都……"结构不同。如:

(38) 张三甚至读完了 Syntactic Structure。

(39) *张三都看过了连这本书。

以上是从句法方面对连字句、一般甚至句的简要对比,我们再从重音方面分析这两种句式的异同。

如前所述,连字句的语法重音一定会落在"连"与"都/也"之间的成分上,而甚至句的重音则有时需根据语境的情况决定。

前文已谈过,甚至句可分两类,一类是一般甚至句。如:

(40) 我不喝啤酒,不喝饮料,甚至不喝瓶装的矿泉水。

这类甚至句,重音一定在"甚至"后,但是具体落到哪个成分上,需要根据语境来确定。

另一类是"甚至……都/也……"句,即甚至构式,重音跟连字句的规则相同,常规的语法重音是在"甚至"与"都/也"之间的成分上。如:

(41) 我不喝啤酒,不喝饮料,甚至瓶装的矿泉水都不喝。

除了重音不同外,我们打算从语义出发去寻求连字句与甚至句的差异,因此需要先确立一些可以比较的语义项。我们从连字句和甚至句的研究成果中概括、抽取、分析,确定了以下几个对比项:主观极量、主观全量、主观程度与背景故事、违反预期。下面逐一进行比较。

(二) 主观极量

不论是连字句还是甚至句,表达的都是主观量。根据陈小荷(1994)的观点,所谓"主观量"是含有主观评价意义的量,与"客观量"相对立。例如,对于"干了几天了"这一提问,可以有以下三种回答:

(42a) 三天。
(42b) 都三天了。
(42c) 才三天。

(42a) 表达的是客观量,不含有说话人对于"三天"这个量的大小的主观评价意义。(42b)、(42c) 表达的是主观量。又如:

(43) 今天的会议连一个人都没来。
(44) 今天的议题甚至所有人都反对。

以上两个句子可能的情况是,客观上会议确实没有一个人来参加,议题遭到了所有人的反对。可是它表达的是说话人主观上的评价,认为出现这种情况比较奇怪,所以是主观量的表达。又如:

(45a) 他连公共汽车都不舍得坐。
(45b) 他甚至不舍得坐公共汽车。

以上两句在语表形式上看不出"量"的概念,但是根据前人的研究,连字句包含一个语用分级(崔希亮,1993),(45a) 隐含着"出租汽车更不舍得坐",说话人通过对公共交通工具中最便宜的一种进行否定,即通过否定极小量来达到否定全量的目的。(45b) 虽然也包含一个语用分级序列,但是经常是外显的,也就是在"甚至"的句前经常要出现其他小句,单独出现甚至句似乎不太完整。此甚至句如果加上前面的铺垫成分,就比较好了。如:

(45c) 他不舍得坐出租车,甚至不舍得坐公共汽车。

当然,这只是根据我们的语感进行的初步推断,本节将会通过语料证明这个推断的正确性。

张旺熹(2006)通过对1275例连字句的统计,得出句法语义类别的比例,见表5-3:

表 5-3:连字句的句法、语义类别表

	语义类别	用例数	所占比例
空间	有序名词序位激活	285	22.35%
	无序名词序位建构	692	54.27%
时间	条件(结果)成分映现	298	23.37%
合计		1275	100%

作者认为连字句对条件(结果)成分的映现,是其序位化认知方式从空间域投射到时间域的自然结果,进而形成连字句的时间关联模式。

由表5-3可作如下推论:连字句中"连"后的成分虽然可以为有序名词、无序名词、条件(结果)成分,但是必然有一条限定:必须能够实现序位化,即不能实现序位化的成分不能放在"连"后。

崔希亮(1993)也认为连字句存在的基础是比较,即"连"后的成分必然有一个或几个比较的对象,它们呈升级或降级的关系。

以上两种说法核心是一致的,那就是"连"后的成分是一个极量,这个极量必须处在一个序位化系列的任何一端。

侯学超(1998)、周静(2003)都认为"甚至"后的成分也是极端成分,因此从量的角度也可以说"甚至"后的成分是一个极量。

如前文所述,这个"极量"是说话人的主观判断,是"主观极量"。至此,可以得出结论:连字句与两类甚至句中的"连"与"甚至"的后边都必须是主观极量。

邢福义(2001)的主观视点理论认为:"就复句格式的形成来说,

主观视点是第一位的起主导作用的东西，而客观实际则是第二位的被主观视点所牵引的东西"，"当说话人决定采取'即使 p，也 q'虚拟句式的时候，他已不管 p 在实际上是否真虚，纵然并非真虚，他也可以凭主观视点化实为虚；相反，当说话人决定采取'既然 p，就 q'据实句式的时候，他已不管 p 在实际上是否已成事实，哪怕只有可能性，他也可以凭主观视点化虚为实。可以认为，主观视点直接决定复句格式，客观实际通过主观视点影响复句格式，反过来说，复句格式直接反映主观视点，间接反映客观实际"。

这一理论告诉我们，连字句中"连"后的成分即使不是客观的极量成分，但是说话者决定采用连字句时，也会把"连"后的成分转化为极量成分，这个极量成分就是主观极量，带上了说话人的主观视点。

前人的研究似乎都支持"连"后成分是极量这个论断，比如宋玉柱（1996）认为："'连'字后的受动成分却不能是带周遍性的，比如不能说'我连什么都看见了''他连什么人都认识'。这是因为，既然'连'字的作用是用'极言其甚'的方法对'连'字后的成分进行隐含比较，那么它后边的成分就不能是表示概括无遗的，否则就无从比较。"

然而，我们从北大 CCL 语料库却找到了一些反例，"连＋什么"找到 7 例。如：

(46) 基层干部和广大农民连什么事都说不上个"一二三"，怎么能把事情办好呢！他还有两条腿，却已连什么地方都不能去了。
(47) 你连什么也没有说。
(48) 但是这么一停，就连什么都停掉，陈杨氏再也没有生养。
(49) 世间一切佳果珍馐都经不得牙齿的反覆咀嚼，咀嚼到后来就连什么味儿也没有了；只有圣贤的书是最耐得咀嚼的……
(50) 政委算是什么政委啊，出了这么大的事，我却连一点办法都没有，我连什么忙也帮不上。
(51) 最后是漫天大雪了，天地都觉得不公，因为她实在不是个反抗者，她连什么理念也没有的。

"甚至＋什么"找到 19 例。如：

(52) 冷了，就围着冰场跑几圈；饿了，就随便对付一口，有时甚至什么也不吃，把带的食品全部留给女儿。
(53) 甚至什么事也不干以免犯错误。

(54) 在这,已经什么都是好的,什么都是理所当然的,甚至什么都是"绝妙笔法"。
(55) 然而,现在,当他真地撞见——甚至什么也没发生——的时候,他已经非常不快了。
(56) 绝大多数坟墓里只有几件陶器,有的甚至什么也没有,反映了平民的贫穷;富人的坟墓里则摆着铜器和贵金属。
(57) 他们弄得一辆大车也没有了,甚至什么东西也没有了!

以上的例句并不能推翻我们的结论,理由是我们所提出的"连"和"甚至"后的主观极量,不但包括"连"和"甚至"后紧挨的成分,也可以包括紧挨成分之后的其他句法成分。例如:

(58) 政委算是什么政委啊,出了这么大的事,我却连一点办法都没有,我连什么忙也帮不上。
(59) 冷了,就围着冰场跑几圈;饿了,就随便对付一口,有时甚至什么也不吃,把带的食品全部留给女儿。

例句(58)中,"连"后"什么忙也帮不上"如果用数轴表示就是帮忙的可能性最小,应该处在帮忙这个语义序列的最低端。而例句(59)中,"什么也不吃",用数轴可以表示为吃东西的可能性最小,应该处在吃的东西数量这个语义序列的最低端。可以照此推论,"什么忙都帮""什么都吃"也可以放在"连"或"甚至"后。如图5-1所示①:

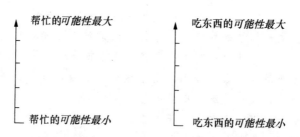

图5-1:连字句、甚至句中"什么"的语义序列图

因此,我们认为,虽然"什么"是一个周遍量,不是极量,但是

---

① 此图根据袁毓林先生的建议作了修改,谨致谢意。不当之处由笔者负责。

"什么也/都 VP/AP"是一个主观极量。也就是说,连字句和两类甚至句都必须跟主观极量共现,可以这样表示:

(A,B,……) 连+主观极量

A,B,……甚至+主观极量

连字句前 A、B 等量的序列一般不直接出现在句子层面,而甚至句前则会出现。具体论证后文详述。

(三) 主观全量

我们知道,连字句其实是通过对主观极量的肯定或否定来达到对包括主观极量等语义序列在内的所有对象的肯定或否定的。从量的观点出发,我们把包括主观极量等语义序列在内的所有对象称为主观全量。主观全量的观点与 Shyu(2004) 的量化观点有相似之处。

我们认为,连字句中"都、也"的作用之一就是标示对于主观全量的强势确认。洪波(2001) 就认为连字句是通过对"典型事例"的强调来表达对相关事物的周遍性强调。

我们通过几个句式来比较连字句和两类甚至句在表达主观全量方面有无异同。

1. 比较句

Shyu(2004) 认为,"甚至"和连字句都可以用于比较句,但是有语义、语用的区别。如:

(60) 比尔甚至比约翰高。

(61) 王五很高,约翰很高,比尔甚至比约翰高。

(62) *比尔连约翰$_i$都比(他$_i$)高。

Shyu 认为"连……都……"句有量化的解释,而甚至句则无。她举例说,"李四连身高都比张三高"隐含着在"相貌、家庭环境、个人特点、职业成绩"等方面李四优于张三,即在每个方面、大多数方面李四比张三优秀。

我们认为 Shyu 的例句"比尔甚至比约翰高"① 换成"李四连身高都比张三高"时,语义重点完全变了。在解读"比尔甚至比约翰高"

---

① 这句话是 Shyu 的例句,笔者的语感却不是那么自然,换成连字句(63)就自然多了。

时，如果重音在"约翰"，会产生言外的全量解读，隐含着"在说话人看来，比尔比所有人都高"；如果重音在"比尔"，产生全量的解读是"说话人认为其他人都比约翰高，即约翰是非常非常矮的"。这句话可以换成连字句：

(63) 连比尔都比约翰高。

我们从北大 CCL 语料库中仅找到 16 个"比"用在"连……都……"中的例子，下面举几个例子：

(64) 他眼睛盯在鸡腿上，并没有瞧这父子两人一眼，仿佛连这鸡腿都比他们父子好看多了。
(65) 他更加感到不如徐守仁，连写字台和书橱都比他早有。
(66) 香港不但物资丰富，连找男朋友都比别的地方容易点。
(67) 你或许真的有三千岁了，可是连我八岁的小弟撒谎的技术都比你高明呢。
(68) 这种感觉让他很不舒服，或许连死亡都比这样好些。

而"比"用在甚至句中的例句就比较多，仅"甚至＋比"的例句就有 677 条之多①。如：

(69) 因此，在多年来的谈判中，欧盟的开价有时甚至比美国的还高。
(70) 新道家，尽管是道家，却认为孔子甚至比老子、庄子更伟大。
(71) 人们通过观察发现，在某些经济活动中，妇女成功的比例甚至比男子要大，因为妇女适应能力和责任意识往往胜过男子。

"比"用在"甚至……都……"中的例句不多，仅见 30 例。如：

(72) 不少商品由于大批量直接进货，薄利批发，售价甚至比产地的都低。
(73) 这是其它许多独资、合资甚至国营企业都比不了的。
(74) 卡拉蒙巴不得竞技赶快开始，因为他很少如此的局促不安，甚至连上战场都比不上。

---

① 这里的例句许多都不是单独的"甚至"和"比"的共现，都是"甚至……还/更……"格式与"比"共现。"甚至……还……""甚至……更……""甚至……都……"有什么异同也是很有意思的研究问题，本书不再涉及。

需要注意的是，所谓的一般甚至句与"比"的共现，其实并不是单独的"甚至"。"甚至……还/更……"格式与单独用"甚至"的句子不同，更接近"甚至……都……"句（甚至构式）。即使看起来是单独的甚至句和"比"共现的句子，如例（71）都可以变为"甚至……都……"句：

(75) 人们通过观察发现，在某些经济活动中，妇女成功的比例甚至比男子都要大，因为妇女适应能力和责任意识往往胜过男子。

在比较句中，连字句和甚至句都有主观全量的解读，比如例句（66）蕴含着"香港很多方面都比别的地方优越"。例句（72）蕴含着"不少商品的售价比别的地方都低"。

单独的甚至句不用于比较，比如前面的例句（40）"我不喝啤酒，不喝饮料，甚至不喝瓶装的矿泉水"无法用于比较，只是表示一种递进关系。这句话虽可以表达极量，但是却很难产生全量的解读。

以上论据可以证明：连字句和甚至构式都有主观全量的解读。① 不带"都/也"，只表达递进关系的一般甚至句，没有主观全量的言外解读。

2. 与"每"用在同一小句

Shyu（2004）列举了一个比较有意思的例句：

(76) 连每只老鼠都会用叉子吃饭。

她认为，这句话隐含着"不但老鼠，而且其他动物都可以用叉子吃饭"的意思。

我们可以参考前文"连"与"每"连用的例句，如：

(77) 他的父母时常来电话向吴教授咨询有关孩子身体的注意事项，连每次疫苗接种也要来电来信请示。

从北大CCL语料库中的例句不难发现，"连"后的"每＋量＋名"语义重心在"每＋量"上，强调的是主观极量"每次疫苗接种"、主观全量"所有的有关孩子身体的情况"。再看"甚至"与"每"同现的

---

① 这里的"甚至……都……"句包括"甚至……也/更/还……"等格式，只是排除了一般的单独使用的表达递进关系的甚至句。

例句：

(78) 每只老鼠甚至都会用叉子吃饭。

Shyu（2004）认为上句可以表示：（1）老鼠用叉子吃饭是非常难的，然而它们甚至成功地做到了；（2）非常令人奇怪的是，每只老鼠都会用叉子吃饭。Shyu 的分析认为这句话不能有言外全量的解读，即不能隐含"所有的其他动物也会用叉子吃饭"的意思。

我们不太同意 Shyu 的分析，因为如果把"甚至"挪到句首，变成"甚至每只老鼠都会用叉子吃饭"或者直接给予"每只老鼠"重音，即"每只老鼠甚至都会用叉子吃饭"，那么句（78）就可以与连字句有同样的隐含义，即可以有主观全量的解读——其他的动物也能做到用叉子吃饭。

因此，凡是"甚至"后介引"每＋量＋名"成分，然后跟"都／也"，这时就有主观全量的解读；这种主观全量的解读与"连……都……"句是一致的。但是一般甚至句就不能产生主观全量的解读，即"每＋量＋名"不带重音的甚至句没有主观全量的解读。

3. 包含"前/后"的嵌套小句

包含"前/后"的嵌套小句是 Shyu（2004）提出的一种区别连字句和甚至句的句法环境。例句如下：

(79a) 伊文甚至在知道玛丽的名字以前就亲了她。

(79b) ＊伊文连在知道玛丽的名字以前都亲了她。

Shyu 认为，"甚至"可以用在包含"前/后"的嵌套小句中，而连字句不能。我们在北大 CCL 语料库中也找到一些例句：

(80) 农奴甚至在战争以前也一直是极不安定的。

(81) 我甚至在这种指责提出以前——事实上甚至在我开始说明和抨击本质主义以前就已这样做过。

语料库中查到的"甚至"与"以前"共现的句子，后句大都有"就、还、也"与"甚至"照应，主要表达的是凸显某一时间以前，某件事就已经或者一直存在。"连"与包含"以前"的嵌套小句共现的句子在北大 CCL 语料库中没有发现，这也确如 Shyu（2004）所述。这怎么解释呢？我们认为"甚至"与"以前"共现的句子在语表形式上已经清晰地传达了所要表达的意义重点，不需要再去寻求别的语用意义。也就是说，它所强调的是"言内"，而非"言外"，没有言外的主观全量的解读。比如：

(82a) 这甚至在几个月以前还是一个在全国引起争议、被诅咒的丑恶标记。

(82b) *这连在几个月以前还是一个在全国引起争议、被诅咒的丑恶标记。

这句话中"甚至"后的成分"几个月以前"可以是一个主观极量，表示"比较早的时候"，但是在这个句法环境里不会产生言外的全量解读，即"在所有的时间里"，都是"一个在全国引起争议、被诅咒的丑恶标记"。因此，这儿不能用表达主观全量的连字句。当然，如果改变句义，（82a）好像可以用表达主观全量的"甚至……都……"来替换①：

(82c) ？这甚至在几个月以前都是一个在全国引起争议、被诅咒的丑恶标记。

4. 介词结构

我们从汉英对比语料库中发现"甚至"与介词结构同现时，很难换成连字句。比如，"甚至"与"在、与、为、为了、向、通过、把、被"等介词共现：

(83) 在这个问题上，国民的情绪已有日益激昂之趋势，有些人甚至在报纸上发表了自己的看法。

(84) 甚至在19世纪的情书中，就可发现人们经常以字母X作为接吻的符号，许多纸情书一般以3个X作为结束语。

(85) 某些作品缺乏丰满的现实内容和生动的艺术性，缺乏强烈的政治性，有的甚至与政治原则还有抵触之处，起了不好的作用。

(86) 如我们打了胜仗，就可以乘机散布失败情绪，甚至为对方着想，提出"还是要与人家勾搭一下才行"，以达到建立两面派和发展革命两面派的目的。

(87) 甚至为了一些小事，例如让一个小法耶德坐一部没有空调的车，这个埃及佬就会骂他："蠢驴，你这个蠢驴。"

---

① 语料库里找不到"甚至……都……"包含"以前"的嵌套小句的例子。

(88) 现在有些干部的子女可以随便看机密文件，出去随意扩散，个别的甚至向外国人卖情报，送情报。

(89) 他甚至通过从同一家旧书店买了另一本书而搞到一张两英镑的收据。

(90) 在西藏农村，过去也养鸡，却很少食用，有的人家甚至把多余的公鸡赶到山里放生。

(91) 一些地质学家说距今 300 万年以前，南极洲有着比较温和的气候，甚至被森林覆盖着。

以上句子，均不能用"连……都……"句来替换，除了句法上"连"与"介词"不能连用的限制外，在语义上，我们发现以上的句子都没有主观全量的解读，或者说句子的言内意义已经非常清楚地表明了说话人的用意，不需要主观全量的解读。这些句子只是表明"甚至"后的成分是一个主观极量。

倪宝元、林士明（1979）在文章中列举了两个例句，似乎是上面论据的反证：

(92) 连在校役里面也寻不出一个人来呀！

(93) 老严忠不但没有同共产党打过交道，就连与乡亲们也很少来往。

我们从北大 CCL 语料库中也找到了一些例句：

(94) 新的《孔子？耶稣？披头士列侬》，由于事先没有签订必要的协议，剧作家到达该国后，非但没有得到一分稿酬，连在当地的食宿都得自己解决。

(95) 这些满腔报国热情的年轻党员们有志难展，连在国难当头时请缨杀敌都不准许。

(96) 为金钱所鼓荡起红红心魄的人们似乎每一时刻心中都难以安宁，人们连在梦中都祈盼着能有机缘去沿海城市赶赶黄金潮，能去"三资"企业明丽的天空下去拾拾期盼千年的黄金梦。

(97) 一方面，世界各社会在经济上、金融上、文化上连在语言上都越来越整体化、统一化，另一方面，社会的道德标准、价值判断标准愈来愈相对化。

(98) 但他也是虚伪的，他拒绝戴眼镜，这使得他有时候连在和谁握手都无法认清。
(99) 在地铁各站，不准吸烟是理所当然的，但连在站内或车上饮食都要罚款。
(100) 不止一次在讲演后有男士找我诉苦，抱怨在家中渐无立锥之地，连在厕所里读武侠小说都会被老婆干涉。
(101) 车马又转过七八条街后，连在屋脊上守望的人都没有了。
(102) 推开铜门又是一个同样的石室，又有一扇门，只不过除了这扇门之外还有一些很古老的刑具，甚至连在纣桀那个时代里都被视为最残酷的刑具"炮烙"都有。
(103) 灵珊惊奇地发现，她连在厨房中的动作，都是从容不迫的，飘逸而美妙的。

对于以上看似违反连字句规则的用例，我们的看法是：应该承认语言事实，并且积极寻求理论解释。构式语法理论就给了我们很大的启发。

关于构式语法的概念，刘丹青（2005）论述得比较清楚。他认为："以结构主义语法、生成语法等为代表的观念被称为'成分模式'（componential model），意思是说，这些语法理论总是用句法成分及其组合关系来解释语法结构的语义功能，相信结构的语义可以从其生成（generating）、推导（deriving）过程中得到解释。而在认知—功能语法框架中发展起来的构式语法则注意到，有些语法结构性质上像词汇中的习语（idiom），其意义不能从其构成成分及关系中得到充分解释。'其意义和/或形式不能从该语言中存在的其他构式在构成上推导出来'（Goldberg, 1995），即整个构式（construction）具有一种特定的不可分解的语义及形式特点。如英语'the sooner, the better'这种两个比较级形式的并列可以表示'越来越'倚变关系，但字面义和结构关系（比较其他英语构式）并不能解释这种关系。因此，此时要将这种构式的整体视为句式义的来源。此为构式语法理论。"从构式语法理论出发，我们认为在"连……都/也……"结构中，"连"字本身已经融合在这一结构中，本身的词性已经变得不再那么重要，或者说已经不再具有典型的某种词性特点。说话者所关注的只是"连"后的极性语义要求，忽略了形式上的要求。这可以解释学界对于"连"字词性的争论为什么长期以来没有定论的原因。由此也可以推知，只要符合语义要求，"连"后跟介词结构也不是不可以,只是不那么自然而已。

5. 小结

以上我们从四个层面比较了连字句和两类甚至句的异同。结果发现,一般甚至句与甚至构式在表达主观全量方面存在异同,甚至构式、连字句可以有主观全量的解读,而一般甚至句则没有。

(四) 主观程度与背景故事[①]

石毓智、李讷(2001)认为自然语言的肯定和否定遵循这样一条规则:对某个量级的否定蕴含着对所有大于该量级的量的否定;对某个量级的肯定蕴含着对所有小于该量级的肯定。由此可以逻辑地推出,对最大量级的否定等于对所有其余量级的否定,即完全否定。在肯定结构里,"连"所引进的是最不可能实现的事物(量级最高),如果这个事物可以实现,其他事物则更加有可能实现。张谊生(2002)认为,从联系的角度看,"程度"和"可能"其实是相通的,只是强调的角度、突显的重点不同而已。一般说来,排除了可能的同时也强调了程度,强调了程度的同时也排除了可能。

把连字句的强调等同于程度高,这非常值得关注。我们的看法是,程度高不一定就表示强调,比如说,"我最穷"虽然表示程度高,但没有人认为这是强调。我们认为,强调都与主观的假定有关系,强调与程度的关系也是依靠主观量作为中介的,没有主观的量,很难体会到强调的感觉。从判断是否为"强调"的标准来看,"我最穷"这句话没有异于常规之处,重音、焦点没有发生转移,因此不属于强调范畴。

另外,连字句蕴含着一个背景故事,而一般的表示程度高的句子则不蕴含。这个背景故事和语用分级序列有相似之处,在说话人使用连字句或者听话人听到连字句时,在脑海里都会呈现某个故事。比如,前文转引的刘丹青的例句:

(104) 连老王都敢吃老鼠肉。

这里有两个背景序列:一个是以"老王"与其他人组成的序列,另

[①] "背景故事"的概念是李宇明先生在与笔者讨论时提出的,这值得今后深入研究。外国留学生在学习连字句时,常常出现偏误,可能与其不了解连字句的背景故事密切相关。比如,"他连超女都不知道,更何况超男",这句话如果留学生不了解"超女、超男"的背景,就很难明白具体的含义。

一个是"老鼠肉"和其他吃的东西组成的序列。在这两个序列里，说话人认为老王是最胆小的，老鼠肉是人们最不敢吃的。这都是说话人的主观假定。其实在客观世界，肯定有比这两个极量成分程度更高的。比如，肯定存在一个人比老王胆子更小，也肯定存在一种东西比老鼠肉还更让人不敢吃。说话人在此把这些在逻辑上、客观上存在的极量都模糊化了。

甚至构式句与连字句有着同样的背景故事。因为可以说：

（105）甚至老王都敢吃老鼠肉。

而一般甚至句就不存在以上两个序列的背景故事。比如：

（106）老王敢吃狗肉，敢吃蛇肉，甚至敢吃老鼠肉。

这个句子蕴含着"老王胆子大"的意思，不蕴含有背景序列的背景故事。

其实，"背景故事"与前文所谈的"主观全量"及后文的"违反预期"都密切相关，正因为连字句、甚至构式句表达主观全量，表达违反预期，才会使我们联想到背景故事。

（五）违反预期

关于连字句，曹逢甫（2005）指出，该句式总是带有对比和吃惊的口吻。刘丹青（2005）认为，连字句预设中的"极不可能真"与断言中的"真"造成强烈反差。袁毓林（2006）认为，连字句话题和述题之间是一种出人意料的陈述关系，这种反预期的关联，就足以构成一个新闻。关于"甚至"，周静（2004）认为，"甚至"作为副词是强调最后项的不同寻常与超出意料。

如上所述，连字句和甚至句都可以表达违反预期。Shyu（2004）就持这一观点。

我们认为，不带"都/也"的甚至句虽然不蕴含主观全量，不蕴含背景故事，但是"甚至"后跟的必须是一个主观极量的成分，这个主观极量在说话人的预设中是不可能为真的，但是断言是真，会造成一种反差。虽然有时这个反差并不太强烈，并不太凸显。比如：

（107）如果你胆子大的话，你甚至还可以去给它们喂食。

（108）研究者们甚至发现经常穿三英寸高的高跟鞋跳舞明显和降低膝盖得病的危险有关。

（109）研究组的科学家们说，鱼类不是简单地凭本能行事，它们很机灵，有控制能力，甚至很有教养。

以上例句中，"你还可以去给它们喂食""发现经常穿三英寸高的高跟鞋跳舞明显和降低膝盖得病的危险有关"及"鱼类很有教养"都是让人吃惊的行为或者事实。而下面的例句就有一些不同：

（110）我们与子女、朋友、同事、邻居，甚至陌生人相处同样需要谅解。

这一例句虽然也能从"我们和陌生人相处需要谅解"感受到吃惊的口吻，但是在这个句子中，反差并不强烈，不凸显吃惊，凸显的是由身边的人到关系比较远的陌生人这个序列。

连字句和甚至构式由于蕴含主观极量、全量和主观高程度，因此预设与断言所带来的反差的效果更强烈一些，更凸显一些。我们做一个比较：

（111）这道题很难，不会做的人多了，包括学习很好的学生，甚至老师。

（112）这个题目比较难，连/甚至我们的老师都不会。

以上例句是自拟的，虽然意思上差不多，但是例句（111）由于凸显"学生→老师"序列中的"老师"这个极端项，虽然也说明了"老师不会做这道题"，但是惊奇的语气不太强烈。例句（112）则凸显"老师竟然不会"，语气明显比例句（111）强烈。

（六）总结

我们综合上文的分析，简要总结如下：

表 5-4：连字句、甚至构式与一般甚至句的异同

句式	比较项			
	主观极量	主观全量	主观高程度	违反预期
一般甚至句	＋	－	＋	＋语气弱
甚至构式	＋	＋	＋	＋语气强
连字句	＋	＋	＋	＋语气强

四、"连……都/也……"与甚至构式比较

上文的研究虽然把连字句和一般的甚至句区分开了，但是连字句和

甚至构式还是很难区分,下面从语篇的角度分析一下它们各自的常用句法环境。

崔永华(1984)的研究对于连字句在篇章中的位置进行了详尽的分析,他的主要成果如表5-5所示:

表5-5:连字句的句法环境

	补充式	总分式	不但……,连……	甭说……,连……	连……,甭说	连……,更	连……,反问句
连字句的位置	2	2	2	2	1	1	1
表示程度高	+	+	+	+			
表示可能性					+	+	+

我们从语料分析出发,对甚至构式进行分析,发现其主要用法如下:

(一) (A,B,……甚至X),都……

这类甚至句,在"甚至+主观极量"前,总会出现语义序列中的一个或几个其他成分。如:

(113) 还有大的如骆驼,小的如蜜蜂和昆虫,甚至海中的海鞘等,都能帮助我们找到地下和海底的矿藏。

(114) 如果你任由时间流逝,无所事事,那么,一天、一个月甚至一年,都将一事无成。

(115) 上班、下班、购物、娱乐,外出探亲访友甚至换煤气,都骑上它。

(116) 在随地细细搜求,人们还会发现,水两岸民风淳厚、民俗古朴,从图腾崇拜到衣食习俗,甚至直到语音都有许多独特之处。

(117) 匆忙的社会生活使得社会大众,甚至很多广告从业者都没来得及细琢磨其中的奥妙。

(118) 那时宾馆土建虽已完工,而室内墙纸、家具、甚至暖水壶、水杯都待进口后布置。

(二) 补充式

这类句式跟崔永华(1984)所界定的连字句的补充式相同,前句是总体叙述，后句补充说明。非常有意思的是，后句大多数是"甚至连……都……"形式。如：

(119) 诗歌的语言比其他文体更精炼，甚至每一个字都必须反复推敲，才能最贴切、最充分地把思想感情和生活内容表现出来。

(120) 这枚铜牌既是对中国花样滑冰运动几代选手孜孜追求的回报，也是对在攀登领奖台的过程中不知洒过了多少汗水，甚至连足弓都在艰苦的训练中被拉平变形的小陈露的奖励。

(121) 但时间一个月一个月地流走，他试过的30多份工作却没有一个能够落实，甚至连面试的机会都只有三次。

(122) 当然，莫理森早已做好充分准备，甚至连怎样微笑都事先练习过了。

(123) 每一个人，其实也都有一些不愿讲出来的愿望，甚至有些连对自己也都想否认……

（三）总分式

这类句式前句大部分出现"每、任何"等词，后句是具体说明。如：

(124) 每个人，甚至迈克太太，此刻都在盯着他了。

(125) 到了台湾好几个月，国民党每天派人形影不离地跟着我，不准见任何人，也不准到任何地方去，甚至连大门都不让出。

(126) 我申报"范长江新闻奖"的全部材料是总编辑邱允盛亲自所写，甚至连我都忘记的事情，都是他给补充进去的。

(127) 陆小凤还是像个死人般躺在那里，连一点反应也没有，甚至好像连呼吸都没有呼吸。

（四）极端事项

这类句子没有出现前句，"甚至"的后边直接跟主观极量。如：

(128) 在农村，许多老年人为了子女的婚姻甚至将全部家产和房子都让给子女，或为讲排场对儿女婚事大操大办，最后落下个债务缠身，一旦家庭出现矛盾，老人的晚年生活就充满了阴影。

(129) 对一个情绪低落的人来说，朋友的一句鼓励，甚至比世上所有的良药都有用。

（五）甚至句＋反问式

这类句子在甚至句的后面直接跟反问句式。如：

(130) 好像种庄稼一样，平整好了大片耕地，但没有适时下种，甚至连种什么都不明确，这怎么行呢？

(131) 甚至《梁祝哀史》都已用《梁山伯与祝英台》了，还有必要把好端端的一部文学作品冠上什么《魂归离恨天》《泪洒相思地》这样肉麻的译名吗？

（六）非但……甚至……

这类句子用"非但"和"甚至"搭配。如：

(132) 眼看着马蹄已将踏下，明月心非但连一点出手相救的意思都没有，甚至连看都没有去看。

(133) 有时候，一旦严厉起来，不但将转战八方，立下无数汗马功劳的军官降职严办，甚至还将其遣回同盟首都。

（七）甚至……更……

这类句子在甚至句后跟着表示程度更高的副词"更"。如：

(134) 每家的院子前甚至连栅栏都没有，更看不到生动活跃的人，仿佛这个镇子已经消亡了。

（八）不仅……而且/甚至……

这类句子用"不仅……而且……"与"甚至"搭配。如：

(135) 我完全得出结论，您不仅没有放弃对我妹妹那些最卑鄙的打算，而且甚至比任何时候都更积极地策划着什么阴谋。

(136) 前面公寓里的两个姑娘是同性恋者，她们为朱丝婷的到来而欢欣鼓舞，后来才明白她不仅对此不感兴趣，甚至连和人私通都没搞过。

（九）结论

通过对北大CCL语料库中300句"甚至……都……"的统计，大

概得出一个比例,如表 5-6 所示:

表 5-6:"甚至……都……"统计

数量	格式							
	A,B,……甚至 X……都	补充式	总分式	直接标示极端	甚至+反问	非但/不但……甚至……	甚至……甚至……	不仅……甚至……
例句数量(300)	163	81	22	27	1	2	2	2

需要说明的是,我们统计时从 2979 个例句中每隔 10 个例句抽取一个进行分析,如果遇到该例句正好是一个单句,没有上下文语境,就顺延一个例句。例句数量少,具体例句分析时带有主观色彩,因此该数据仅作为参考。但是从中可以很明显地发现"甚至……都……"的典型句法环境,那就是递进式。另外,我们在分析时发现,补充式相当一部分都是"甚至"与"连……都……"合用。因此遇到类似的例句会往下顺延一句进行考察。如:

(137) 甚至连情绪都不知道为什么提高了。

(138) 他们曾在同一所大学的不同系念书,主人公的单相思一直未被那位姑娘体察,她甚至都不认识主人公。

(139) 他站在那儿等着,等了好久,月亮越静,他的心就越是跳得厉害,甚至都跳得痛起来了。

借鉴崔永华(1984)的成果,我们对连字句的句法环境进行统计分析(见表 5-7)①,结果发现,"甚至……都……"主要用于"A,B,……甚至 X……都……"句法环境里,共有例句 163 个,占所分析语料数的一半以上;而连字句多用于直接标示极端,共有例句 172 个,占所分析语料数的一半以上。这个统计其实也印证了我们的语感,那就是,甚至句的前面一般需要语义序列的其他成分出现,而连字句则一般不需要其他的语义序列成分在前面出现,即不需要递增或递减。从语块的理论来看,"A,B,……甚至 X……都……"与"连+极量+都……"都是两类句式中常用的语块格式。从对外汉语教学的角度看,

---

① 该统计从北大语料库"连……都……"的 2 万多条例句中,每隔 70 个例句抽取一句进行分析,抽取总数为 300 句。在对补充和总分的类别进行归属时,常有拿不定的情况,但是这不影响我们对于其他类型的分析。

这两类语块应该在句式教学中作为重点来教。①

表 5-7：连字句统计

数量	格式							
	直接标示极端	补充	总分	连+反问	A, B, ……甚至 X……都	不仅/非但/不但/不单+连	别说/不要说+连	连……更……
例句数量（300）	172	70	7	15	24	9	2	1

另外，我们发现一些只能用甚至构式、不能用连字句的情况，主要有以下两种：

1. "都"指向并列的几个成分的，语义比较具体。如：

(140) 在您递交评述前，请别人先读一下，第二、第三，甚至第四个意见都是异常重要的。

(141) 那时，太阳的直径将扩大到现在的 250 倍，水星、金星甚至地球，都将被吞没。

(142) 人的血液、肌肉、内脏，甚至皮肤、指甲、头发，都含有蛋白质。

(143) 牛肉、猪血、黄瓜、大豆、面粉、芝麻酱，甚至酱油里都含有不同数量的蛋白质。

(144) 而这些在杂技表演甚至杂技比赛中都是没有的。

(145) 在自习甚至上课时都常常会进行这样的想象。

(146) 大学生中出现的许多适应障碍，甚至产生孤独感，都是由于这种不良影响才产生的。

2. "都"语义指向"甚至"后的介词结构里的名词成分。如：

(147) 他甚至把乞丐和妓女都拉了出来，把他们组成了支持他当皇帝的"乞丐请愿团""妓女请愿团"。

---

① 我们在北京语言大学外国留学生动态作文语料库中也发现，留学生使用连字句的偏误比甚至句多，连字句的很多偏误在于"连+极量+都/也"中的极量选择错误或者是"连+一量+都/也"的用法错误。比如，"谁 {CJ-zy 都} {CJ+sy 有} 有爱和被爱的权利 {CC 权力}，[BC。] 所以 {CC 就连} 学生也应有这样的权利 {CC 权力}"，"为什么他们连一个人也没 {CC 不} 去山下抬水呢"。这类现象可能与文化相关，更可能与句法使用条件相关，值得我们进一步研究。

第四节 连字句相关格式的强调级次

一、强调级次

李宇明(2000)首次提出"级次"这个概念,并对其进行了解释。他认为,级次是人类对世界的一种认知方式,也是对世界的一种表述方式,同时也反映着对世界的认识程度。级次是因同一维度上量的差异或等级的差异而形成的序列。级次在语言表达中除了显示等级之外,还具有排列顺序的作用。"级次"不限于用语法手段,也不限于某个词类,只要能够反映出同一维度上的等级差异就行。

"级次"这个概念的提出具有重要的意义和价值,正如李宇明(2000)所论,汉语是一种形态变化比较贫乏的语言,有无严格意义上的"级",是长期争论而未能解决的问题。即使汉语有严格意义上的"级",或者是用广义形态的观念改造出一种稍微宽泛的"级",也不一定适应描写汉语。把"级次"这一概念运用到汉语研究中,可以扩大视野,减少争论,发现一些新的现象和规律,重新解释一些现象和规律。

我们在对表达强调的近义句式进行强调程度的排序时,正可以使用级次这个概念来反映强调的程度高低。因此,强调级次是对近义强调句式(或其他形式)的强调程度高低进行的排序。

研究强调级次有一定的理论意义和应用价值。首先,通过实际语料考察,发现哪些强调句式可以连用,次序如何,有助于加深对汉语小句使用规律的认识,增进对汉语语篇特点的了解。其次,通过对强调级次的研究,可以对外国留学生学习汉语强调结构有一定的帮助。

二、近义句式强调级次的研究方法

强调级次的不同,不能靠主观感受来判断,需要观察语言形式。李宇明(2000)就认为对连用的非强调式和强调式进行分析,可以发现语势的不同等级。功能主义的语言观认为,相同语义的不同表现形式在共时系统里并存,必有其各自的功能价值。张伯江(1996)通过对否定形式的连用证明,有一种后者强于前者的规律存在。二者并行,后者使前者的表达效果得以加强,须有个前提:后者不带来更多新的信息,即基本信息内容等同于前者，否则就难分谁强谁弱了。所以，否定形式的连用，从语用角度讲，是否定效果的强化过程；从语义上讲，却是下文信息度降低的过程。

因此，对于近义强调句式级次问题的研究，需要在语料中考察近义句式的连用情况，从近义句式的前后次序推断其级次的强弱。

需要说明的是，既然要确定强调级次，我们所讨论的强调句式应该分属两个小句，不探讨"连老王家那孩子去年竟然也连中学都没考上"这类强调句式①，因为这类句子虽然有两个强调标记，但是属于一个小句，不存在强调级次的问题。

三、"连……都……"与"连……也……"的强调级次

许多学界前辈已经注意到区别"连……都……"与"连……也……"句式中"都、也"的异同，并且试图排出它们的级次。

张谊生（2002）认为："从语气上看，'都'似乎要强于'也'。前面已经指出，在语源上'都'是总括副词，'也'是类同副词。然而，一旦进入连字句，尤其是前项隐含的连字句中，'都'不再表示总括，'也'也不再表示类同，主要是同'连'一起构成强调格式。这样一来，'都'和'也'就会逐渐地吸收整个格式所具有的强调义，从而可以兼表语气。试比较：'旁人闹糊涂了，连他自己也闹糊涂了——旁人闹糊涂了，连他自己都闹糊涂了'，前句的'也'，虽然也表示强调，但隐含的类同义还能感觉到；而后句的'都'，主要表示强调，隐含的总括义已经淡化。所以，后句的语气显然要比前句更强一些。"

高桥弥守彦（1993）认为，"连……都……"中的"都"字表示"强调"与"总括"②；"连……也……"中的"也"字表示"强调"与"类同"。"连……还……"中"还"表示"仍然＋尚且"的意思较强。"都/也/全"都可以表示强调，但在用"也"强调的时候，深入分析一下，会有"类同"的感觉，这些副词表示强调的程度为：都＞全＞也。另外，"连……都/也……"的格式都常用，表示强调的时候用哪一个都

---

① 这类句式在刘探宙（2008：263）的研究中作为多重强调焦点共现句的一类，本研究暂不涉及此类句式的研究。

② 很有意思的是，作者所说的"总括""强调"并不是指一个句子有两种功能，而是不同的句子分属不同的功能。比如"他连这个都不知道"中的"都"表示"强调"，"给我们打仗，连几颗豆子都不肯吃我们的"句中的"都"表示"总括"。

可,只是,如前所述,"都"的语气更强一些。

韩玉国(2003)从数理语言学的角度研究连字句中"都"与"也"的异同,他认为在连字句中,"都"基于"总括"义凸显端点,"也"则注重层级之间的比较,这是语感上"连……都……"的语势强于"连……也……"的原因。

以上研究都认为,在强调的级次上,"连……都……">"连……也……",但是分析他们的论据就会发现,这些结论经不起仔细推敲。高桥弥守彦(1993)、张谊生(2002)从"类同义""总括义"的隐显来证明强调级次差别,似乎比较牵强。韩玉国(2003)从是否注重凸显端点来证明,论据本身似乎有些问题。我们在前文的分析中已经指出,"连……也……"结构中的"也"前也是凸显的主观极量,层级比较不是它所表达的重点。

另有一些学者认为,"连……都……"与"连……也……"的级次没有什么不同,如李宇明(2000)认为:"'都''也'是表示强调的语气副词,用'都''也'的句子,其强调程度明显强于不用'都''也'的句子。至于'都'和'也',就笔者所掌握的语料来说,还看不出二者在这类现象中有什么大的差别。"刘丹青(2005)从构式的观点来解释"都"和"也"在连字句中语义差别基本中和,整个句式的语义跟选"都"或选"也"没什么关系。

我们赞同李宇明和刘丹青的观点,认为"连……都/也……"作为一个构式,"都""也"的差异已经变得非常不重要,虽然它们在表达"总括"和"类同"上还是有差别的。它们虽然有语义解释上的不同,但是在强调的级次上,没有证据证明它们存在差别。

现在我们可以考察这两个句式的连用情况。我们从 CCL 语料中寻找"连……都……"与"连……也……"连用的例子,并且二者基本信息内容等同。结果如表 5-8 所示:

表 5-8:"连……都……"与"连……也……"连用情况

数量	格式			
	连……都……+连……都……	连……都……+连……也……	连……也……+连……也……	连……也……+连……都……
例句数	40	13	8	2

连用的例句如下:

(1) 安排到农口的行政事业费不足 10 万元，杯水车薪，连办公经费都不够开支，有时连电话费都交不起。
(2) 一个连蜂窝煤都买不上，连间住房都盼不到的作家。
(3) 但赶上公司经营不善的年头，也可能连一分钱都得不到，甚至可能连本也赔掉。
(4) 宁海一开始连嘴巴都张不开，更不能讲话，就连"妈妈"也不会喊。
(5) 他根本就不是个东西，根本就不是人，连一文都不值，连个屁都比不上。
(6) 我这些年来，都是养鸡，如今连个鸡毛也不能留，连个"啼明"的公鸡也不让留下。
(7) 他连当着妻子、岳父愤怒地摔门也不敢，连在长者面前坐凳子屁股该坐几分几寸都不敢自己拿主意。

假设高桥弥守彦（1993）、张谊生（2002）、韩玉国（2003）的结论"'连……都……'强调的程度高于'连……也……'"是正确的话，那么按照功能语法的观点，如果它们连用，"连……都……"应该位于"连……也……"之后。

在我们分析的语料中，"连……都……"与"连……也……"连用的不少，但是如果只计数语义信息内容基本相同的连用格式，数量就少了很多。在北大 CCL 语料库中，只找到 63 句。从表 5-8 中可以发现，"连……都……"在前，占优势地位，共有 53 句；而"连……也……"在前的只有 10 句。因此从实际语料中得不出"连……都……"强调的程度高于"连……也……"的结论。

那么是否"连……也……"强调的程度高于"连……都……"呢？如表 5-8 所示，"连……也……"在"连……都……"之后的例句有 13 个，"连……也……"在"连……都……"之后的例句仅有 2 个。因此，从这些例句来看，"连……也……"的强调程度略高于"连……都……"。由于在 4.77 亿字的语料中，"连……都……"与"连……也……"连用的次数不多，尚不能充分证明"连……也……"的强调级次高于"连……都……"。但是这一结论可以从另一个侧面说明，连字句中的"都""也"在连字构式中，本身的差异已经不再重要。

二、"连……都/也……"与甚至句的连用与级次

根据前文的研究,连字句与甚至句尤其是甚至句中的甚至构式非常相近,有许多相同的用法。它们都可以表达强调,在实际的语言使用过程中,它们是否会连用呢?如果连用,谁在前,谁在后?

我们带着问题进行语料收集,在北大 CCL 语料库中搜索连字句与甚至句连用的例子,然后进行分析、统计。需要说明的是,我们认为"连……甚至都/也……"是一种特殊的连字句,不属于连字句与甚至句的连用情况,不予统计。

(一)连……都/也……+甚至

"连……都/也……"的后边跟甚至句,北大 CCL 语料库中共检索到 44 句。比如:

(8) 正因为有个这样的妈妈,我,堂堂的高中生,16 岁了,却连饭也不会烧,甚至从未自己点过煤气。

(9) 前一条道路并不难,只消到那里一登记就算入党,接着便是飞黄腾达,财源茂盛;而走后一条道路,连维持一个律师事务所都不可能,甚至随时有杀身之祸。

(10) 猛虎的袭击来得太突然,阿里连喊一声"救命"也没有来得及——甚至也来不及去感觉创伤疼不疼。

(11) 蒋介石不但在使用共产党军队问题上不做任何让步,就连史迪威要求把封锁延安的胡宗南的数十万部队调往抗日前线也不允许,甚至还要把在缅甸与盟军一起作战的部队抽调回国。

在分析连字句与一般的甚至句连用的句子时,我们没有把连字句包孕甚至句的例句计入在内,这样的句子一共找到 21 例,为数不少。如:

(12) 个别学生连 20 分钟的升旗仪式都坚持不下来,甚至晕倒。

(13) 因为法律的实施很大程度得靠这些执法者,如果连执法者都不守法,甚至违法,那还谈什么严格执法呢?

(14) 在这种地方,已如林语堂形容,连痰嗽的声音也不那么令人厌恶,甚至显得响亮和悠长了。

（二）连……都/也……＋甚至连……都/也……

这类句式连用可分为两种情况，一种是"连……都/也……"与"甚至连……都/也……"连用，语料中一共有28例：

(15) 他们知道，如果他们再不扑腾上一个轮回，年青的评剧演员恐怕连评剧的魂、评剧的根都找不到了，甚至连评剧的"模样"都走了"板"。

(16) 当然也没有说鉴定委员只能通过，不能修改，但是鉴定委员忙到连一二百字的鉴定书都来不及写，甚至连属于哪个等级这几个字都要被鉴定者先起草，其时间的急促和鉴定委员们起的作用也就可想而知了。

(17) 由于事情尚未解决，"专利无用论"重又抬头，仿制三潭公司专利产品翻背围椅之风迅速蔓延，连杭州、上海等地也有厂家开始仿制，甚至连原来停止侵权的两家厂也"死灰复燃"。

(18) 现在对西方美学史有兴趣有研究的人已经相当多了，不过当汝信着手研究的时候，这门学科还几乎是一片空白，不要说可供参考的前人成果，就连一些基本的资料也极少，有的重要文献甚至连原文都不容易找到。

另一种情况是"连……都/也……"与甚至构式连用，语料中一共有11例。如：

(19) 人们认为旧的东西没有利用价值，又不合时宜，但是新的也时时在更换着，新的要更新，到头来，连自己追求的是什么也迷茫，甚至自己是谁，该往何处去也一无所知，迷失了方向。

(20) 可是附近一带，不用说人，连一个活东西都没有，甚至陪伴她在地窖里过了4天的那只猫也被炸起来的砖石碎片砸死了。

（三）甚至句＋连……都/也……

从检索的语料中排除"甚至连……都/还……"这种非连用的句式

外，尚未找到甚至句后边跟"连……都/也……"的例句。①

（四）甚至句与连字句的强调级次

根据前面的统计数据，我们可以非常清楚地发现，两个句式连用时都是连字句在前，甚至句在后，没有相反的情况出现。

因此，根据前文判断强调级次的理由，可以认定：

甚至句＞连字句

因为连字句之后的甚至句在语义上的极性程度大都要比连字句高（我们在这里所说的"甚至句"是指紧跟在连字句后的"甚至句"）。如果要是考虑一般的情况，我们还是认为比较确定的强调级次是：

甚至构式＞连字句

本研究的实证结果说明赵敏（2004）的推断是正确的，她认为连字句与甚至句在表示某种性质程度深、说明某件事情不同寻常的用法时，语气的强弱程度是不同的，它们的强弱程度是：甚至＞连。

第五节　连字句与即使类让步句

根据邢福义（2001）关于复句分类的原则，即使类复句归为让步转折句，我们简称为让步句。即使类让步句，除了即使句外，还包括"就是""哪怕"等句式。我们把"即使……也……"作为这类句式的代表。

连字句中的"连"字，有时可以换成"即使""就是""哪怕"，而意思基本不变。比如：

(1a) 这道题很难，连老师都不会。

(1b) 这道题很难，即使/就是/哪怕老师也不会。

这类现象吕叔湘先生在《中国文法要略》里就已经观察到了，他

---

① 语料中"为了减少不必要的应酬费，丰田公司甚至在首都东京也未设立其总公司的牌子，到了名古屋丰田总厂，连个迎宾餐厅也没有，贵宾驾到，照例只是便餐一顿"这类例句，我们认为，不是语义近似的甚至句与连字句的连用。因为此句中的甚至句与连字句意思相差甚远。

在介绍表示"极端和衬托"的让步句时认为:"另有一类常见的让步句,文言仍用'虽'字发端,白话也用'就是',但所引进的不是一个小句而是一个词,因此这类句子的性质介乎单句与复句之间。例如'就是妯子,见生米做成熟饭,也只得罢了'","这类句子在白话里还有一种说法,不用'就是'而用'连……也'或'连……都',较早的白话不用'连'而用'和'","用'就是'和'连'的句子也多数可以互换"。

虽然有些连字句可以转换成即使类让步句,但是并不像转换成甚至句那样自由。我们在此简要地就连字句与即使句作一比较,看看即使句与强调范畴的关系。

一、即使类让步句

学界都承认连字句是强调句,然而却不把即使句当作强调句,例如《汉语水平等级标准与语法等级大纲》(1996)、《中高级对外汉语教学等级大纲》(词汇·语法)(1995)、《对外汉语教学中高级阶段功能大纲》(1999)等都没有把即使句作为强调句的一种。

下面我们就即使句是否可以作为强调句进行论证。

即使句的研究成果非常多,值得参考的除了吕叔湘的《吕叔湘文集》第1卷《中国文法要略》[①] 之外,还有邢福义(2001)的《实言"即使p,也q"句式》《让步句式审察》这两篇文章;唐凤艳(2003)[②] 和赵敏(2004)[③] 的硕士论文也有对即使句研究现状的简要概括;杨艳(2005)从主观量的角度分析"就是"让步句。综上来看,让步句的研究成果确实不少,其中值得注意的有以下几点:

1. 即使句前后关系是"虚拟性让步+转折"的关系。(邢福义,2001)
2. 即使前句强调一种认识中的"极端"情况。(唐凤艳,2003)
3. 即使让步句涉及主观大量、主观小量。(杨艳,2005)

---

① 吕叔湘《吕叔湘文集》第1卷《中国文法要略》,商务印书馆,1990年第1版,第437页。
② 唐凤艳《现代汉语"即使"复句探析》,暨南大学2003年硕士学位论文,第4-8页。
③ 赵敏《连字句、甚至句、即使句的对比分析》,暨南大学2004年硕士学位论文,第5页。

4. 即使前句和后句表达一种违反预期。(吕叔湘,1990)

我们看到,以上 2、3、4 项在以前的连字句讨论中都涉及了,另外,部分即使句可以和连字句互换,基本不影响语义。因此二者相同之处可以列表如 5-9 所示:

表 5-9:连字句、即使句语义对比

句式	比较项			
	违反预期	主观极量	主观全量	主观高程度
连字句	+	+	+	+语气强
部分即使句	+	+	+	+语气强

从表 5-9 的对比可以看出,即使句和连字句在语义表达上非常相似。另外,我们也可以从判断强调的两个基本条件来分析即使句。

首先来看异于常规的形式。即使句的重音与一般句式不同,比如:

(2a) 这道题即使老师也不会。

(2b) 这道题,老师不会(做)。

一般句式是句尾焦点,重心在后。在口语中,重音也在后。比如,(2b) 句中的重音应该落在"不会"上。而即使句,重音明显发生转移,落在了"老师"上。

由于重音的转移,因此,即使句的语义与一般句式不同,因为在形式上异于常规,所以在语义上表达强化。(2a) 句通过"即使……也"结构,把"老师"纳入到了主观极量的范畴,说话人认为"老师不会"基本上不可能,"老师"是最应该会做这道题的。"即使……也"结构强化了这道题的难度。

据此分析,即使句与连字句有不少相同点。下面我们从实际语料出发,通过能否替换来深入考察二者的异同。

二、比较

即使句与连字句的比较研究,目前成果不多。值得一提的是赵敏 (2004) 的文章,这篇文章非常有新意,指出了连字句和即使句互换的条件,即都是通过表示"周遍意义"来强调某种状况的程度之深时(即使句还必须是实言),就有互换的可能。下面是从作者论文中摘取的

"即使"与"连"可以互换的句子：

(3a) 这个问题不但外行不能解决，即使内行也感到为难。
(3b) 这个问题不但外行不能解决，连内行也感到为难。
(4a) 这个道理即使三岁的小孩都懂，你还不懂？
(4b) 这个道理连三岁的小孩都懂，你还不懂？
(5a) *……狗的背上，尾巴尖上，即使狗的胡须上都结上一层白霜。
(5b) *……狗的背上，尾巴尖上，连狗的胡须上都结上一层白霜。
(6a) 她的眼睛也很不老实，……即使对桌椅板凳也不放过。
(6b) *她的眼睛也很不老实，……连对桌椅板凳也不放过。
(7a) 即使在最困难的时候，他也没有放弃过。
(7b) *连在最困难的时候，他也没有放弃过。
(8a) 即使是不认识的人，他也乐意帮忙。
(8b) *连是不认识的人，他也乐意帮忙。

仔细分析上面的句子，会发现除了例句（3）、（4）的a、b两句互换没有问题外，例句（5）、（6）、（7）、（8）的a、b互换都有些问题，不是那么自然（我们标注"*"号的句子都是感觉不自然的）。另外，作者提出，即使句必须是实言句才能互换，我们发现（3a）、（4a）两个即使句似乎不是实言句。因为如果是实言句的话，根据邢福义（2001）的观点，"即使P"的"P"表示的应该是事实。而作者所举的例子中，"内行""三岁的小孩"不是命题，不存在是否是事实的问题。"三岁的小孩懂这个道理"和"内行对这个问题感到为难"也不是"实言"，而是"假言"，是一种推断，不是已发生的事实。由此看来，对即使句与连字句互换的条件，需要继续研究。

(一)"连"后跟动词性成分

赵敏（2004）论文中所提到的连字句、即使句自由转换的例子，虽然都有复句关系词，但是我们发现，所有的即使句都是单句，"即使"后面的P只是一个句法成分，而不是小句。邢福义（2001）就认为，有的句子，用了某种标志，反映出某种复句关系，但在结构上只是单句。如：

(9) 他那瘦削的脸上，即使在心情不好时，也表现出一种深思熟虑的神态。

（王宝成《海中金》，转引自邢福义，2001）

赵敏（2004）所举的能够转换的例子中，"即使"与"也/都"之间的成分都不是一个小句。这很好理解，因为连字句"连"与"都/也"之间绝大多数是名词或名词性成分①，动词的修饰/补充成分、动词性成分等出现的不多。当 X 是单个动词时，连字句用法非常特殊，一般为"连 V 都不 V"结构。比如下面的（10a）句：

(10a) 那边有个小板凳狗，安然地在家门口坐着，连叫也不敢叫……

（转引自崔永华，1984）

(10b) *那边有个小板凳狗，安然地在家门口坐着，即使/就是叫也不敢叫……

(11a) 你看，我这么喊他，他连动都不动，真要把人气死了！

（转引自崔永华，1984）

(11b) *你看，我这么喊他，他即使/就是动都不动，真要把人气死了！

类似（10b）和（11b）这样的句子，在语料中我们没有发现。"V 也不 V"不能跟"即使"，但可以跟"连"字共现，非常有意思，值得深入研究。

即使句中"即使"与"也/都"之间的单个动词，在北大 CCL 语料库中只找到几个，即"有、干、看、算、打、来、听、死、笑"等，除了"有"例句数稍多以外，其他的都是 1 例。CCL 语料见下面的 a 句，b 句是用"连"字替换之后的句子。比如：

(12a) 当然，转业干部中能当大学教员的，即使有也是极个别的。

(12b) *当然，转业干部中能当大学教员的，连有也是极个别的。

(13a) 不少演职员反映乐团冷冷清清，无事可干，即使干也提不起精神。

(13b) *不少演职员反映乐团冷冷清清，无事可干，连干也提不起

---

① 倪宝元、林士明《说"连"》，《杭州大学学报》，1979 年第 3 期，第 57 页。

精神。

(14a) 买来的书不一定本本看过,即使看也不是从头到尾地通读。
(14b) *买来的书不一定本本看过,连看也不是从头到尾地通读。
(15a) 即使算也很平淡不是?
(15b) *连算也很平淡不是?
(16a) 即使打也赢不了,那么就剩下二选一的路了……
(16b) *连打也赢不了,那么就剩下二选一的路了……
(17a) 我答应把栅栏门的钥匙给公爵,不过他不会要的,因为他即使来也只是在白天。
(17b) *我答应把栅栏门的钥匙给公爵,不过他不会要的,因为他连来也只是在白天。
(18a) 谁要是在他面前说三道四,他总觉得没有意义,即使听也是心不在焉,觉得自己此刻也成了一个最无聊的庸人。
(18b) *谁要是在他面前说三道四,他总觉得没有意义,连听也是心不在焉,觉得自己此刻也成了一个最无聊的庸人。
(19a) 但是他不能放弃自己的职责,即使死也不能!
(19b) *但是他不能放弃自己的职责,连死也不能!
(20a) 可是那只眼里的憔悴味是即使笑也是遮不了的。
(20b) *可是那只眼里的憔悴味是连笑也是遮不了的。

以上所有例句的 a 句,都不能自由换成 b 句,因此单个动词的连字句与即使句的转换不自由。①

虽然单个动词替换不自由,但是个别连动词组却可以。比如:

(21a) 连上街买趟东西都怕有些闪失。

(转引自倪宝元、林士明,1979)

(21b) 即使/就是上街买趟东西都怕有些闪失。

因此,"连"后跟动词性成分的连字句,在替换为即使句时极不自由。

---

① (19b)、(20b) 好像也可以换为连字句,但是不自然。如果单个动词放入"连"后不重复出现的话,一般这个动词可以作名词性的解读。比如,"她连死都不能"中的"死"指代"死亡"这件事。

(二)"连"后跟名词性成分

从语感上判断,"连"后跟名词性成分与即使句互换的可能性更大。

先来看一组自拟的例句:

(22a) 这个问题不但我不能解决,即使我的导师也感到为难。

(22b) 这个问题不但我不能解决,连我的导师也感到为难。

(23a) 这个问题不但我被难倒了,连我的导师也被难倒了。

(23b) *这个问题不但我被难倒了,即使我的导师也被难倒了。

以上两组句子都是说明这个问题非常难,可是第一组能换,第二组不能。为什么呢?

语言中有现实句与虚拟句的区分,石毓智(2001)研究了这两类句子的对立情况,他认为现实是客观存在的事物、行为、性质、变化、关系、量等,表达这方面情况的句子称为现实句,语言中多用陈述句的方式来表示。相反,虚拟是不符合事实的、假设的、主观幻想的、不真实的事物、行为、性质等,对这些内容进行表述的句子就相应地称为虚拟句,语言中用条件句、假设句、意愿句、祈使句、疑问句等加以表示。

沈家煊(2006)用事件句与非事件句区分了这两类句式,并认为这两类句式的对立是"有界"和"无界"在语法上的反映。

周红(2007)用现实句与虚拟句这两对概念,归纳出了它们的典型标志。现实句的典型标志是:(1)时间副词"已经""曾经""刚"等;(2)动态助词"了""着""过";(3)否定副词"没"等。虚拟句的典型标志是:(1)情态动词"能""会""可以""得""应该""可能";(2)情态副词"一定""肯定";(3)祈使句;(4)假设句;(5)将来时态;(6)部分心理动词"想""希望";(7)否定副词"不"。

即使句、连字句是否是现实句与虚拟句的对立?我们用许多学者都经常采用的否定副词进行检测,发现连字句既符合现实句的条件,也符合虚拟句的条件。如:

(24a) 连眼睛都<u>没</u>眨一下。(CCL语料库)

(24b) 他连眼睛都<u>不</u>(会)眨一下。(据语料库修改)

(25a) 后来,包拯到了端州,向民间征收端砚,除了进贡朝廷的以外,连一块都<u>不</u>增加。(CCL语料库)

(25b) 后来，包拯到了端州，向民间征收端砚，除了进贡朝廷的以外，连一块都<u>没</u>增加。（据语料库修改）

按照周红（2007）的判断标准，例句（24a）、（25b）是现实句，例句（24b）、（25a）是虚拟句。根据上下文可以判断，（25a）应该是现实句，不可能是虚拟句。这说明，用一般的区分现实、虚拟的标准，在连字句中会遇到麻烦，还需要根据上下文确定。但是以上四个例句可以说明，连字句既可以用在现实句中，也可以用在虚拟句中。

我们来看即使句的情况。即使句虽然是虚拟句，但并非完全是假设，有时可以是真实发生的事情。邢福义（2001）关于即使"实言句"的研究就列举了四种"即使"用于已经发生的事实的情况。如果用现实句的标志词来检测，我们发现即使句中既可以出现"没"，也可以出现"不"：

(26) 不仅如此，数年如一日，宋飞琼从未缺过学生一节课，即使结婚也没休一天假。

(27) 珠算盘沿用至今已有500多年，即使电子计算机也不能完全代它。

我们再去检测其他的标志词，发现只是动态助词"了"在即使句中没有发现例句，其他的都有。这显示出即使句"也"后不能表示动态的变化过程，这是两者在语义上的重大差别。另外，连字句有非常明显的过去时间标志，表达过去发生的事情时，虽然可以换用即使句，但是比较别扭。

因此，即使句和连字句能够自由互换的条件是：在合句法的前提下，连字句命题表达的是虚拟、假设的内容时可以自由互换；在表达现实的内容时，连字句中不能含有明确的表示过去时间的词语或者"都/也"后不能含有动态助词"了"的标志。下面分别举例证明，先看自由互换的例子：

(28a) 连战争也未能阻止这皮肉交易。

(28b) 即使战争也未能阻止这皮肉交易。（CCL语料库）

(29a) 连校方也无法否认这一点。

(29b) 即使校方也无法否认这一点。（CCL语料库）

(30a) 寨子里的土路都要铺上石头，连雨天也不会泥泞难行。

(30b) 寨子里的土路都要铺上石头，即使雨天也不会泥泞难行。（CCL 语料库）

(31a) 不仅如此，数年如一日，宋飞琼从未缺过学生一节课，连结婚也没休一天假。

(31b) 不仅如此，数年如一日，宋飞琼从未缺过学生一节课，即使结婚也没休一天假。（CCL 语料库）

连字句中"都/也"后含有动态助词"了"时，不能替换。如：

(32a) 西北旺的回民公墓已经埋完了，连山上都埋完了。
(32b) ＊西北旺的回民公墓已经埋完了，即使山上都埋完了。
(33a) 咱们现在的生活水平每个人都提高了，连我都提高了。
(33b) ＊咱们现在的生活水平每个人都提高了，即使我都提高了。

连字句含有具体的表示过去时间的词语时，互换比较别扭。如：

(34a) 昨天我连晚饭都没吃好，难过！
(34b) ＊昨天我即使晚饭都没吃好，难过！
(35a) 过去连镇长也不屑光顾的地方，如今客人纷至沓来，众口称誉。
(35b) ＊过去即使镇长也不屑光顾的地方，如今客人纷至沓来，众口称誉。

即使句和连字句能够自由互换的其他条件是：连字句中"连"前面的一些句法成分与"即使"语义或句法不合，就不能替换：

(36a) 不但不会再取得新的成果，就是连普通的常识对他也变得难以理解起来。
(36b) ＊不但不会再取得新的成果，就是即使普通的常识对他也变得难以理解起来。
(37a) 现实中确实存在阴阳人，但并不会因此让我们连正常的男人与女人都分不清楚了。
(37b) ＊现实中确实存在阴阳人，但并不会因此让我们即使正常的男人与女人都分不清楚了。

即使句既然有时候可以用于"实言"句，为什么在有明确的过去时间词语或者动态助词"了"时，连字句就很难换成即使句呢？我们认为，这主要还是"即使……也……"格式的问题。邢福义（2001）认为："复句格式反映复句语义关系，制约于复句语义关系"，"对于复句格式的形成来说，主观视点是第一位的起主观主导作用的东西，而客观实际则是第二位的被主观视点所牵引的东西"。这可以解释即使句为什么有时可以表达实言的命题内容，也可以解释为什么实言的命题内容可以表达主观上虚拟的内容。但是遇到"了""过去的时间词"这样明确的"实言"标志时，复句格式与语义内容就会产生冲突，因而让人感觉此类句子非常别扭。

三、连字句、即使句的连用情况

连字句与即使句连用的例句很少，北大 CCL 语料库里找到"连字句＋即使句"共 19 例，"即使句＋连字句"共 5 例，并且这些即使句大都是复句，不是我们所讨论的即使单句。即使单句与连字句连用的仅见 2 例：

(38) 妹妹的闺门，连我也不能越雷地半步，父亲说男女有别，即使兄妹，也千万不可，何况你呢！

(39) 最近又发明了一个海绵坑，即使不懂跳水的人都可以练习跳水，就连五六十岁的人也可以往下跳，非常安全……

许多即使复句用在连字句后，语义重在表示让步：

(40) 这时，他心里委实乱糟糟，连导游回答他的话几乎都没听见；即使听见，也仿佛是从遥远的地方传来的声音。

(41) 然而，近些年来，就连乡镇干部也很少到农民中去了，即使下村也是蜻蜓点水，骑着车子转一转，到村干部家串一串，办不成事，帮不了忙，农民对此很有意见。

(42) 那么，没有知识分子的健康，连知识分子都会没有，即使有也形同虚设。

因此，我们不能就连字句与即使句的强调级次给予排序，毕竟这两类句式在句法上、语义上的差别要远远大于类同。

四、结论

至此，我们认为即使类单句是强调句的一类，它与连字句表达很相近的强调内容，只是在语义上即使句倾向于表达虚拟、假设的强调内容罢了。

　　即使复句，因为让步、转折关系是两个小句的主要关系，这和连字句有很大的不同。限于篇幅、精力，本书暂不进行研究。

第六节　本章小结

　　在本章，我们首先回顾、总结了连字句研究的情况，重点总结了前人对连字句强调方面的论述，他们的研究可以概括为三大类：第一类，认为连字句强调"言内"，即"连"后的成分（包括极端事例说）；第二类，认为连字句强调"言外"，包括周遍性、程度、暗码信息等；第三类，认为连字句强调"言内成分的关系"所构成的出人意料、违反预期。关于强调的来源，大部分学者都同意是整个句式带来的这一说法。

　　我们从重音、对比、焦点、极低的可能性预期/违反预期、主观量（极量＋全量）等特征方面来论证连字句的强调性，认为它符合我们提出的强调条件。

　　我们用较大的篇幅来比较连字句和甚至句的异同，两者在强调方面非常相似，通过比较，我们发现二者在以下几个方面的异同所在：主观极量、主观全量、主观高程度、违反预期。

　　另外，研究表明：甚至句的前面一般需要语义序列的其他成分出现，而连字句前面则一般不需要其他语义序列的成分出现，不需要递增或递减。

　　再次，我们就连字句中"连……都……"与"连……也……"的级次问题进行探讨，通过语料分析，我们认为"连……都/也……"作为一个构式，"都""也"的差异已经变得非常不重要，虽然它们在表达"总括"和"类同"上还是有差别的。在强调的级次上，"连……也……"略高于"连……都……"，但差别并不明显。

　　通过对语料中连字句与甚至句的连用情况的考察，我们发现，甚至构式的强调级次高于连字句的强调级次。

　　关于即使句的研究，没有人把它也归入强调句的范畴，但我们从即使句具有的几个特征证明了它也具有一定的强调性。然后，我们通过与连字句的比较，发现即使类单句是强调句的一类，它与连字句表达很相近的强调内容，只是在语义上，即使句倾向于表达虚拟、假设的强调内容罢了。即使单句和连字句能够自由互换的条件是：在合句法的前提下，连字句命题表达的是虚拟、假设的内容时可以自由互换；在表达现实的内容时，连字句中不能含有明确的表示过去时间的词语，或者"都/也"后不能含有表示动态助词"了"的标志。

第六章　全量强调范畴
——疑问代词＋都/也……

第一节　研究成果简述

本章研究的格式是"谁/什么/哪儿＋都/也……"和"（无论、不管）谁/什么/哪儿＋都/也……"类。这类格式在句法研究中一般作为周遍句的一个小类。从强调的视角来看，这些格式都可以归入全量强化强调范畴，简称全量强调范畴。下面我们综述前人对这类句式的研究成果。

一、"疑问代词＋都/也……"句的语义重心

从句法层面对"疑问代词＋都/也……"句进行研究的学者很多，有代表性的如陆俭明、吴中伟等。其中，陆俭明（1993）把主语由含有表示任指的疑问代词的名词性成分所充任的句子作为周遍性主语句的一类进行研究[①]，认为这类句子的自然重音都在任指的疑问代词上。吴中伟（1995）认为，关联副词如"就""也""都""才""却""越"等只能用在周遍性主语前。这证明了周遍性主语句的语义重心在表示任指的疑问代词上。因为用关联副词表达复句的语义重心，它一定要放在周遍性主语句的疑问代词前才可以。如：

(1) 虽然年纪不大，他却什么样的场面都经历过。

一般的句子因为谓语是语义重心，所以关联副词放在主语后，谓语前。如：

[①] 另两类分别为：主语由数词为"一"的数量短语所充任；由含有量词重叠形式的名词性成分所充任。（陆俭明，1993）前一类我们在连字句中已经涉及，而量词类周遍性主语句不在"全量强调范畴"研究的范围。根据目前的研究成果，量词重叠类周遍句与我们本章研究的格式有很大的差别，它的主要功能是通过对某一集合里的所有成员进行逐一扫描，并对其特征进行观察和核实来表述对人或事物的某种状态的描写或评价。（杨凯荣，2003）

(2) 虽然见多识广，他这种场面却从来未经历过。

因此，"疑问代词＋都/也……"句的语义重心为疑问代词，除了有重音的证据，还有句法层面的证据。

二、疑问代词是偏指还是任指

学界一般认为，"疑问代词＋都/也……"句中的疑问代词是任指，而日本学者杉村博文（1992）则认为，"Q＋也＋P（否）"这个结构里，疑问代词并不表示"任指"，而表示"偏指"，即疑问词指代"在所涉及的范围内最有可能P的那一个"。至于"Q＋也＋P（否）"结构表示"周遍性"，无非产生"以偏概全""提示极端情况，余者皆由此类推"的效果而已。在"Q＋都……"这个结构里，疑问代词并不像以往所说的那样表示"周遍性"，而表示"选择性任指"，"都"表示"选择性总括"。

从杉村博文（1992）的研究结论中，似乎可以看到连字句的影子。因为在前文的研究中，我们已经发现"连 X 都/也 Y"中的"X"是主观极大量，连字句则表达主观全量。这与"疑问代词＋都/也……"句中的 Q "提示极端情况，余者皆由此类推"非常相似。由此也可以看出，我们把这类"疑问代词＋都/也……"句和连字句都纳入强调范畴来研究有一定的依据。

我们认为，偏指与任指并不截然对立，而是可以互相转化的。比如：

(3) 谁也不喜欢看这部电影。

例句（3）中的"谁"可以指代每个人，也可以指代最有可能喜欢看这部电影的人。汉文化思维的人在听到这句话时，首先会想到"所有人都不喜欢看这部电影"，然后进一步推论，当然也会想到"最喜欢看电影的人也不会喜欢看这部电影"。

与连字句相比，"疑问代词＋都/也……"句是先全量，后极量；而连字句是先极量，后全量。

三、信息与焦点的视角

有些学者从信息和焦点的角度审视"疑问代词＋都/也……"句，高顺全（1995）认为，周遍性受事能够且必须居于动词之前是由其负载的信息决定的；它不能表示什么新信息，只意味着某种已知范围的无例外或量的极少（小）。我们认为，周遍性受事能够且必须居于动词之前可能是由其负载的信息决定的，但是为什么不能表示新信息，我们不能理解。作者引述利奇（1981）"如果句子的一个成分作为新的信息而受到强调，那么它应当出现在句子的后部而不是句子的前部"的观点来证明。但我们觉得常规的句式新信息是在句末，而一些特殊句式因为重音发生改变，新信息可以挪到句首。

温锁林（1998）认为，"周遍句"是对比焦点结构，理由有三：一是句中带有强制性的对比重音，即在"也/都"前的周遍性成分上；二是句中暗含对比项，这些对比项是言谈中提及的或交际双方心中认可的某一范围内的任何一个；三是否定形式只能是在周遍性成分前加"不是"，如果加"是不是"形成反复问句，也只能将"是不是"加在周遍性成分之前。这一观察和吴中伟（1995）用关联副词测试有相似之处，理由都是周遍性成分是句子的焦点、语义重心所在。

四、强调和教学的视角

龚千炎（1983）把"疑问代词＋都/也……"句作为表示强调的一类进行研究，认为这类格式是用来强调范围的，有遍指的意思。龚先生早在上世纪80年代就把这类句式纳入强调句的一类进行研究，应该是开创性的，可惜之后没有学者继续就此进行深入探讨。

日本学者高桥弥守彦（1991）从外国人的角度对汉语中的"谁也/都……"格式中的若干问题进行了分析，非常有深度，对本研究的借鉴作用也最大，其中有许多结论下文还要详述。

第二节 "疑问代词＋都/也……"表达强调分析

"谁/什么/哪儿＋也/都……"这类句式为什么被称为强调句，有学者进行过探讨，论述也非常有新意。比如，徐杰、李英哲（1993）认为，汉语的疑问代词还有非疑问的用法，如"谁也不许偷懒""我今天晚上什么都不吃"，这里的疑问代词并不表达疑问，但有明显的强调作用。作者认为，这是因为词汇中带有[＋Q]和[＋F]两种标记的疑问代词的疑问性质在非疑问句中没有实现，但它的强调性质却实现了。我们认为这种解释看上去很有道理，但是仔细分析却仍有疑惑：假如疑问代词［＋Q］和［＋F］两种性质在疑问句中都存在，为什么我们不把疑问句叫作强调句，而把这种非疑问用法的句式叫作强调句？

李泰洙（2004）也认为，像"X也（都）没来"这类句式的强调意义是由于X满足全称否定或肯定的条件，而"也（都）"具有使之复数化的功能，它和X形成一个音步，重音落在X上，成为句子的焦点，整个句式构成一个全称否定或肯定，从而产生了强调义。作者把"全称否定和肯定"作为强调义的来源，有一定的道理。

本研究拟在前辈学者研究的基础上，从引起不随意注意的几个条件入手，分析"谁/什么/哪儿＋也/都……"格式被称为强调句式的原因。

一、异于常规——重音、焦点的前移

"谁/什么/哪儿＋也/都……"格式的重音落在疑问代词上，陆俭明（1993）、温锁林（1998）、李泰洙（2004）都持有此观点。虽然笔者没有用语音学的实验进行证明，但是凭语感判断这是符合语言事实的论断。

根据Cinque（1993）关于重音指派的零假设理论（null theory）、Duanmu（1990）的辅重（non-head stress）原则以及王韫佳等（2006）关于汉语句子的重音研究，我们根据一般句子的重音指派规律可以推知，"疑问代词＋都/也＋谓语"的重音应该落在谓语上，但是事实却在疑问代词上。这和连字句的情况一样，也许是重音前移，也许是新增加的重音。

由于重音的前移，语义重心发生改变，焦点也由句尾部分前移到疑问代词上。如温锁林（1998）就认为疑问代词是对比焦点。

另外，疑问代词在此格式中不再有疑问用法，这也与疑问代词的一般用法不同。

以上几点，都使得此类格式迥异于普通的疑问句式和常规的陈述句式。而这一点正符合我们提出的强调标准，即异于常规。

形式上的异于常规，常常会导致语义或语用上的违反预期。连字句如此，"疑问代词＋都/也……"句亦是如此。

高桥弥守彦（1991）认为，"谁也/都＋否定形式"成立与否，必须以"一般应该或可能如此，但却不如此"这样一种逻辑形式为条件；"谁也/都＋肯定形式"成立与否，必须以"一般不应该或不可能如此，然而却是如此"的逻辑形式为条件。使用这种格式，不管是否定形式还是肯定形式，其所表达的内容都是超出说话人想象的，都不是一般的事，而是很异常的事。钟华（2007）也认为，周遍性主语句语用功能最主要的是对相关表述对象的周遍性"全量"的突出和强调，不过突出和强调的周遍性"全量"常常是出人意料的（out of the blue），其中也预设存在着某种程度的认识偏误。两位学者的观察非常敏锐，我们在语料中发现这类格式与表达新奇的副词共现的许多例句：

（1）他的后面有三四个上楼的部内干部，全都慢悠悠地跟在他身后，居然谁都不去超越他。
（2）最远的不过十米，可是居然谁也没发现我。
（3）一个大活人站在门口，竟谁都不理会。
（4）除牙齿外，竟什么病也没查出。
（5）她感到迷惑不解，竟什么反应也没有。
（6）恰巧一阵好风吹来，把他的衬衣吹起，竟什么都露了出来。
（7）在自己的屋边打谷子，所以除了断续的蝉声和滚滚的阿诺纳河外，她竟什么声息也听不到。
（8）好啊，你个荡妇，居然什么都没穿。

此类格式的违反预期性正可以解释这类句式为强调句的原因。

二、强化：全量或极量

对于"谁也/都……"中的"谁"表示什么意义，朱德熙（1982）认为"谁"表示周遍意义，即在所涉及的范围内没有例外；陆俭明（1993）、高桥弥守彦（1991）都认为"谁"表示任指意义，即指范围内的任何一个、任何一种，强调没有例外。杉村博文（1988）则认为"谁"表示偏指意义，即"谁"代表最有可能做谓语（或最应该做谓语）的那一个。[①] 马真（1985）认为："这种格式强调某种情况对主体或客体来说是无一例外的。"许多学者都持这种观点，如龚千炎（1983）、高桥弥守彦（1991）等。

无论是同意周遍意义、任指意义还是偏指意义的学者，都不否认整

---

① 朱德熙、陆俭明、杉村博文等几位先生的观点参见高桥弥守彦《"谁也/都……"格式中的若干问题》，《第三届国际汉语教学讨论会论文选》，北京语言学院出版社，1991年，第334页。

个句式表达"全称否定和肯定"。如果从量的角度看,它属于全量或者是极大量。龚千炎(1983)就非常敏锐地指出"谁/什么/哪儿/怎么……也/都……"格式是表达最大数量的,他认为范围无限在某种意义上也就是数量最大。

因此可以推知,语义量极大或无限大是该类句式的语义特点,这符合我们提出的强调条件。当然,这种语义量极大来自说话人的主观视角。比如:

(9) 在他们兄弟姐妹5人中,老爷子谁也不服,只信一个二哥。只有二哥说的话,老爷子才能言听计从。

例(9)从说话人的视角来看,老爷子几乎不服任何人,只有一个二哥除外。其实客观上来看,老爷子不服的也只有3个人,数量并不多。可是在说话人看来,这个数量已经极大了。因此,与连字句一样,"疑问代词+都/也……"句与主观大量密切相关,与说话人的主观视角密切相关。从这个层面来看,强调结构是语言主观性的典型结构之一,值得研究。

三、与连字句的语义比较

我们在连字句的研究中也注意到,有些学者把连字句的强调意义归为周遍性,如朱德熙(1982)认为,连字句强调已经说到的事物和其他事物之间的一致性;洪波(2001)认为,连字句通过对"典型事例"的强调来表达对相关事物的周遍性强调。

有些连字句可以用"谁/什么/哪儿+也/都……"句式来替换,比如下面自拟的三组例句:

(10a) 这道题太难了,连老师都不会。
(10b) 这道题太难了,谁都不会。
(11a) 他这次去旅行,连一块钱的礼物都没给我买。
(11b) 他这次去旅行,什么都没给我买。
(12a) 他60多岁了,连县城都没去过。
(12b) 他60多岁了,哪儿都没去过。

连字句的研究中,我们通过与甚至句的对比,认为连字句语义蕴含主观极量、主观全量、主观高程度、违反预期。仔细分析例句(10b)、

(11b)、(12b),发现"谁/什么/哪儿＋也/都……"的语义与连字句相似,见表6-1:

表6-1:连字句、"疑问代词＋都/也……"的语义蕴含

句式	语义蕴含			
	主观极量	主观全量	主观高程度	违反预期
连字句	＋	＋	＋	＋语气强
谁/什么/哪儿……也/都……	＋	＋	＋	＋语气较强（比连字句弱）

"疑问代词＋都/也……"在语气上比连字句弱,我们在后文会从强调级次的角度进行证明。这两类句式在语义蕴含方面相似,其实不难理解,"谁/什么/哪儿＋也/都……"格式跟连字句在重音、焦点等方面均相同。如:

(13a) 他是北京人,(连)<u>天安门</u>都没去过。
(13b) 他是北京人,<u>什么地方</u>都没去过。

第三节 强调级次

一、"疑问代词＋都……"与"疑问代词＋也……"

我们以"谁也……""谁都……"为例分析含"也"与"都"的格式的强调级次问题。

高桥弥守彦(1991)认为,"谁都没来"比"谁也没来"强调的程度高一些。他的论证理由如下:

(1a) 他们都没来。
(1b) 他们没来。
(1c) 他们也没来。

(1a)句的"都"强调无一例外,跟(1b)比起来,在范围的概括程度上更大。设想他们是一百个人的话,一百个人都没来,这就是"他们都没来"所表达的意思,而没有"都"的句子,却不一定一百个人都没来,有可能来了两三个人。(1c)的"也"只能表示"类同",跟"程

度"无关。所以"都"不管"强调"或"总括",跟"也"比较起来,在强调的程度上更高。作者由此推断:(2a)比(2b)强调的程度高。

(2a) 他们谁都没来。
(2b) 他们谁也没来。

我们认为,没有疑问代词的几个句子不是强调句,不存在强调程度的级次问题,因此,用不含疑问代词的句子来推测含有疑问代词的句子的强调程度比较牵强。

另外,我们认为判断强调程度的高低需要语料的支持,如果在实际的语料中,表达近义的内容,"谁都……"经常放到"谁也……"之后,那么就可以证明"谁都……"的强调级次高于"谁也……"。张伯江(1996)就通过对否定形式的连用证明,有一种后者强于前者的规律存在。

语料分析表明,许多连用的句子语义信息不等同,前后句子的关系为转折或因果关系。如:

(3) 谁都预感到了这次冲击,但谁也没有料到这次冲击波来得如此猛烈。
(4) 四位选手谁也不知道最后的胜利属于谁,但谁都明白拼搏在于最后一跳。
(5) 舟上的人们,谁都想做一点有益的事情,而谁的力量也不够拯救他自己的。
(6) 谁都想说什么,谁也找不到合适的话,沉了半天,有个人说……

有的没有表达转折的关联词或者语义,但是肯定、否定并列。如:

(7) 谁都愿上工人俱乐部、长安、吉祥,谁也不愿去海淀,去圆恩寺。
(8) 谁也不能一辈子独占鳌头,谁都有完的那一天。
(9) 如果整个的人类谁都想索取,谁都不想奉献,这社会就无法前进,也谈不上改革。

也有的表示因果关系:

(10) 丁作明事件震惊中央的故事,谁也不可能这么快地就把它淡忘,所以,谁都十分清楚承担这种责任的风险和代价。

(11) 谁也没有违反政策，所以谁都应该得到政策的保护。

(12) 我觉得长期亏损、又没希望的企业，该破产就破产，银行对谁都支持，结果是谁也活不了。

"谁都……"与"谁也……"并行的句子不少①，假如我们承认它们语义的近似性，统计结果如表 6-2 所示：

表 6-2："谁都……"与"谁也……"连用情况

统计	连用			
	谁也+谁都	谁都+谁也	谁也+谁也	谁都+谁都
句子总数	5	28	9	6
肯定、否定情况	否+否(5) 其他(0)	否+否(28) 其他(0)	肯+肯(7) 否+否(2)	否+否(6) 其他(0)

通过数据的比较，对"谁都……"与"谁也……"很难分辨出哪个强调的程度更高。但是我们发现，它们在并行时，肯定、否定的运用倒是值得关注："否定＋否定"并行的句子有 41 个，"肯定＋肯定"的句子仅有 7 个。"谁都……"倾向于表达肯定，"谁也……"一概表达否定。因此，可以说"谁都……"与"谁也……"经常从肯定与否定两个方面表达范围的全部对象完全如此或完全不如此，它们之间有肯定、否定用法的分工，而没有程度上的差异。②

二、"疑问代词＋都/也……"与连字句

我们还是以"谁也/都……"与"连……也/都……"为例来分析。我们根据自己的语感，假设"连……也/都……"的强调程度要高于"谁也/都……"，因为我们在肯定或者否定全量时，可以先肯定或否定

---

① 这里我们谈的"并行"指的是排除了因果关系、转折关系、肯否搭配关系以后，"谁都……"与"谁也……"要么都是肯定，要么都是否定的连用情况。虽然"并行"，但是语义信息内容并不像连字句那样近似，多数语境中，前后两个句子是从不同的侧面来说一件事，而不能显示出程度上的差异。

② 高桥弥守彦（1991）对"疑问代词＋也/都……"格式使用的肯定、否定情况进行了考察，通过对考察结果的统计，我们发现"疑问代词＋也……"用于肯定、否定的比例为 15∶165；"疑问代词＋都……"用于肯定、否定的比例为 80∶21。从中可以看出，"疑问代词＋也……"倾向用于否定，"疑问代词＋都……"倾向用于肯定。

这个全量，然后再举一个极端的量进行肯定或否定，以加强肯定或否定的程度。

通过对北大 CCL 语料库查询的语料进行分析、统计，得出的结果证实了我们的假设。在语料库中，我们可以查询到"谁也/都……"与"连……也/都……"连用的句子，并且语义内容基本相同，只是在程度上有差异。"谁也/都……＋连……也/都……"的句子，在 CCL 中共发现 82 句。① 如：

(13) 但那只是故事，这谁都知道，连坎德人都知道。

(14) 几十年来，除了孩子，谁都得有个单位，连解放前居无定所的江湖艺人也不例外。

(15) 全海军机关除了李作鹏一伙，谁也不知道，就连海军司令员肖劲光同志也被蒙在鼓里。

(16) 谁也无法告诉他当时那里的情景，就连研究白官建筑的专家也没有掌握这方面的资料。

我们没有发现符合近义条件的"连……也/都……"后跟"谁也/都……"的句子。CCL 中有几例"'连……也/都……'＋'谁也/都……'"的句子，并不符合近义条件，前后语句在语义上有很大的不同，不是强调一个方面的内容。如：

(17) 管他自由不自由，我可笃定泰山，让他们在两边瞎嚷，你欠我多少，我该你多少，反正是一笔糊涂账，不讲别人，连我自己也算不清哩，日子久了，谁也没有那么多工夫花在讨债上。

(18) 他连睡觉也是三四个窝，谁也摸不到规律，所以外边进去打很难。

(19) 爸爸叫你给克死，家里缺米又缺煤，连个媳妇娶不上，谁也不肯来作媒！

(20) 父亲的喘气颇长久，连我也听得很吃力，然而谁也不能帮

---

① 我们对这些连用句子的统计也只是初步的，根据个人判断进行的。虽然这样，我们的结果可以非常肯定地推导出我们的假设是正确的。语料的统计结果也证实了我们的语感。类似下面这样的句子，我们都不计入统计结果，如"谁也不敢惹它，它骄（应为'娇'字）生惯养，没法办，连它母亲也欺负，连它姐姐也欺负，那么一个小猩猩无法无天"。

助他。

因此，有理由推断：连字句的强调级次高于"疑问代词＋都/也……"的强调级次。

三、"无论/不管＋疑问代词＋都/也……"与相关结构

朱德熙（1982）认为，疑问代词有的时候不表示疑问，这有两种情形：第一是表示周遍性，即表示在所涉及的范围之内没有例外。这一类句式里常常有"也、都"之类的副词，有时还用"无论、不管"等连词跟"也、都"呼应。我们在此比较关心的是用不用关联词，这两种结构在强调方面有无异同。

有关联词的"疑问代词＋都/也……"结构是复句还是单句呢？邢福义（2001）认为，有的句子，用了某种标志，反映出某种复句关系，但在结构上只是单句。如：

（21）无论文臣武将，都不得接近。

（梁信《赤壁之战》，转引自邢福义，2001）①

我们非常同意邢先生的意见，把"谁（什么、哪儿）也/都……"前加关联词"无论、不管"的句子仍然作为单句来看待。虽然"无论/不管＋疑问代词＋都/也……"结构是单句，但是因为它有类似复句的关系词，这类句子仍有与复句一样的结构关系。邢福义（2001）认为"无论 p，都 q"具有让步性和转折性。因此，我们认为，"无论/不管＋疑问代词＋都/也……"结构也具有两种特性：让步和转折。

前文讨论"疑问代词＋都/也……"结构强调什么时，我们认为它强调的是"主观全量＋主观极量＋主观高程度＋违反预期"。"无论/不管＋疑问代词＋都/也……"结构虽然把让步和转折的关系凸显了出来，但是强调的语义不变。比如：

（22）这道题太难了，无论谁都不会。

（23）他这次去旅行，不管什么，都没给我买。

（24）他 60 多岁了，无论哪儿，都没去过。

---

① 王维贤（2007）把这类句子看作准单句，并认为"一般把这样用的'无论'等等看作表示强调之类的成分……"。参见王维贤《认知、交际和语法》，中国社会科学出版社，2007 年，第 70 页。

"无论/不管＋疑问代词＋都/也……"结构的转折性可以让它在强调"违反预期"时更加凸显。

我们在语料中统计"无论＋谁＋也/都……"句与连字句的连用情况，发现用例很少，仅见1例：

(25) 原来他还是忘不了她，还是将她看成比什么都重要，她在他心里的地位，无论谁都不能代替，就连我也不能。

"谁也/都……＋连……也/都……"在语料中共发现82句，这要远远多于"无论/不管＋疑问代词＋都/也……"结构与"连……也/都……"连用的数量。据此，我们可以推测出："无论/不管＋疑问代词＋都/也……"结构的强调级次要高于"疑问代词＋都/也……"结构，原因是它后面不再需要连用强调程度更高的连字句。

第四节 本章小结

本章的重点是解释"疑问代词＋都/也……"为什么是强调格式。我们从两个方面进行了证明：(1) 全量或极大量；(2) 异于常规——重音、焦点的前移。

通过与连字句的强调进行对比，我们发现，"疑问代词＋都/也……"强调主观全量、主观高程度、违反预期。我们还就"疑问代词＋也……"与"疑问代词＋都……"、连字句与"疑问代词＋都/也……"、"无论/不管＋疑问代词＋都/也……"与"疑问代词＋都/也……"结构的强调级次进行了考察。通过数据的比较，我们认为，"谁都……"与"谁也……"很难分辨出哪个强调的程度更高。但是"谁都……"倾向于表达肯定，"谁也……"一概表达否定。因此可以说，"谁都……"与"谁也……"经常从肯定与否定两个方面表达范围的全部对象完全如此或完全不如此，它们之间有肯定、否定用法的分工，但没有程度上的差异。经过分析，我们认为连字句的强调级次高于"任指代词＋也/都……"的强调级次；"无论/不管＋疑问代词＋都/也……"结构的强调程度要高于"疑问代词＋都/也……"结构。

第七章　框架凸显强调范畴
——"是……的"句

第一节　引言

本章所研究的框架凸显强调范畴，主要指"是……的"句。"是……的"句的研究与是字句、的字句的研究都紧密相关。① 学界关于"是"的研究成果非常多，笔者查阅到的博士论文就有七篇，分别为：Zhu (1997) 的 *The Focus-Marking Function of SHI in Mandarin Chinese*、朱斌（2002）《现代汉语是字句然否类型联结研究》、肖娅曼（2003）《汉语系例"是"的来源与成因研究》、杨艳（2004）《现代汉语"是"字结构与语用量研究》、张和友（2004）《汉语"是"字构式的句法语义——基于说话人取向的研究》、龙海平（2007）《已然义"是……的"类句式的多角度考察》以及王欣（2009）《类型逻辑语法与现代汉语"是"和"的"》。研究"是"的硕士论文和期刊论文就更多。本书不可能就是字句进行全方位的研究，只是从强调范畴的角度来考察"是……的"句。研究中可能会涉及是字句和的字句的相关研究成果。

"是……的"句是对外汉语教学中单列出的一类表达强调的句型。该句式也是对外汉语教学中的难点之一。② 俄罗斯汉学家易福成（2007）提出的一个问题值得我们深思：汉语教材中所提供的语法解释到底能够解释多少？如以"是……的"结构为例，汉语教科书中对"是……的"结构一般给予如下解释："这是汉语中一个非常典型的强调

---

① 对外汉语教学界的有些学者不承认"是……的"是一种句型，比如汪有序（1986）认为"是"和"的"之间没有特定的组合关系，在教学上没有列为句型、予以特别处理的必要。杨石泉（1997）也撰文论证汉语中不存在"是……的"句，这类句式仅是宾语为"的"字结构的是字句。因为这牵涉到"的"字的定性问题，是本体研究的一大难点，本书不再深入探讨。我们还是按照大多数学者的意见，认为存在"是……的"句型。

② 杨春雍（2004：73-76）。

句式，可以强调动作所发生的时间、地点、方式等。"这里所说的"强调"到底能够给学生解释什么？众所周知，"是……的"结构一般指的是已发生的事件，那么跟"了""过"等助词意义上到底有没有区别？若有区别，这种意义上的差异能否通过强调得以解释？"是……的"结构的含义难道只限于"强调"？这些问题是不是都得给学生解释清楚，还是考虑到"语法不要讲得太多"这个原则而应当点到为止呢？①

"是……的"句研究成果非常丰硕，视角也各异，周有斌（1992）、侯颖（2004）、杨艳（2004）对该句式的研究进行了比较好的综述。我们将在前人研究的基础上就"是……的"句的分类进行梳理，然后尝试从强调范畴的视角回答几个问题：学界大都把"是……的"句称为强调句，原因何在？"是……的"强调句到底强调什么？或者说它的语义内容是什么？它在强调范畴中的地位如何？

第二节 何为"是……的"强调句

一、"是……的"句分类

许多学者根据"是"后边成分的词性把"是……的"句分为两类，如张静（1963）认为"是……的"句分为两类：一类是表示判断意义，"是"做判断词，后面带名词，"的"为结构助词，如"书是图书馆的"；另一类是表示强调肯定意义，"是"为语气副词，后面带动词或形容词，"的"为语气词，如"历史是不会饶恕他们的"。谢永玲（1999）认为"是……的"有两种情况：（1）"是"为判断动词，全句是判断句；（2）"的"字是语气助词，"是"字是语气副词，如"具有这种共产主义风格的人是很多的"。去掉"是"字和"的"字，全句意思不变，只是语气有所变化。

也有些学者把"是……的"句分为三类，如赵淑华（1979）把"是……的"句分为三类：第一类，"是"是谓语中主要动词，"是"加上"的"构成谓语，"的"往往是单独的名词、代词、形容词、动词等。

---

① 参见易福成 2007 年 12 月 18 日—20 日在北京大学召开的"国家汉语教学新趋势"高层系列讲座《语法的系统性和学生的接受能力》。作者由此对"强调"提出了疑问。他认为按理说"是……的"句没有什么强调，只是进一步追求更多的信息。如果告诉学生"是……的"句是强调，学生可能会说，我不想强调为什么不行？

第二类，"是"不是谓语中的主要动词，它一般放在动词或状语之前表示强调，"的"放在动词之后，表示动态。第三类，"是"和"的"都表示语气，"的"永远在句尾。"是……的"中间一般是形容词结构或动词结构。"是"和"的"有时表示强调、肯定或态度坚决，有时表示语气的委婉或缓和。

以上学者把"是"作为主要动词，把"是"后跟的字短语的句子都看作"是……的"句。目前学界有两种意见，有的认为这类句子仍为是字句，有的认为是表示判断的"是……的"句。① 如何区别这两类句式？能否找到一个易于操作的鉴别办法，可以把"是……的"句与带"的"的是字句区分开？

许多学者从对外汉语教学、功能、焦点等视角对"是……的"句进行了研究，如吕必松（1982）从对外汉语教学的视角出发，主要讨论了同一形式的"是……的"结构在什么情况下表示过去时，在什么情况下表示肯定和确信的语气。他认为教学中应该把这两类区分开，前者比较复杂，而且比较重要。马盛静恒（1985）把"是……的"与"了、过、着、在、呢"等统称为表态词。② 他把"是……的"句型从功能上分为三大类：（1）特指型，如"你是什么时候到的"；（2）强调型，如"那个人是靠不住的"；（3）结构型，如"这张票是去北京的"。马盛静恒（1985）认为"特指型""是……的"句就是一般所说的表示过去已经完成的活动，标示何时、何地、何种方式完成的。刘月华等（2002）把对比焦点的概念引入对"是……的"句的分析，认为"是……的"句（一）中"是"的作用是指明它后面的成分是全句的表达焦点。③ "是……的"句（二）中的"是"为语气副词，"的"为语气助词，全句往往带有肯定的语气。

以上诸位学者的研究表明，到底哪类"是……的"句表达肯定、确

---

① 参见张宝林《"是……的"句的歧义现象分析》，《世界汉语教学》，1994年第1期，第15页。
② 马盛静恒（1985）认为，表态词不但可表示动作的各种"状态"，如起始、进行、完成等。有的也可用来表示"情态"的改变或说话人的"态度"，如强调、委婉、确定等主观的看法。
③ 我们认为，作者在这里用"焦点"的概念表示作者认同"是……的"表过去完成的活动时是一种强调。

认、强调尚有分歧。① 有些学者仅把"那个人是靠不住的"这类"是……的"句看作强调型句式,而有些学者则把表示过去的一类"是……的"句也看作强调型句式。

二、"是……的"句与是字句/判断句的纠葛

"是……的"句与是字句/判断句的纠葛问题体现于"是……的"句的歧义,即有的"是……的"句可以解释为"是……的"句,也可以解释为是字句/判断句。

宋玉柱(1996)用加否定词的方法区分两种"是……的"句,他认为,凡是否定副词"不"放在"是"字前面的,是判断句,属"判断词……结构助词"一类;凡是否定副词"不"放在"是"字后面的,为非判断句,属"副词……语气助词"一类。宋先生提出的这个标准可以区分大部分"是……的"句,但是仍有一些不能进行很好的区分,比如:

(1) 这儿的春天是非常美的。

这个句子在"是"前加"不"感到比较别扭,在"是"后加"不"也不行,它属于什么句式?如:

(2) ?这儿的春天不是非常美的。
(3) *这儿的春天是不非常美的。

石定栩(2003)认为,表示强调的"是"和系动词"是"其实也是形似而神不似,句法特性有着很大的区别。比方说,系动词"是"和一般的汉语动词相似,只能跟在能愿动词的后面,而不能出现在能愿动词的前面。可是,表示强调的那个"是"却可以出现在能愿动词的后面,也可以合法地出现在能愿动词前面。另一方面,作为主要动词的系动词"是"只能跟在其主语后面。也就是说,如果没有上下文,系动词"是"不可能出现在句首。可是,表示强调的那个"是"显然不受此限制。更重要的是,在一般情况下,系动词"是"通常不能省略,是句子的必要成分。与此相反,表示强调的那个"是"可以省略,并非句中的必要成分。显然,表示强调的"是"并非句子中的主要动词,"的"也不见得

---

① 在深入分析之前,我们暂且把许多学者所提出的"肯定、确信"语气作为强调句的判断标准。

是名词化的标记。

还有许多学者用省略的办法区分这两类"是……的"句①,综合他们的意见可以列表如下(表7-1):

表7-1:"是……的"句分类标准

"是……的"句	判别标准			
	"是"出现在句首	"是、的"能否省略	加否定词	加能愿动词
判断	不能省略	否定词加在"是"前	能愿动词在"是"前	不可以
强调	可以省略	否定词加在"是"后	能愿动词在"是"后	可以

利用这个整合的标准来区分上面提到的例句就比较容易了,例句(1)"这儿的春天是非常美的"中"是……的"可以省略,因此可以看作强调句。

但对于张宝林(1994)提出的"是……的"歧义句"我是西单上的"就不能按照上面的标准来区分是强调句还是判断句。假设我们先补足句子成分,消除歧义,例句如下:

(4)我是西单上的(人)。
(5)我是西单上的(车)。

"我是西单上的"可以省略"是、的",符合强调句的标准,但是否定词只能加在"是"前,又符合判断句的标准。如:

(6)我西单上。
(7)我不是西单上的。

三、"是"与"的"的作用

"是……的"句中的"是"与"的"起什么作用?它们在句子中的地位如何?学界有些研究成果非常有价值,我们先简要引述 Hashimoto (1969)、Teng(1979)、Shi(1994)、Huang & Fawcett(1996)的看

---

① 如杨艳《现代汉语"是"字结构与语用量研究》,上海师范大学2004年博士学位论文,第97页。范晓主编《汉语的句子类型》,书海出版社,1998年,第115-116页。还有许多学者持此观点,在此不一一列举。

法①,再具体谈我们的意见。

Hashimoto (1969) 认为,"是"是常规动词 (regular verb)、主要动词 (main verb),对"他是从日本来的 (It is from Japan that he came)"一句的分析如下图所示:

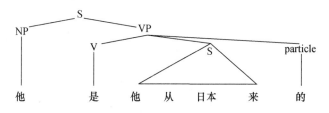

图 7-1: **Hashimoto 的分析**

Teng (1979) 则认为,"他是去年来的 (It was last year that he came)"中的"是"不是主要动词,他的分析如下图:

图 7-2: **Teng 的分析**

Shi (1994) 没有提供图解分析,他只是把这个"是……的"句看作强调句,认为"是"不是系词。相反,"是"被看作"情态动词",是"强调句的主要标记"。"的"在强调句中仅具有第二位的、派生的功能。

Huang & Fawcett (1996) 从功能的角度看待此类句式,他们认为,"是"作为主要动词,"是"后的成分作为"增强的主位"(enhanced theme),"的"是最高小句的成分 (element of the top-most clause)。他们的分析如下图所示:

---

① 这几位学者的观点都转引自 Huang & Fawcett (1996) 的文章,其中我们把引例翻译成了中文,图表的英文例句未引用。

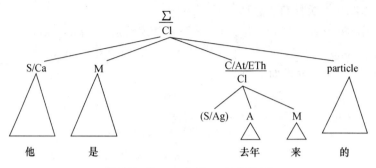

图 7-3：Huang & Fawcett 的分析

(Σ = sentence, Cl = clause, S = subject, M = main verb, C = complement, Ca = carrier, At = attribute, Em = emoter, Eth = enhanced theme)

以上海外几位学者的意见分歧在于对"是"和"的"词性的看法。国内汉语学界研究的分歧亦是如此。比如结构主义对"的"的研究一般都是赞成分的，研究成果影响至今（朱德熙，1961）。而持功能语法观的学者开始思考"的"的同一性问题，并且成果也非常有影响（袁毓林，1995；沈家煊，1995；石毓智，2000）。对"是"的词性问题，许多学者采取"分"的看法，但也有一些学者主张"合"。① 我们认为，关于"是""的"是"分"还是"合"的看法其实并不矛盾，因为任何事物都是有同有异。如果视角聚焦于"异"，则倾向于划分不同的类；如果视角聚焦于"同"，则倾向于整合为一。因此，结构主义与功能主义的研究不是水火不容，而是视角不同。

"是……的"句中对于"的"的认识直接决定了"是"字的地位。如果承认"的"的句法功能是"名词化"（袁毓林，2003），我们就应该承认"是"字就是"是……的"句中的主要动词或者说系词，"的"不能省略。比如：

(8a) 这是我的。　　→　(8b) *这我。
(9a) 我是昨天来的。　→　(9b) ? 我昨天来。
(10a) 是我吃的苹果。　→　(10b) ? 我吃苹果。

---

① "分"的观点参见前文 1.1 的研究；"合"的观点参见吕叔湘（1994）、姚亚平（1981）的相关研究。

可惜的是，功能主义的研究还有一些不能解释的现象，比如例句（11a）就可以省略"是"和"的"，变为例句（11b）：

（11a）我是可以去的。→（11b）我可以去。

如果承认"的"字是语气词，那么"是……的"句中的"是"字就不是主要的动词或系词，该句式的核心就是"是"后的谓词性成分。但是从论元结构来说，我们认为"是……的"句的深层结构核心不是"是"，而是"动词"。比如：

（12）我是昨天来的。

例句（12）中"我"和"昨天"都是动词"来"支配的论元。"是……的"中间不是"动词"的情况下，我们虽然不能用"格"来称呼，但是在语义上，它仍然与"是"前充当"主语"的成分具有非常紧密的联系。如：

（13）长城是非常雄伟壮观的。

"长城"与"雄伟壮观"的语义联系非常紧密。

四、我们研究的对象

本研究除了把"是"与"的"之间是谓词性成分的句子都作为"是……的"句之外，还根据以下三条标准判断何为"是……的"强调句：（一）某一动作已在过去实现或完成，强调动作的时间、处所、方式等；（二）表示说话人的看法、见解和态度，"是"和"的"在句子中起肯定判断或加强语气的作用；（三）强调施事者、强调全句的施事主语（即用"是"开头的"是……的"句）、强调产生某种结果的动作行为或原因。（《汉语水平等级标准与语法等级大纲》，1996）

第三节 为何把"是……的"句作为强调句

一、前人的观点

汉语"是……的"句式在教材和一般的语法参考书中被称作强调格式（彭增安、陈光磊，2006）。目前在学界，虽然大家没有对"强调"

作出明确的界定和说明，但大都认可"是……的"句表达强调[①]。大家所谈的"强调"包括强调作用、强调功能、强调语义、强调语气、强调意味等等。具体研究成果如下：

（一）"是……的"句中的"是"具有强调作用

许多学者提出"是……的"句中的"是"具有"强调"作用，比如 Chu（1970）就认为，现代汉语中的"是"充当句法中不同的角色，除了连系功能之外，还负载焦点、辖域对比、预设等功能。焦点、辖域对比、预设等可用一个术语"强调"进行概括。[②]

汤廷池（1983）也认为，"是"所有的用法都具有断定或强调的作用。"是"在名词句中断定事物的同异，在形容词句中断定事物的性状，在动词句中断定动作的情况，在其他的用法里也都断定事物或事实的存在。

黄章恺（1987）认为，"是……的"句同时具有"分类"和"强调"两种作用。"是"既表判断，又表强调；"的"既表分类，又表强调。

韩梅（2005）认为，描写句中，"是"后为形容词，"是"是副词，起肯定、强调作用，"的"是语气词；在叙述句中，"是"后是以动词为核心的词语（或主谓短语），"是"与后面的核心词语结合得十分紧密，用来对主语进行叙述。这种叙述句的功能主要有以下三种：强调语义范畴、强调述谓结构、强调整个命题。

（二）整个句子表达强调语义、语气或意味

姚亚平（1981）认为，所有的是字句中[③]，不管表达判断还是强调，在本质上都只是表达一种强调、肯定的语气。倪兰（2002）也认为"是……的"结构的主要语义特征是"强调、肯定、确认"，但这种强调、肯定、确认的语义强度是不同的，在以纯粹事实为认识基础的情况下，不论是过去时，还是现在时，都表示对现实性的肯定和确认。而以虚拟事实为认识基础的情况下，是对可能性的确认，强调的是说话者的

[①] 但汪有序（1986）认为，"是……的"不表示强调，也不表示加重语气，它跟"强调"或"加重语气"没有特定的关系。"是"后是许多可以强调的语言成分之一，而不是唯一可以强调的地方。我们觉得这只是一家之言，本书的研究还是赞同大多数学者的意见，具体论证见后文。

[②] Chu Chuancey C., *The structure of Shi and You in Mandarin Chinese*. Ph. D. dissertation, University of Texas at Austin. 1970：75.

[③] 包含"是……的"句。

主观意愿。杨石泉（1997）虽然不承认汉语中存在"是……的"句，但是也认为这类宾语为"的"字结构的是字句，比一般的是字句更富于肯定、强调的意味。

（三）强调的原因

有一些学者对"是……的"句为何表示强调进行了分析，如吕必松（1982）认为，"是……的"表示过去时的一类句子固然有强调作用，但起强调作用或"指出意思里的重点"不是"是……的"，而是表示时间、地点、方式等等的词语和说话时的语调。我们对吕先生的观点存有疑惑，因为如果不带"是……的"，表示时间、地点、方式的词语很多时候并没有强调作用。如：

（1）我昨天在早市买了很多水果。

这句话没有什么强调作用，按照焦点理论，句尾"水果"应该是句子的重心。

徐晶凝（2000）认为，"这朵花是很美丽的"比"这朵花很美丽"多了一种强调义，是由"主语＋是＋adj.＋的"这一句法格式带来的重说语气。这里，作者把"强调"归因于重说语气，似乎解释仍不清楚。"重说"为什么就能带来"强调"？

石毓智（2000）在讨论"的"字的语法功能时，把"的"的强调作用归因于两个条件：一是表示"将来"概念的副词或助动词，即"会""将来""终"；二是"的"确立了一个有始有终的完整行为。两者合在一起就是"一个完整的行为要发生在将来某一时"，因此就有了强调某一行为要发生的语感。如：

（2）那倒不用告诉，妈自然会问的。（曹禺《雷雨》）

（3）虽然彼时不怎么样，将来对景，终是要吃亏的。（《红楼梦》三十三回）

上述两例加强语气的意思有两个来源，如果去掉来源一的词语，句子就没有这种"强调"的意思了。比如"妈问的"只是简单说明已经发生的事。石毓智（2000）把"妈问的"这类句子作为非强调的句式，这和马盛静恒（1985）没有把这类句式归为"强调型"意见相同。我们认为，可以把表示将来的"是……的"句看作比表示过去的"是……的"句强调程度更高，而不是否认表示过去的"是……的"句也是强调句。

吕叔湘（1990）指出："有已成事实的确认，有一般事理的确认，有未来事实的预断，这里面语势的强弱也不一致，大致依上面的次序由弱而强；对未来的事实加以确认，自然要比确认过去的事实更有力。"我们认为吕先生的意见是非常有道理的。

二、我们的分析

以上学者的看法都有一定的道理，但是由于没有对"强调"进行界定，所以只是认为"是……的"句表达"强调"就显得比较空泛。我们把"是……的"句归入强调范畴，依据的是认知心理学的解释。海曼德兹—皮昂（Hemandez-Peon，1966）曾经把注意的指向性比作探照灯的光束，在亮光照射的中心，人们得到最清晰的印象；而在亮光照射的边缘，事物就变得模糊不清了。[①]"是……的"结构特别像探照灯的光束，它能把句中的重点标示出来，以引起人们的注意。

"是……的"句之所以为强调格式，符合我们提出的强调条件，即异于常规（重音、焦点移动）、凸显。

（一）异于常规

有些学者在解释"是"字后面跟非名词成分时，就已经触及到"异于常规"这条原则。吕叔湘先生早就指出："在名词谓语句里，因为用"是"字为常，不用是例外，它的肯定作用就不显著，好像只有联系作用；在非名词谓语句里，因为一般不用"是"字，"是"字的肯定作用就比较突出。"[②]

姚亚平（1981）也认为，在名词谓语句里，因为用"是"字为常，不用是例外，它的肯定作用就不显著，好像只有联系作用；在非名词谓语句里，因为一般不用"是"字，"是"字的肯定作用就比较突出。

袁毓林（2003）曾假设句尾带"的"的事态句是从相应的事件句派生出的，这符合我们的语感。也就是说，在我们的感觉上或心理上，赞同"是……的"句是变化而来的句型，是异于"动词性成分为谓语核心"的常规句式。因此，从形式上初步判断，非名词谓语句"是……的"是异于常规的。下面我们将从重音、对比焦点等角度深入论证

---

① 转引自彭聃龄、张必隐（2004）。
② 吕叔湘《汉语语法分析问题》，载季羡林主编、黄国营编《20世纪现代汉语语法八大家——吕叔湘选集》，东北师范大学出版社，2002年，第177页。

"是……的"句异于常规的特点。

1. 重音转移

判断一个格式是否为强调，从重音上来看，在此格式内需有一个强制性的重音存在或者说逻辑重音一定落在该格式之内。根据前人研究，"是……的"句的重音一定落在"是"和"的"中间的一个成分上，并且与一般的重音指派规律得出的重音位置不同。

张和友（2004）根据"重要信息居后"原则和辅重原则，得出了一般的句子各成分以重音标识焦点的优先度等级为：

状语＞定语/补语＞宾语＞谓语＞主语＞全句

张和友的排序与王韫佳等（2006）不同，王韫佳等（2006）通过实验研究的方法得到了300个汉语自然语句中焦点重音和语义重音[①]的分布情况：（1）句子中的焦点重音具有明显的后置倾向，即在主谓句中倾向于落在谓语部分，而在有宾语的句子中倾向于落在宾语部分。（2）在宾语部分，焦点重音倾向于落在定语上。（3）焦点重音在谓语部分内部的分布受到谓语之后是否有宾语的影响，即在谓语动词带宾语的情况下，如果焦点重音没有落在宾语上，那么它就倾向于落在状语上；如果没有宾语，重音在谓语部分内部的分派没有表现出显著的倾向性。

按照张和友的推断，"我昨天去上海了"这句话的重音应该在"昨天"上，而根据王韫佳等（2006）的结论，重音应该落在"上海"上。我们根据语感来判断，认为王韫佳等（2006）的看法符合实际情况。因为如果重音落在"昨天"上，最好采用"是……的"句，即：

（4）我是昨天去的上海。

张和友（2004）通过分析，得出了句子成分接受"是"焦点标识的可行性等级：

全句/全主语/定语＞状语（居前者）＞状语（居后者）＞谓语＞非"得"补语/宾语

我们在此不评价各个等级的优先度排序是否符合语言实际情况，只

[①] 焦点重音指一个句子中为了表达焦点而出现的最突显的重音。语义重音是指一个句子中为了表达语义上的相对重要性而出现的所有重音。转引自王韫佳、初敏、贺琳《汉语焦点重音和语义重音分布的初步实验研究》，《世界汉语教学》，2006年第2期，第87-88页。

关注作者所谈的"宾语"的重音指派情况。张和友（2004）认为，"宾语"处于接受"是"焦点标识的可行性等级的最末端，这应该是符合语言实际的。袁毓林（2003）认为，"(是)……的"句与非"(是)……的"句（事件句）相比，达到了宾语去焦点化（defocusation）的语义后果。

以上分析表明，与"是……的"句对应的非"是……的"句（事件句），重音指派情况有非常大的不同。也就是说，"是……的"句的重音指派是异于常规的。

2. 对比焦点

方梅（1995）给对比焦点作了一个非常好的界定：一个成分不用作引入新信息，而是在上文或语境里已经直接或间接地引入了，是说话人出于对比目的才着意强调的，这个成分即对比焦点。她认为，常规焦点跟对比焦点的根本差别在于二者的预设不同。如果句子的预设是"有X"，整个句子是要说明这个X，那么这时候，焦点成分是呈现性的，属于常规焦点；如果说话人预设听话人认为某事是B，而实际应该是A，说话人说出这个句子的目的在于指别"是A而非B"。这时属对比焦点。方梅认为，除了语音手段外，汉语表现对比焦点还有两种句法手段：(1)用非线性成分做对比焦点标记，直接加在对比成分前或用"是……的"格式标定对比成分。(2)通过语义成分的超常规配位，使被强调的成分处于"非常规"位置上。她认为焦点标记词只有两个：是、连。

袁毓林（2006）则认为，自然焦点和对比焦点的差别不在于有无对比性，而在于对比性的强弱上：自然焦点的对比性弱，不具有穷尽性和排他性；对比焦点的对比性强，往往具有穷尽性和排他性。"是"标记的焦点是认定焦点，具有［+排他性］的特征，自然具有很强的对比性。

在强调与对比的关系一章，我们发现强调必然隐含着对比，对比是强调的一个典型特征。前人研究表明，"是……的"句是典型的对比焦点句，这就为判断该句式为强调句式提供了论据。

（二）凸显

我们在第二节中已经总结了前人关于"是……的"句表达"强调"的观点，包括强调作用、强调功能、强调语义、强调语气、强调意味等等。

还有一些学者虽然没有用"强调"这个词来说明"是……的"句，但是也用了"确认语气、肯定、加强、主观断定"等词。

吕叔湘（1979）认为，"是"字的基本作用是表示肯定，"联系、判断、强调"都无非是肯定，不过轻点儿重点儿罢了。

马盛静恒（1985）认为，强调型的"是……的"句强调说话人的主观判断或态度，与活动的完成毫无关系，多用来表示一般的真理，推测或表明说话人的见解，如"这个道理是谁也知道的""真理是经得起考验的""你这样做是会失败的""他是不会来的"。"是……的"的出现只不过是为了加强句子的语气而已。

孙汝建（2004）认为用不用"是……的"影响到肯定口气的强弱，用"是……的"则肯定口气较强，如"哭是没有用的"。

张和友（2004）认为"是"是构式标记，其基本功能表"断定"。语言中系词的词汇义虽然较空灵（学界有时称为空动词），但反映了说话人的主观断定，系词是语言中主观性程度最高的动词。他把"是……的"句称为"聚焦句"。① 这种句子的产生是说话人"心理聚焦"的结果，句法上是叙事句中某个成分被"是"焦点化（focalization）了。具体来说，它是说话人在叙事句的基础上，运用焦点算子（focal operator）"是……的"对构成事件的某一元素进行聚焦而形成的一种构式。这一构式的"底层"是普通的叙事句（也是其预设），高层是说话人的一种断定（assertion）。广而言之，这类是字句同一般是字句一样，基本语义特征都是说话人的一种"断言"。

李讷、安珊笛、张伯江（1998）认为，句末的"的"是情态助词，表示说话人对一个命题的主观态度。

赵元任（1979）认为"的"字指出了意思里的重点。一个用"是……的"的句子常常把逻辑谓语甩到动词以外的部分去，其作用相当于英语的"it is…that…"。

汤廷池（1983）认为，分裂句常用于叙述已经确定或可以确定的事实。"是……的"句中的"是"都可能含有"的确、确实、实在"等意思。

彭增安、陈光磊（2006）认为，汉语"是……的"句式是一种焦点表达方式。所谓强调，本身反映的就是说话人的主观态度。当说话人想把某一信息作为特别重要的内容告诉听话人，或者特别想从听话人那里知道某一信息时，就会选择这一句式。强调是一种判断，因此需要"是"，说话人强调的是动作的发出者、对象、时间、处所、方式以及动作的性质，这些都是名词性的东西，因此需要"的"。

---

① 张和友（2004）所谈的"聚焦句"不包括表示将来的"是……的"句。

李讷、安珊笛、张伯江（1998）认为句末的"的"是语气词，他们分析了三类句式中"的"字的作用：断定现实事件的责任者，强调现实事件的条件，对非现实事件的肯定，并把这三类概括为"对一件事实的确认（certainty）"。认为语气词"的"所在的句子是非事件句，具有以下特征：低及物性特征（出现在背景化的话语中，不能出现报导事件所需要的时体手段，宾语的个体性程度和受影响的程度低）、语体特征（多用于对话语体）。

袁毓林（2003）从焦点理论和非单调性的观点分析句尾"的"的句法语义功能，认为事态句典型的、无标记的语义是表示确认，即表示确确实实发生了某件事情。当出现跟确认意义相冲突的"会、要、可以、应该"等助动词或"谁、怎么"等疑问形式时，才需要对这种基于缺省的推理作出调整，根据助动词所提供的非现实性（irreality）和意愿性（volitinality）的意义特征，把确认意义修正为确信——确实相信将会发生某件事情；或者根据疑问形式的询问功能，把确认意义修正为确询——希望得到明确回答的询问。从表达的角度看，事态句抽象的句式意义是表示强调，强调意义的无标记实现就是确认，有标记实现是确信或确询。

综上所述，我们认为"是……的"句包含说话人的"主观态度"是必然的，"确认、肯定、加强、断定"等等诸多语用功能，目的都是为了"凸显"，即突出强调"是……的"中的某个成分。前人对"是……的"句主观性的解释，恰好说明强调是一种心理现象，是说话人有意使用某种手段，以引起受话人的注意。

第四节 "是……的"句强调什么

一、强调哪个句法/语义成分

邓守信（1979）认为分裂句的讯息焦点落在"是"字后面的第一个句子成分上[①]，汤廷池（1983）认为这只是一个大概的原则，"是……的"句到底强调哪个句法或语义成分，还得参酌句子的上下文、节律因

---

① 转引自汤廷池（1983：180-181）。

素、交谈背景等。我们认为，如果汉语中"是……的"结构中的强调成分不一定落在"是"后的第一个句子成分上，这是不是会让听话者或读者感到比较困惑？为什么英语中可以用"it is…that"把需要强调的成分比较明确地标示出来，而汉语不能呢？要解决这个问题，仅仅靠举几个例子可能解决不了问题，下文我们将从实际的语言材料出发进行分析。

"是……的"句强调什么句法成分？张和友（2004）通过分析，得出了句子成分接受"是"焦点标识的可行性等级：

全句/全主语/定语＞状语（居前者）＞状语（居后者）＞谓语＞非"得"补语/宾语

这个等级序列的归纳是否符合实际情况，我们暂且不论。"主语""宾语"等句法成分的确定比较麻烦，我们还是用区分度更高的语义成分（主体、客体等），这样更具有可操作性。

近年来，已有学者关注到了这一领域，并且作出了非常有价值的成果。侯颖（2004）的《"是……的"结构的语义角色及其焦点指派》是一篇硕士论文，该文在语料分析的基础上，考察了"是……的"结构的焦点指派问题。作者把句法结构中某一语义角色被赋值为焦点的过程称为焦点的指派（focus assigning）。① 通过语料分析，作者得出了无标记焦点指派格式形成一个基于频率高低不同的原型性强弱不等的序列：

疑问结构＞{否定结构，表目的结构}＞模态谓词结构＞对举形式＞"连"字结构＞动词拷贝形式

语义角色的确定，侯颖（2004）主要采用了袁毓林（2002）所提出的语义角色类型的观点，经过统计分析，得出五类论元角色在数量分布上形成一个数量等级序列：主体论元（施事，主事，致事，感事）＞环境论元（时间，场所，原因，源点，范围，终点）＞凭借论元（方式，工具，材料）＞命题论元＞客体论元（受事，与事，系事）。五类论元

---

① 侯颖（2004）把"是……的"结构中焦点指派的基本形式分为两种：无标记（unmarked）指派和有标记（marked）指派。如果在某一类句法结构中，不管"是……的"（结构）中间有多少共现成分，其中的某一种成分总是被指派为焦点，即焦点的指派可以不受焦点敏感式"是……的"结构的制约和限制，这种焦点指派形式为无标记指派。如果在某一类句法结构中，"是……的"（结构）中间有多种共现成分，焦点确认需要用标记词"是"强行干预而"是"后面又不总是焦点成分，即焦点的指派呈现出一种浮动性（floating）特征，这种焦点指派形式为有标记指派。该分类对于我们本节的研究有借鉴意义。

角色在焦点指派方面形成一个优先等级序列：〈凭借论元，环境论元〉＞〈主体论元，客体论元〉＞命题论元。作者也通过统计，得出了一个除无标记焦点指派以外的其他语义角色被指派为焦点的强式等级系列：施事＞方式＞时间＞场所＞命题＞原因＞源点＞受事＞工具＞范围＞与事＞〈材料，主事，致事〉＞〈感事，终点〉＞系事。

　　这一成果对于本文的研究非常有参考价值，因为它首次使用语料分析的方法来回答"是……的"句强调什么的问题。不过，作者也承认，这一等级序列并不是万能的，因为有时候按照这个序列并不能找到话语中的焦点，这和说话人态度的主观性以及上下文语境密切相关。我们认为，作者主要从北大 CCL 语料库中析取例句进行焦点指派的研究，遇到的最大难题就是语境的问题。不根据上下文语境，只根据一个句子的前后部分来判断"是……的"句到底强调哪个句法或语义成分是很难做到的。另外，作者也没有考虑语料的语体因素，因为现有的研究表明，"是……的"句中的"的"字经常用于对话语体。

　　李讷、安珊笛、张伯江（1998）考察了含有语气词"的"的句子所在的话语环境，并考察了这些句子是处在报导事件的叙述性话语环境中还是处在交互作用（interaction）的话语环境中。表 7-2 是作者对所收集到的例子在叙述（narrative）和对话（conversation）两种语体里的分布统计①。A1、B1 指的是"的"字居尾的情况，A2、B2 指的是"的"字不居尾的情况。从统计数字看，对话语体中的用例占绝对优势。

表 7-2："的"字语体分布

语体	A1	A2	B1	B2	C	总计
叙述语体	0	6	4	2	1	13
对话语体	29	17	14	25	69	154

　　李海燕（2006）从对外汉语教学的需要出发，对"是……的"句的实际使用情况进行研究，从小说、散文、论说文三个语体出发，统计得出了"是……的"句的使用频率。她的研究非常有新意，很有价值。从她的统计结果可以看出，"是……的"句分类研究有一定的必要性。比

---

① 根据李讷等（1998）的观点，A 类句是指断定现实事件的责任者，如"是我叫住她问她一些情况的"；B 类句式强调现实事件的条件，如"我是吃饱了回来的"；C 类句式指对非现实事件的肯定，如"我会到死都想着你的"。

如,"是……的₁"和"是……的₂"在小说和论说文中的使用频率分别为 7.24∶2.66、6.19∶10.65,差异比较明显。

二、我们的研究

(一) 研究基础和语料说明

1. 语义角色

菲尔墨格语法介引到我国之后,几十年来,海内外有些汉语研究学者用格理论或格语法理论的精神研究现代汉语的格关系,取得了可喜的成果(王玲玲,1989)。有些学者根据汉语实际构建的格系统影响很大,比如鲁川、林杏光(1989)提出了一个由 18 个格组成的格系统。袁毓林(2002)提出了一个动词论元角色的层级体系,由 17 个语义格组成。黄章恺(1994)把动作性谓词中心的修饰、限制成分分为时间、频率、地点等 19 类;把非动作性谓词中心的修饰、限制成分分为程度、范围、时间频率等 8 类;把谓词短语的补充词语分为结果、程度、趋向等 9 类。

我们在此不评价以上几个层级体系的优劣,因为林杏光(1993)早就指出,不能认为格多就一定比格少好,反之,也不能认为格少就一定比格多好。任何的系统都应该是有层次的,格的系统也应该有层次。格系统的层次越高,格的数量就越少,格系统的层次越低,格的数量就越多。到底采用哪一个格系统的层次最佳,这完全取决于研究目的。

在考察"是……的"句强调哪个语义成分时,我们所依靠的动词核心是"是……的"之间的动词,界定语义角色也是以该动词为核心进行的。如果把"是"作为核心,那么就不需要界定语义角色了,因为"是"前的都是"主事","是"后的都是系事。(袁毓林,2002)我们在分析过程中采用鲁川、林杏光(1989)的格系统,这样操作起来标准容易统一,不易处理的问题借用了袁毓林(2002)"命题"论元这个概念[①],后文分析时还会详述。如果"是……的"中间只有"动词成分"

[①] 我们最初设想完全运用袁毓林(2002)的体系来考察"是……的"句强调哪个语义成分,可是在具体的语料分析过程中遇到了很多难以处理的情况,比如"原因、目的"等在他的体系中没有体现。后来我们想结合鲁川、林杏光(1989)和黄章恺(1994)所提出的一些语义概念,这样处理起来相对容易一些,但是又造成了标准的不统一。经过反复考虑,我们最后决定完全采用鲁川、林杏光(1989)的格系统,按照他们的判别标准相对比较容易,另外也达到了标准的统一。

或者"形容词性成分",就不存在论元的问题了,这样的结构要断定强调什么成分比较简单,就不需要再借助语义角色的研究了。

2. 语体分类

语体的详细分类对语法研究的深入具有重要的理论和实践意义。这些问题在汉语语言学界许多学者都已经讨论过(如朱德熙,1987;胡明扬,1993;张伯江、方梅,1996;陶红印,1999;张伯江,2007)。陶红印(1999)认为:"以语体为核心的语法描写应该是我们今后语言研究的最基本的出发点。任何严谨的语法学家如果打算忽视语体的区别而提出汉语语法的规律必须首先在方法论上提出自己的依据来。"张伯江(2007)也认为:"四十多年前,吕叔湘先生在谈及现代汉语语法研究的时候就说过:'语法研究包括结构的分析和用法的说明两方面。回顾起来,我们的语法研究工作不免有些偏颇,对于用法的研究是非常不够的。这不是说我们的语法分析工作已经够了,语法分析上许多带根本性的问题还没有解决,有待于继续努力。但是我们不应该像过去那样忽视用法的研究,应该在这方面多用点力气,补一补课。'(吕叔湘,1961)这个情况始终没有得到大的改观,我想,用法研究没有可操作性的手段应该是症结之一。如今我们借鉴功能主义语言学的理念,让语体观念在发现语言事实和解释语言事实方面起到扎扎实实的作用,应该能够有效地推进用法的研究。"

我们研究强调问题,出发点和目的都是为了对外汉语教学的需要。对外汉语教学不但需要理论上的建树,更缺乏的是扎扎实实的"用法"研究。我们在研究中,贯彻"语体"的观念,在不同的语体环境中考察句法现象,应该能够对深入发现语言事实有所帮助。

本节我们考察的语料包括三种语体:口语对话、政论体、小说。这些语料[①]分别是:

崔永元:《精彩实话——实话实说话题精选》,中国摄影出版社,2003年版,共24.8万字。我们简称为"实话"。

人民日报评论部编《人民日报评论集——人民时评2006年卷》,红旗出版社,2007年版,共33.5万字。我们简称为"人民时评"。

王朔《王朔自选集》,云南人民出版社,2004年版,共58.3万字。

---

① 字数一项主要根据出版社所提供的数字。由于《实话实说》中有两篇外国人参与的访谈,采用同声传译,我们没有把这两篇统计在内。《人民日报评论集》由于分为上、下两册,共72.7万字,我们只统计了其中一册《人民时评》,根据页数计算出这一册的字数。

我们简称为"王朔"。

为了便于考察"是……的"的上下文语境，我们所有的例句都是手工检索，然后对数据进行统计、分析。

3. "是……的"句的分类

刘月华等（2001）关于"是……的"句的分类是对外汉语教学界常用的分类体系，他们将"是……的"句分为两类："是……的"句（一）和"是……的"句（二）。"是……的"句（一）在于说明过去某一已实现的动作的时间、地点、方式、施事、受事等。在"是……的"中间总是有动词，常见的结构是：

(1) 是＋状＋动＋的（＋宾）
(2) 是＋主谓（动）短语＋的
(3) 是＋主＋动＋的（＋宾）
(4) 是＋动＋的＋宾

"是……的"句（二）的谓语在于用肯定的语气对主语进行评议或描写。常见的结构是：

(1) 是＋能愿动词＋动＋的
(2) 是＋动/形＋可能补语＋的
(3) 是＋状＋形＋的

我们在语料分析过程中发现，用上述几类结构难以完全概括"是……的"句的真实情况。另外，如何区分"是……的"句和是字句、"是……的"句（一）和"是……的"句（二）也是一个难点。因此，我们在确定"是……的"句时把一些典型的、非常容易判断的是字句排除了，有些难以判断的句子暂时放到"是……的"句中。我们不通过把"是……的"句分为"是……的"句（一）和"是……的"句（二）这种分类方式来处理，而是通过"是……的"中间的句法成分来分类。比如说，"是……的"中间是单独的"动词、形容词、副词、代词"的时候，明显地不属于刘月华（2001）等的分类系统，但是我们根据前文提出的三个标准进行判断后发现，很多都是"是……的"句。

4. 语料统计中需要说明的情况

"是……的"结构的"是"前出现"还、总、仍"等副词时，我们都作为"是……的"句来处理。

我们按照"是……的"句中间的不同成分进行归类，这个成分主要是句法成分，而不是语义成分。因为语义成分本身就是在句法的基础上抽象的，如果按照语义成分归类的话，在现有研究的基础上，有些句法成分难以准确地进行归类，比如非名词性成分。格系统或者论元角色的研究主要考察动词与名词性成分的关系，如果完全参照其研究成果，会遇到很多难以解决的问题。比如：

（1）他还是爱你的。

（实话：123）

这句话的前文是：父母离异了，不在一起生活，但是父母和孩子的血缘关系是永远存在的，他还是爱你的，这个是谁也不能够改变的。

如果按照侯颖（2004）的"语义角色被指派为焦点的强式等级系列"来分析，上句的焦点应该为受事，即"你"。可是我们在语境中发现，事实并非如此，作者所强调的成分应该是"爱"。因为前面提到父母"离异"后可能会"不爱"孩子，与后面的"爱"孩子形成对比。

因此，在对"是……的"句进行归类时，我们主要从句法成分入手，部分类别中加入语义成分。比如在"是……的"句"名词性成分＋动词性成分……"类中，按照鲁川、林杏光（1989）的观点，我们把"名词类"从语义上分为主体的施事、当事、系事，客体的受事、结果、对象以及邻体的与事、伴随、关涉。

另外，"是……的"句是强调某个句法成分还是一个句法结构有时难以准确把握，即使是在语境中也是如此。这涉及对强调成分的认定问题，即这个成分是一个孤零零的成分还是一个关系结构中的成分？这和焦点研究中焦点的认定也有些相似。我们的观点是，强调的成分可以是一个句法成分，可以是一个短语结构，也可以是一个句子。至于如何分辨，还得需要语境。因此，如果用一个"是……的"句中焦点指派的强式序列来判断强调的序列，则有些过于简单化和理想化。实际情况远比此复杂。我们把强调大于一个句子成分的、比较难以归类的都纳入"命题"类。比如：

（2）您是哭给她看的，是吗？

（实话：174）

我们不能从结构上认为此句强调的是与事"她"，而是强调命题

"给她看"。因为前文的语境为:"她"是一个想自杀的女孩,"您"是救人的"郭文香",郭文香在救人的过程中,看到小女孩哭,她也使劲哭。所以主持人问:"您是哭给她看的,是吗?"这里强调的不是"她",也不是"看",而是"给她看"。

另外,为了更清楚地观察"是……的"句的强调情况,我们把能愿动词从动词类中单列出来,以区别于一般的动词。

(二)分析结果

1. 总体概况(详见附录中的表五)

我们逐条考察三种语体中"是……的"句式强调何种句法、语义成分,共找到583个例句,然后我们把这些例句进行归类,共归为7大类。如表7-3所示:

表7-3:"是……的"强调成分归类表

成分类型		语体			
		对话(实话实说)	政论(人民时评)	叙述(王朔小说)	总计
动词类	动前名/代词(主体)	11	6	19	36
	动前名/代词(邻体)	5	0	5	10
	动前修饰性成分7小类(环境、方式、根由)	14	17	34	65
	动前副词、形容词类(状+动)	14	4	25	43
	动+宾(6小类)	30	10	37	77
	动+补	6	2	6	14
	动	6	5	11	22
	四字短语	4	9	18	31
代词类	代	5	0	2	7
	疑问代词	15	3	19	37
形容词类		61	31	49	141
能愿动词类		26	9	13	48
副词类		2	0	1	3
命题类		11	6	31	48
特殊结构		1	0	0	1
总计		211	102	270	583

根据表7-3,下面我们进行详细地分析。

(1) 动词类

"是……的"中间为"动词"的句子有 298 例,约占所有例句总数的 51.11%。从这一比例可以发现,"是……的"结构中动词占优势。其中对话体 90 例,政论体 53 例,叙述体 155 例。这些不包括其他含有动词的疑问词结构、能愿动词和一些特殊的命题结构。此大类又可以分为 6 小类:动词前为名词、代词类 46 例,动词前为修饰成分的 108 例,"动词+宾语"的 77 例,"动词+补语"的 14 例,单独的动词 22 例,动词性的成语(四字短语)31 例。下面我们分小类举例进行说明:

A. "是……的"中间为"名词/代词+动词"类。我们把名词、代词从语义上进行再分类,语料中出现的例句可以概括为:主体的施事、当事、系事,邻体的伴随、关涉、与事。因为对"动宾"中的"宾"没有从语义上分类,所以没有客体的例子。语料中共发现强调"主体"的 36 例。例如:

(3) 北京文化是土生土长的北京人和移民到北京的外地人共同创造的……

(实话:20)

(4) 养鸟人并没有破坏,是捕鸟人破坏的。

(实话:195)

(5) 历史上,许多重大的社会问题都不是自然科学能够解答的,而是哲学社会科学给出了答案。

(人民时评:202)

(6) ……现场环境的视觉冲击、与相关人物直面对话中的情感互动,都是文字力所不及的。

(人民时评:235)

(7) 我们是作为最优秀的青年被送入部队的……

(王朔:2)

语料中共发现强调"邻体"的 10 例。比如:

(8) 有人跟我讲,就是说你们原来是做养殖业、做饲料的,那么做养殖业、做饲料是跟农村打交道的。

(实话:224)

(9) 我是为阿眉哭的。

(王朔:28)

(10) 那都是跟外国电影里学的。

(王朔:126)

B. "是……的"中间为"修饰性成分+动词"类的又可以分为两小类:"环境、方式、根由"类 65 例和"副词、形容词"类 43 例。这类结构强调的是修饰性成分。

强调"环境"类 45 例,在修饰性成分中所占比例最多。如:

(11) 后来我就要求索赔,而且是到工商局去投诉的。(环境:处所)

(实话:6)

(12) 任何一个制度都是在这种冲突中逐步完善的。(环境:情况)

(实话:9)

(13) 相信对"文化遗产日"作这样的规定是经过深思熟虑的。(环境:情况)

(人民时评:37)

(14) 许多原始生态是数十万年甚至几百万年形成的。(环境:时间)

(人民时评:96)

(15) 我说我们三个都是打圈里逃出来的。(环境:处所)

(王朔:93)

(16) ……正式谈话,基本是在一种审讯与呵斥充满无情压迫的气氛下进行的。(环境:情况)

(王朔:194)

强调"方式"类 9 例。例如:

(17) 可以说他是用他几十年,他生命的一部分换来的,你应该很好地去聆听。(方式:凭借)

(实话:105)

(18) 党和政府的形象与威信不是靠豪华办公楼树立的。(方式:凭借)

(人民时评:116)

强调"根由"类 11 例。例如:

(19) 引发爆炸的那些私制、私藏的炸药都是为非法开采小煤矿而准备的。(根由:目的)

(人民时评:175)

(20) 他不认为儿子正是因为瞧上了他的这些品格,认清了做母亲的伪善,从大是大非的立场才决定跟上他的。(根由:原因)

(王朔:178)

"是……的"中间为"副词、形容词+动词"的又可以分为六小类,分别是"副+动""状+动+宾""副+动+名""副+动+动""指代+动""形+动"。之所以把这六小类放在一起,是因为这些结构在"是……的"中间强调的是"动词"前的成分。这也符合王韫佳等(2006)的观点,即焦点重音在谓语部分内部的分布受到谓语之后是否有宾语的影响:在谓语动词带宾语的情况下,如果焦点重音没有落在宾语上,那么它就倾向于落在状语上。这六类中,仅有"副+动+名"比较难以决定强调成分的类型。我们认为,"副+动+名"中强调的成分是"副词",因为如果强调"名词"的话,完全可以采用"副+动+的是+名"结构。"状+动+宾"也是如此。我们根据语料分析,发现"是……的"中间的成分有:

永远存在、比较适应、挺合作、成倍上升、渐进、大大减弱、瞎编、有意掩饰、经常见面、常见、好欺负、准时到、永远不记儿女的仇、绝对飞不过长江、最具潜力、蛮有压力、挺尊重它们、很需要这笔钱、大有知音、一直爱着你、一直爱我、很有分寸、永远忘不了我、才理解你、很累人、很讲情调、很有吸引力、颇有眼力、最受折磨、很有意思、非常想去、最受欢迎、挺想当兵

C. "是……的"中间为"动+宾"类的共77例。这一类又可以分为六小类,下面分类举例说明。

"动+名/代"类31例。如:

(21) 父母和子女之间的矛盾,解决是需要时间的。

(实话:79)

(22) 如果妻子对你唠叨,说明妻子是关心你的。

(实话:95)

(23) 这表明大家是在乎"小钱"的。

(人民时评:97)

(24) 如果医生能够处处为他们着想,使其减轻痛苦,减少负担,绝大多数病人对医生是充满感激之情的。

(人民时评:344)

(25) 她在这种工作中是感到了乐趣的。

(王朔：32)

(26) 从你刚才说的话来看，你还是爱我的……

(王朔：154)

从以上例句可以发现，我们不能简单地说"动+名/代"类"是……的"句强调的是"动词"还是"名词/代词"。虽然代词或者有些名词（如"小钱"）前面小句已经出现，但根据上下文语境我们发现此类"是……的"句强调的是"动+名/代"结构。

"动+宾"类中的"宾"指的是动词性的宾语成分或者动宾结构，这类例句很少，仅见5例。如：

(27) 我国人工繁殖朱鹮的实验成功，是获得世界公认的。

(实话：192)

(28) 夏经平本来也是不想放过这个机会的。

(王朔：231)

"有+名"类例句有32例。如：

(29) 我想作一个补充，这种做法可以作为一种补充，总而言之，它是有积极作用的。

(实话：8-9)

(30) 毫无疑问他是有权利的。

(实话：33)

(31) 当然，这也是有代价的，需要……

(人民时评：138)

(32) 她们是有勇气的。

(王朔：24)

通过语境分析，以上例句中的"有+名"作为一个整体被强调。

"介宾+有+名""没有+名""有所+名"共9例，在此不举例句，只把"是……的"中间的成分列举如下①：

对我有感情、没有什么意思、无限制、无止境、无理、有所考虑

---

① 有些例句的用词相同，所以9个例句其实共有6个不同的成分。

D. "是……的"中间为"动词+补语"的共 14 例,强调的是补语成分。如:

(33) 为什么要告诉呢?因为瞒是瞒不住的。

(实话:121)

(34) 由此可见,若不从这盘根错节的利益链入手,加大违法成本,虚假违法广告是禁不住的。

(人民时评:210)

(35) 别老觉得孩子小,真把这些个人生道理讲透了,他们还是听得进去的。

(王朔:196)

E. "是……的"中间为单独的动词类,共有例句 22 个。这些例句明显地只可以强调一个成分,即动词。这些动词分别为:成立、保送、(不)允许、需要、没有、介绍、流动、失效、知道、双向、赞成、有、虚构、存在、装、(不)理、(不)变、了解、悠着、伪造。

F. "是……的"中间为动词性的四字短语 31 例,可以看作是一个整体强调。这些四字短语如"来之不易、无怨无悔、不可回避、无与伦比、言行不一"等。

(2) 代词类

"是……的"中间为代词的例句不多,共 44 例,约占全部"是……的"句的 7.55%。其中对话体 20 例,政论体 3 例,叙述体 21 例。单用代词的仅 7 例,"是……的"中间为"疑问代词+动词"的句子共有 37 例,其中对话体 15 例,政论体 3 例,叙述语体 19 例。我们之所以没有把"疑问代词+动词"归入"动词"类,主要考虑其特殊性,在"是……的"句中必然强调疑问代词成分。如:

(36a) 崔永元:他是这样做的吗?
(36b) 刘君:是这样的。……

(实话:108)

(37) 是这样的,你很明白。

(王朔:33)

(38) 观众:你只要想到你的生命是从哪儿来的……

(实话:73)

(39) 这么多"重大风险源"是怎么造成的?

(人民时评:179)

(40) 你这票是哪儿来的？

(王朔：235)

(3) 形容词类

"是……的"中间为形容词的例句共 141 例，约占全部"是……的"句的 24.19%。其中包括单独为形容词的 34 例、"副词＋形容词"（包括"不＋形容词""不＋副词＋形容词""副词＋不＋形容词""副词＋形容词性成分"类）101 例、"指示词＋形容词"1 例、形容词性的成语 5 例。按照语体来分，其中对话体 61 例，政论体 31 例，叙述体 49 例。

"是……的"中间单用形容词①的例句如：

(41) 他不违法就是合法，现在看来他没有违反哪一条法律，所以他是合法的。

(实话：7)

(42) 但现实中不一定所有的报道都是真实的。

(人民时评：22)

(43) 马林生的目光是空洞的，视若无睹。

(王朔：185)

以上例句中的"是……的"都可以省略，据此可以判定，上述句子为"是……的"句，不是是字句。

"是……的"中间为"不＋形容词"的有 24 例，符合判定标准的第二条。如：

(44) 你到北京来的背景跟前两位嘉宾是不一样的。

(实话：14)

(45) 但以为钱多就能办成事，或者以钱少为由不办事，都是不正确的。

(人民时评：112)

(46) 当然那是动乱年代，这么做是不对的。

(王朔：202-203)

---

① 形容词的判定根据《应用汉语词典》2000 年版。我们严格按照三个标准来区别"是……的"句和是字句，这三个标准分别为：能否省略"是……的"；"不"加在"是"前还是"是"后；"是"是否用于句首。

"是……的"中间为"副词+形容词/性"的例句为 74 例,这类句子大都可以自由地省略"是……的"。如:

(47) 我的印象是:北京人的整体素质还是比较高的,特别善于交谈,而且容易跟人交流。

(实话:20)

(48) 胡锦涛同志再次强调:人的生命是最宝贵的。

(人民时评:75)

(49) 幸亏当时没要小孩,现在看来这点还是比较英明的。

(王朔:147)

另外,"是……的"中间为"指示词+形容词"的例句 1 例、形容词性的成语 5 例。如:

(50) 我不愿意结婚后两个人还老是那么酸溜溜的。

(王朔:153)

(51) 我认为吃饭掏钱是天经地义的。

(实话:55)

(4) 能愿动词类

"是……的"中间为"能愿动词"类的句子共 48 例,占所有例句总数的 8.23%,其中对话体 26 例,政论体 9 例,叙述体 13 例。侯颖(2004)认为,如果"是……的"结构中出现模态谓词结构,该模态谓词结构被无标记指派为焦点。她所说的"模态谓词结构"其实就是"能愿动词结构",我们把这类能愿动词作为一大类进行考察。如:

(52) 但从总营业额看,比如说一天赚十元钱,他们这一年都赚钱,基本上有三百天是可以赚钱的。

(实话:10)

(53) 我们在强调理解,但是有的事情是不可能理解的,所以你理解了他,他理解不了你的。

(实话:85)

根据语境,以上两句中的"是……的"句要强调的是"能愿动词"。当然,如果"是……的"中间仅是"(不+)能愿动词"时,只能强调该"能愿动词"。如:

(54) 不给处分是不可能的。

(王朔:193)

但是也有强调整个结构的情况,如:

(55) 如何增加对可能发生问题的预见性、见微知著化解春运中出现的一些苗头性问题,是铁路、公路、公安等部门应认真思考和应对的。

(人民时评:26)

(56) 体制创新是需要付出成本的。

(人民时评:40)

根据上下文推断,以上两句中的"能愿动词+动词"结构都是新的信息,前文没有提到,作为一个结构整体被"是……的"强调。

(5) 副词类

此类"是……的"句共有 3 例,约占全部"是……的"句的 0.51%,其中对话体 2 例,叙述体 1 例。如:

(57) 我觉得一个社会要发展,一个城市要发展,盖高楼大厦是必然的。

(实话:47)

(58) 当然也是偷偷的,……

(实话:157)

(59) 了不起是肯定的,……

(王朔:226)

(6) 命题类

"是……的"中间为命题的共有 48 个例句,约占全部"是……的"句的 8.23%。命题类属于比较难归类的,这类"是……的"句强调的成分明显多于一个句法成分。其中,对话体 11 例,政论体 6 例,叙述体 31 例。如:

(60) 在这方面,比如钱的过多算计,经济上的过多计较,好像都是不大被人支持的。

(实话:84)

(61) 那我的索赔工作是没有办法进行下去的。

(实话:12)

(62) 这个以面试为主的招生也是有国际惯例在先的。

（人民时评：69）

(63) 稳定现行的生育政策，是符合目前中国国情并为多数人所接受的。

（人民时评：103）

(64) 阿眉和我谈到你的缺点时，一直都是体谅你，并不计较的。

（王朔：29）

(65) 这类课堂纠纷是天天都有，司空见惯的。

（王朔：191）

(66) 通奸是……，不是随便两个人一起睡觉都算的。

（王朔：312）

(7) 特殊结构

有的句子用的是"是……的"结构，但是并不强调"是……的"结构中间的成分，我们将之归为特殊结构。我们进行统计时仅见对话体中的1例，约占全部"是……的"句的0.17%。① 如：

(67a) 崔永元：杨女士我听得出，我们有的嘉宾是同样看重他们夫妻之间的这种各自的情感的，您怎么看待这种说法？

(67b) 杨：应该是看重他们夫妻之间的情感的。

（实话：168）

(8) 小结：总体的规律

我们按照各类例句数量的多少进行排序，发现动词类在"是……的"句中占明显的优势，其次是形容词类，具体的排序如下：

动词类298＞形（副＋形）141＞命题类＝能愿动词48＞代词44＞副词3＞特殊结构1

在动词类内部，又有一个等级序列：

动前有修饰成分（"环境、方式、根由类"＋"一般的副词、形容词"类）108＞"动＋宾"类77＞动前名/代类（主体、邻体）46＞动词性的四字语类31＞单独的动词22＞"动词＋补语"14

---

① 在语料中，这类例句虽不多见，但也很有特点。其实仔细分析，这类和"是……的"中间为代词类的也有共同的特点，都是赞同对方的观点。

回到本节开头提出的问题，"是……的"句到底强调哪个句法或语义成分？从上文的分析，我们可以很明显地看出来，如果是单独的句法成分，那这个单独的句法成分就是要强调的，比如单独的形容词、代词、副词、动词、四字短语等等。

至于两个或两个以上的句法成分的组合，比较容易判断强调的是哪个成分的有：能愿动词类、疑问代词类、动前有修饰成分类、动前名/代类。

比较难以决定的是两类："动＋宾"类、"动＋补"类。这两类一般的倾向是："动＋名"类强调"名"，"动＋代"类强调"动"，"动＋补"类强调"补语"成分。但有时根据上下文，强调的成分会有所变化。

统计表明，实际语料没有发现如下结构的句子，即"是……的"之间超过三个需要强调的成分。如：

（68）是小王昨天用钳子把那张桌子修好的。①

2. 分语体的统计

我们考察三种不同语体中"是……的"的运用情况，以期发现不同语体对于"是……的"用法的制约机制。

我们先对不同语体中出现的"是……的"句所占比例进行比较，详见表7-4：

表7-4："是……的"语体分布

	实话实说	人民时评	王朔小说
"是……的"句数量	211	102	270
所占各语体的比例（万字）	8.51	3.04	4.63

通过上表可以看出，"是……的"在对话语体中使用的比例最高，其次是叙述语体，最后才是政论语体。另外，我们也对王朔小说里的"是……的"句进行了"叙述和对话"的分类，其中，叙述语体的例句为134个，对话语体的例句为136个。如果叙述体里的对话部分加入对话体一起计算的话，那么可以更明显地看出"是……的"用于对话体的

---

① 这个例句原句是"是小王昨天用钳子把那张桌子修好了"。转引自石毓智、李讷《汉语语法化的历程——形态句法发展的动因和机制》，北京大学出版社，2001年，第34页。我们认为"是"与"了"搭配非常不自然，似是"的"之误。

倾向性最高。这说明，"是……的"句作为强调句，表达说话人的态度和感情，主观色彩较浓，使用目的是为引起受话人的注意，因此更倾向于出现在对话语境中。

各语体中"是……的"句中间成分出现数量多少的序列如下：

对话语体：

动词类 90＞形容词类 61＞能愿动词类 26＞代词 20＞命题类 11＞副词 2＞特殊结构 1

其中动词类进行细分如下：

"动＋宾"30＞"修饰成分＋动"28（环境、方式、根由和动前副词、形容词类）＞动前名/代类 16＞"动＋补"6＝单独的动词 6＞四字短语 4

政论语体：

动词类 53＞形容词类 31＞能愿动词类 9＞命题类 6＞代词 3＞副词 0

其中动词类进行细分如下：

"修饰成分＋动"21＞"动＋宾"10＞四字短语 9＞动前名/代类 6＞单独的动词 5＞"动＋补"2

叙述语体：

动词类 155＞形容词类 49＞命题类 31＞代词 21＞能愿动词类 13＞副词 1

其中动词类进行细分如下：

"修饰成分＋动"59＞"动＋宾"37＞动前名/代类 24＞四字短语 18＞单独的动词 11＞"动＋补"6

我们从以上的统计序列可以看出，在三种语体中，"是……的"中间出现最多的都是"动词"类的成分，其次是形容词类的成分。其中，"是……的"中间出现动词类成分最多的是两类："修饰成分＋动"类以及"动＋宾"类。

第五节 "是……的"语义、语用分析

虽然学界对"是……的"句式概括的语法意义大致为"强调、确认、断定"等,但面对学习汉语的留学生,我们很难讲清楚为什么要用这个句式,这个句式到底表达什么语用含义。

一、前人的研究成果

最新的研究成果认为,"是……的"强调的意义可归为"确认"[1],那么它与汉语中其他表达确认语气的副词("确实""的确""实在""真的")有什么异同?值得注意的是,李海燕(2006)指出,语言中指明焦点、强调、表达肯定语气和成句的手段很多,为什么要用"是……的"结构呢?她从语篇出发,总结出"是……的"句的语用意义为"当说话人担心某个事实可能被误解或忽视时,用'是……的'进行申辩或提醒注意"。应当说,李海燕(2006)的研究更加深入了一步,非常有新意,但是仍然不能概括出"是……的"的语用意义。比如:

(1) 你是什么时候来北京的?
(2) 我是去年来的。

从例句(1)、(2)中,我们读不出"申辩或提醒注意"的语用含义。同时,李海燕(2006)认为,正因使用"是……的"的意图是申辩或提醒注意,因此"是……的"句带有比较强的论证色彩,在论说文(17.5/万字)中所占的比例高于散文(13/万字)和小说(13.42/万字)。这和我们的统计有些不同,我们的统计结果是:"是……的"在论说文(3.044/万字)中的比例低于在小说(4.631/万字)中的比例。

李海燕(2006)把不能归纳为"申辩或提醒注意"的"是……的"句解释为"篇章连贯的需要"。这也说明用"申辩或提醒注意"不能概括全部"是……的"句的语用意义。但是她的研究对于本书具有非常重要的参考价值。我们将在她研究的基础上,借鉴前人的有关成果,深入剖析"是……的"句的语义、语用意义。

本书的研究方法为:在语篇层面上,比较同是表示"确认"意义的

---

[1] 比如李讷、安珊笛、张伯江(1998),袁毓林(2003a)研究"的"字的成果。

"是……的"结构与相关副词"的确、实在、真的、确实"等的异同,比较使用"是……的"与不用"是……的"的差异。在此基础上,概括出使用"是……的"的句法、语义背景和语法意义。

二、"是……的"与相关副词的比较

(一) 相关副词的研究情况

"的确、确实、真的、实在"等副词有着相似的语义,在许多辞书中它们互相进行释义,甚至在英文翻译中也对应着"indeed/really"。(肖奚强,2007;李劲荣,2007)在针对中国学生的语文教学中释义如此互训尚无问题,但对留学生来说,他们要学会使用这些词,如果不知道其异同,那么说出的话、造出的句子就会出现许多问题。因此,对外汉语教学的实际需求推动着语言学界对这些词的异同进行研究,尤其是要搞清楚这些词的语义、语用背景,使用的意图以及语法意义。

近几年,随着对外汉语教学的飞速发展,词的用法研究、近义词比较研究的成果越来越多。对于"的确、确实、真的、实在"等副词的研究也有许多可以借鉴的成果。关于"真的"这个副词,颜红菊(2006)认为,一方面,从话语组织的角度看,逻辑推理域的"真的"具有篇章连接功能;另一方面,从交际目的角度分析,"真(的)"的最终目的是"说服"。由于听说双方对同一事实的认识存在分歧,说话者在"确认"的基础上,"使听话者相信"自己的认识,具有"说服"的效力,体现出说话者与听话者分享观念的主观愿望,"真(的)P(命题)"表示"某事态是真的,我不骗你,请你相信我"。厉霁隽(2005)的研究表明:"真的"是由"……是真的"逐渐语法化而来,由"形容词+的"语法化为新的副词,它可以单独成句、做状语等。在这种句子中好像有一种预设,别人不知道或者不相信陈述是真的,所以说话人一定要强调,以证明自己陈述的可信性。

2007年有三篇值得关注的学术论文,均围绕这几个副词展开论述。这三篇论文从不同的视角观察"确实、的确、实在"的句法、语义、语用特点。

罗耀华、齐春红(2007)认为,"的确"类词语,无论它们分布在句首、句中还是句末,它们都不直接跟句内的某个成分发生语义上的联系,而是同整个句子的命题发生关系,因此其语义指向整个命题。"的确"以其分布的自由（句首、句中、句末），传达说话人的主观评价，而呈现出明确主观的情态，具有强化主观性等作用。因肯定句和否定句提供的信息有区别，肯定句提供的信息是在听者不知道 P 的情况下告诉他 P，否定句提供的信息是在听者可能相信 P 或熟悉 P 的情况下否认或反驳 P。当着意肯定一个事实时，通常也要具备这样一个前提，就是有人怀疑这个事实的真实性。若用"确实、的确"肯定的事实将是说话人自己曾经怀疑过的。

肖奚强（2007）通过对 430 万字语料的分析来论证语气副词"的确""实在"存在句法、语用上的差异。句法上，"的确"可以自由地与时态助词"了""着""过"及时态副词"在""正在"共现，而"实在"则基本不具备这种功能；"实在"多与否定式连用，常与感叹形式"太……了"连用，而"的确"则没有这种倾向。语用上，"实在"主要对本句所表述的内容加以强调，而"的确"则具有回应上文的衔接作用。

最值得借鉴的一篇研究成果是李劲荣（2007）的《"实在"句的语义格局与句法制约》。这篇论文非常清楚地总结出现代汉语中使用"实在"一词的语义、语用背景，即通常说来出乎意料的情况不会出现，但由于事物的某种情状达到了极高的程度，从而使得这种出乎意料的情况变成了现实；或者是因为某一超常情况的出现，让人不能不产生某种极性程度的认识。该文论述了"实在"句的典型语义格局是：（本来）-Q，（因为）实在 P，（所以）Q。其中 P 包含程度义，Q 具有超常性；"实在"出现在表程度义的 P 中，并凸显或加强 P 的程度性。Q 作为 P 的结果，要具有必然性和可推导性。因此，"实在"的语法意义就表现为"对事物性状高程度的主观确认"；而"的确"则偏重于客观性地确认已有的观点或命题的真假。

以上的研究成果总体上是互补的，学者们从不同的侧面进行了不同角度的研究，可以作为我们研究"是……的"的参考。但是关于"客观性"与"主观性"的论述还存在一些分歧。下面就这个问题谈一下我们的看法。

罗耀华、齐春红（2007）认为，"的确"传达说话人的主观评价，呈现出明确主观的情态，具有强化主观性等作用。而李劲荣（2007）则认为，"的确"偏重于客观性地确认已有的观点或命题的真假。

我们认为，"的确"与"实在"一样，都具有主观性。"主观性"

(subjectivity)是指说话人在说出一段话的同时表明自己对这段话的立场、态度和感情,从而在话语中留下自我的印记(Lyons,1977)。"确实""的确"等词可以对已有的观点进行确认,虽然观点是客观事实,但是并不影响这些词具有主观性,因为使用这些词就表明说话人对已有观点的确认度提高或者判断的语气加重,以此来达到吸引听话人或读者注意的目的。另外,由于"的确"可以自由地与时态助词"了""着""过"共现,说明所在的句式表达的是已成事实的命题,而"实在"不能用在这样的句子中。"的确"的主语可以是有生命的,也可以是无生命的,而"实在"的主语多是有生命的。因为"的确"的主语很多都是无生命的,常会让我们误以为就是客观的,其实不然,说话人只是没有出现在表层的句子成分而已,但在深层上,却隐含着"我"确信的含义。比如:

(3) 在中国经济腾飞的历史上,这的确是令人难忘的一笔。
(4) 应当承认,经济全球化对于发展中国家而言的确是挑战与机遇并存。

作者确信"在中国经济腾飞的历史上,这是令人难忘的一笔","经济全球化对于发展中国家而言是挑战与机遇并存"。

还有一个原因,即李劲荣(2007)认为的"'的确'偏重于客观性地确认已有的观点或命题的真假"。这里的"确认"[①]就表明了主观性,而"客观性"是指整个句子表达的命题是客观事实,并不含有"确认"的语义。

(二)"是……的"的语义特点

在我们对"是……的"的语义特点进行论述之前,有必要先把"确认"这个术语的含义弄清楚。因为现在许多学者都采用这个术语,但是没有给予界定。"确认"到底是什么?吕叔湘(1990)大概是最早采用这一术语的,他认为"的"字表示的是一种确认的语气,"表示确确实实有这件事,没有错儿"。李讷、安珊笛、张伯江(1998)的观点与吕叔湘基本一致,他们用英文单词"certainty"来翻译"确认",认为含有语气词"的"的句子是说话人向听话人表明肯定态度的方式,而不是为了告诉听话人发生了什么。《朗文当代高级英语辞典》(1998)对

---

① 详见下文的论述。

"certainty"是这样解释的：(1) something that is certain to be true or certain to happen（确定（实）的事；必然发生的事）；(2) the state of being certain; freedom from doubt（确实（性），确定性；无疑，肯定）。①

说话人传达确信的程度，是"的"还是"是……的"？或者说是一个词表达的还是一个结构表达的？以上几位学者认为"的"表示确认的语义完全可以适用于"是……的"结构。因为他们所论述的对象大都是没有省略"是"的"是……的"句。按照吕先生和李讷等的定义，"的"与"确实""的确"等语气副词的含义很难分辨。但"确实""的确"又能和"的"共现，这是强化的需要吗？比如：

(5) 他的确（是）昨天来的。②

同时我们也能说下面的句子：

(6) 他可能（是）昨天来的。
(7) 科学家认为，这种海上奇观可能是独特的潮汐引起的。

如果说"的"字表示"确确实实"，那么，与"可能"共现就应该是矛盾的，但是我们却可以说这样的句子。

因此，我们认为"确认"的解释最好不用"表示确确实实有这件事，没有错儿"或"certainty"这样的表述，因为语义太重，容易引起误解。③ 我们认为用《现代汉语词典》（第6版，第1081页）对"确认"的解释"确定认可"稍好一些。"的"所表达的语气不是很重，只是表示"事情就是这样（such is the case）"，"就是这样的情形（this is the kind of situation）"。④

"是……的"所表达的"确认"是对真实性的确认还是高程度的确

---

① 《朗文当代高级英语辞典》（英英·英汉双解），商务印书馆，1998年，第225页。
② 我们暂不考虑"是"的问题。
③ 另外，"确认"还经常有"A让B确认"的用法，而"是……的"句都是说话人自己的"确认"。如果换一个术语的话，我们经过比较，觉得"认定"一词更符合语气词"的"的特点。这个术语见于袁毓林《句子的焦点结构及其对语义解释的影响》一文（发表于《当代语言学》，2003年第4期，第323-338页）。他将Kiss（1998）的"identificational focus"翻译为"认定焦点"，是指英语中分裂结构中的分裂成分。"认定"这个词从字面上有"确定地认为"的意思，比"确认"语义上要轻一些，不至于和"确实""的确"产生纠葛。本书暂且从众，使用"确认"这一术语，但是含义仅采用它的字面义。
④ 参见赵元任（1968），转引自袁毓林《从焦点理论看句尾"的"的句法语义功能》，《中国语文》，2003年第1期，第10页。

认？抑或是某一事实的确认？我们认为，"是……的"是对命题内成分的确认。① 这一成分包括主体、客体、邻体成分，也包括谓词、命题结构。下面我们对此进行详细论证。

1. 主观性

张伯江（1997）认为，汉语里的传信表达主要有三种形式：（一）表示信息来源的形式，多用一些习用的"插入语"来表达，如"眼瞧着、据说、听说、也不知道"等；（二）表示说话人对事实真实性的态度，往往是用一些副词来表达，如"显然、准保、肯定、八成"等等；（三）说话人传达确信的程度，如宣传、解释、断言等，可以用句末语气词表示，如"的、吧"。根据张伯江的观点，"确实""的确""实在"等语气副词可以归为第二类传信范畴，"是……的"归为第三类。既然都属于传信范畴的成员，那么它们都应该具有主观性。

"确实""的确""实在"等语气副词都具有主观性，前文已经进行了论证。"是……的"是否如张伯江（1998）所言，也具有主观性呢？我们最初的感觉是"是……的"没有什么主观色彩，比如，"新中国是1949年成立的"反映的是客观事实。但如果说"新中国确实是1949年建立的"，就有了主观色彩，表达说话人确实相信这个客观事实。

但是不能忽视的一个事实是：虽然"新中国是1949年成立的"反映的是客观事实，但它仍是说话人作出的一个判断，作者是认可这个判断的。也就是说，我们在作出每个判断时都有说话者的主观性在参与。承认这个观点，我们也必须承认，一般的是字句也有说话人的主观性参与，表达了说话人对一个命题的判断。如：

(8) 他是个好人。

---

① 在 Somali 名词中，有一个焦点词 baa，它的作用和现代汉语的"是……的"表示的"确认"意义相似，它对命题内的成分进行确认时，是直接跟在所确认的名词之后。如：
  a. Amina   baa   wargeyskii   keentay.
     Amina   FOCUS   newspaper   brought
    "AMINA brought the newspaper, It was AMINA who brought the newspaper."
  b. Amina   wargeyskii   bay   keentay.
                                   baa+ay
     Amina   newspaper   FOCUS+she   brought
    "Amina brought THE NEWSPAPER, It was THE NEWSPAPER Amina brought."
参见 Saeed（2003：199）。

(9) 珠穆朗玛峰是世界上最高的山峰。(虽然是客观事实,但事实是说话人认可的)

一般的是字句与"是……的"句的不同在于,"是……的"有基础句,而是字句则无。这一点袁毓林(2003)已经作出了非常精彩的推演,在此不赘述。① 正因为"是……的"句有基础句,本可以不用"是、的",用了以后,比一般的是字句更容易引起人们的注意,因而衬托出语义更重一些或者说主观程度更高一些的意味。

另外,我们认为,"是……的"的主观性表现在说话人对于某一成分的主观选择后加以确认。当然,这个选择是有条件的,常常是信息量越高的词被选择的概率越大②,或者说,该词的可选性越多,越需要对它进行确定。如:

(10a) 瓦特发明了蒸汽机。
(10b) 是瓦特发明的蒸汽机。
(10c) 瓦特是发明的蒸汽机。("是……的"的变形)

因此,"是……的"句虽然没有"确实""的确""实在"等语气副词所传达出的主观性强,但是仍然表达了说话人的主观意志。

2. 命题

"的确""确实""真的"③ 可以放在命题内,对谓词性成分进行真实性的确认,也可以放在命题外,对命题的真实性进行确认。④ 如:

(11) 从期望目标上来看,爱因斯坦建立的相对论确实很有意义。

---

① 吕叔湘(1990)也认为"是、的"可以联合起来把叙事句改造成判断句。
② 端木三(2007)认为,语句的重音由信息量决定,并且认为名词的信息量比动词高。
③ 杨伯峻(1936)认为,"的确""真的"属于表"真实"的表态副词。
④ Fraser and Malamud-Makowski (1996)研究了"indeed"的发展演变过程:

meaning	1300	1450	1600	1850	2000
indeed$_1$ "in the act" (RA)	————————				
+> "in truth"					
indeed$_2$ "in truth" (EA)			————————		
+> "in addition"					
indeed$_3$ "what's more" (DM)				————	

Time-line for the development of indeed (RA=respect adverbial; EA=epistemic adverbial; DM=discourse marker).

从作者的研究中我们可以发现"indeed"由命题内逐渐到命题外的发展轨迹。

(12) 确实，单从牛顿第二定律的微分公式看，其中的 M 与 V 好像是各自独立的自变量。

(13) 应当承认，经济全球化对于发展中国家而言的确是挑战与机遇并存。

(14) 的确，在物质作用的基本思想下，跨越空间进行瞬间传递的相互作用不能被人们所接受。

(15) 曹操听了司马懿的意见，真的打发使者到孙权那里去。

(16) 真的，傻子屯人是讲信用的。

而"实在"只能用在对命题内谓词性成分的高程度的确认，不能放在命题外。如：

(17) 签证官先生：人人都说哈佛好，就是门坎实在高。

(18) 哪儿知道有人在您面前挑拨，叫您生了气，这实在太不幸了。

"是……的"是对命题内成分还是命题进行确认呢？张谊生（2000）认为，"是……的"格式是用来对句中某个成分进行评注性强调的。他发现"是……的"与评注性副词的区别是，那些本来既可以位于句中、也可以位于句首的评注性副词，一旦同"是……的"格式合用，就只能位于句首，不能位于句中。比如：

(19a) 居然是局长批准的。

(19b) ＊是局长居然批准的。

(20a) 恰恰是他送给我的。

(20b) ＊是他恰恰送给我的。

我们以"确实"为例，看看"是……的"与其共现的情形：

(21) 这固然有些夸张，但是我国古代宝刀、宝剑的锋利，确实是有名的。

(22) 因为，南陵的粮仓里确实又是无粮的。

(23) 太和县取得如此喜人的成绩，确实也是来之不易的。

(24) 这个能听、能见、能尝、能嗅、能活动、能思维的性体，虽然无相，好像是无，但它确确实实是存在的，是有。

(25) 所以看来确实是有这么几个人是被赚上梁山的。

(26) 他论证道，如果只有有限颗恒星分布在一个有限的空间区域里，这确实是会发生的。

(27) 确实是这样的。

(28) 没错，确实是存在的。

我们在北大 CCL 语料库中查询"确实"与"是……的"共现的句子，发现"确实"居于句首的非常少，但是例句仍表明，"是……的"倾向于放在"确实"之后。①这证明"是……的"是对命题内成分的确认。张和友（2007）把"是……的"句称为聚焦式构式，也认为"是"的功能在于将语义重心（焦点）指派给句子的某个成分（不包括句子本身），语用功能在于突显叙事句中的某个要素。

另外，张和友（2007）对下面句子的解释对笔者也有启发。如：

(29) 是风把门吹开了。

张和友认为这句话可以有两种解释：一种是窄焦点句，一种是句焦点，所对应的问句不同。如：

(30) 是什么把门吹开了？
　　 是风把门吹开了。（窄焦点句）

(31) （是）什么声音？
　　 是风把门吹开了。（句焦点）

张和友把句焦点的"是……了"句称为"是认"构式，指说话人对某件事真实性的确认。"是"的功用是对其后事件小句所表达事实真实性的断定。我们认为这句话只是回答"发生了什么事"，不需要对真实性进行确认。而"确实是风把门吹开了"才是对真实性的确认。"是风把门吹开了（句焦点）"只是对一个命题的事实进行确认罢了，即有这件事发生，仅此而已。

我们关心的是窄焦点句"是风把门吹开了"，这类句子完全可以用"是……的"句：

(32) 是风把门吹开的。

而句焦点"是风把门吹开了"，不能换用"是……的"句，一旦换用了"是……的"句，则不能回答"（是）什么声音"这个问题。如：

---

① 我们在语料中也发现了"确实"用在"是……的"之间的情况，如"很多人相信飞碟是确实存在的"。但是这样的例句很少，并且语感上我们觉得"确实"在"是……的"之外更好。

(33)（是）什么声音？
　　＊是风把门吹开的。

以上异同表明，"是……的"只能确认命题内的成分。而"是……了"可以确认命题吗？① 我们从语料库中找到的许多例句都证明了这一点：

(34) 他说，在谈判中，法国也许没有失去什么，但问题并没有解决，在许多方面，法国是后退了，是向美国让步了。
(35) 表面上看，是中国人输了官司，但实际上，是中国人赢了。
(36) 哟，是马勇又来订人民日报了。
(37) 肉贩态度极好，连声致歉：对不起，是我把秤盘拿错了。
(38) 水箱并没有坏，是宗棠把截门关掉了。
(39) 要我说，是老太太赶上好时候了。

"现代语法理论中人们普遍接受的一个事实是，话语里最实质性的区别是事件句与非事件句的区别。事件句具有时间上的连续性和有界性，一般以出现在叙述语体里为常，具有高及物性特征；非事件句没有明显的时间界线，是非叙述性语体所偏爱的，及物性较低。"② 上面例(34)～(39)中的这些句子都有"了"，可以看作是"事件句"的标志；下面的例句更能说明"是……了"的事件性：

(40) 下午4点整，有人来敲门，是镇长陪着警察来了。
(41) 一看，是她来了。
(42) 哦，是世友回来了。

许多"是……了"句不能换成"是……的"句，原因很多，比如谓词性成分是形容词，所确认的成分是受事，但是却没有被动标志③。如：

(43a) 经检查，是电缆烧坏了。
(43b) ＊经检查，是电缆烧坏的。
(44a) 他明知我远征军作战的目的，其所以背道而驰，是他太"聪

---

① 陈忠（2005）从认知的理论视角认为，"是……的"与"了"的对立是特写前景与自然前景的对立。我们认为这很难解释"是……的"与"了"不对立的情形。
② 参见李讷、安珊笛、张伯江《从话语角度论证语气词"的"》，《中国语文》，1998年第2期，第93-102页。
③ 这类现象比较复杂，本书暂不讨论。

明"了。

(44b) *他明知我远征军作战的目的,其所以背道而驰,是他太"聪明"的。

但是有时候用"事件""非事件"可能不能解释某些现象。比如:

(45a) 于是我们全班一起大摇头:不对嘛,我们发音没有问题,是你教错了。

这句话完全可以说成:

(45b) 于是我们全班一起大摇头:不对嘛,我们发音没有问题,是你教错的。

如果我们用"确认的是命题内成分还是命题"的标准来判断,就可以很容易区分两者的差别了,用"是……了"确认的是:

(46a) 于是我们全班一起大摇头:不对嘛,我们发音没有问题,是<u>你教错</u>了。

而用"是……的"确认的是:

(46b) 于是我们全班一起大摇头:不对嘛,我们发音没有问题,是<u>你教错</u>的。

袁毓林(2003)认为,"(是)……的"结构有时可以用来标记广焦点(即句焦点),即以整个处于"(是)……的"结构中的事件句为焦点。例如①:

(47) "你在办公室里干什么?再不出来,我给你告诉村支书去。"
"唉,工作组的老张同志把我锁在屋里的,……"

(48) 这时,他忽听一声惊心的喊叫:"王倬,你被捕了!……"
他吃惊地坐起来,不,是两位人民警察把他揪起来的。

以上两句都可以换成"是……了",我们认为用"是……了"是对命题整体的确认,而"是……的"只是对施事主体和动作的分别确认。也就是说,这类句子分别确认命题内的两个成分,但并不是整个命题。区别如下:

---

① 例句是袁毓林(2003a:6)转引自杉村(1999)的例句。

(49) "你在办公室里干什么？再不出来，我给你告诉村支书去。"
"唉，<u>工作组的老张同志把我锁在屋里</u>的，……"
"唉，<u>工作组的老张同志把我锁在屋里</u>了，……"

(50) 这时，他忽听一声惊心的喊叫："王倬，你被捕了！……"
他吃惊地坐起来，不，是<u>两位人民警察把他揪起来</u>的。
他吃惊地坐起来，不，是<u>两位人民警察把他揪起来</u>了。

这类对命题内两个成分分别进行确认的"是……的"的句子非常少，语料中大都用"是……了"句。

对命题内成分的确认是一种排他性的认定，选定符合说话者认定的，排除聚合项中其他的选项，因此在聚合项中是唯一的，在组合项中是突出的。只有这样才能准确判断"是……的"句的强调重点。

说话者对事实（已发生或未发生）或情况的确认（排他性、凸显性），有进行申辩或提醒注意的语用意义。如：

(51) 这时电话铃响了，是东东的老师打来的。

例(51)是对"谁打来电话"进行确认。又如：

(52) 他们往往不做任何实业……他们是中国当代最有活动能量、最策划缜密最大胆心细的一批"灰色收入"者……许许多多的中国人都是有"灰色收入"的。这是中国的一个公开的秘密。

（转引自李海燕，2006）

例(52)排除了"没有"灰色收入，确认了"有"灰色收入。另外，还有其他例子。如：

(53) 她是非常漂亮的。
(54) 我是会想念你的。

例(53)确认"非常漂亮"这一情况，排除其他的判断。例(54)确认将来发生的事实，排除不会发生的可能性。如果这样理解，则可以解释李海燕（2006）所列举的所有例句。

因此，我们简要概括一下"是……的"句的语义特点：对命题内的成分进行确认。这种对命题内成分的确认不是叙述事件，而"是……的"句是确认非事件中的某一语义成分。如下图所示：

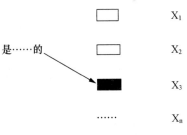

图 7-4："是……的"确认图

"是……的"对某一成分比如 X_3 的确认，实际上隐含着它对其他语义成分的排斥。这是一种隐性的对比，即 X_3 与其他 X 进行对比后，发话人从中确认"X_3"这一语义成分。由此我们也可以发现，强调与对比之间有着密切的关系。"是……的"句作为框架凸显强调，对框架内的语义成分进行强调的同时，也意味着它对其他对比项的排斥。

第六节 "是……的"的强调级次

"是……的"句是框架凸显强调，对命题内的成分进行确认，不需与其他强调结构连用。如果确需增加强调度，会在"是"前添加一些强调性的副词（如"真的、的确、确实"等）。因此，考察强调级次时，如果还是运用从语料中寻找连用形式的思路，恐怕比较困难。吕叔湘（1990）给了我们一些启发。他指出："有已成事实的确认，有一般事理的确认，有未来事实的预断，这里面语势的强弱也不一致，大致依上面的次序由弱而强；对未来的事实加以确认，自然要比确认过去的事实更有力。"吕先生的观察是非常深刻的，我们将在此基础上，讨论"是……的"句内部小类的强调级次问题。

前面我们讨论了"是……的"具有主观性的特点，然而我们在研究中发现，在不同的句子中，主观性的强弱不同：对已成事实的句子中某个成分的确认，主观性最低；对一般事理的句子成分的确认，主观性较强；而对未来事实的确认，主观性最强。李讷等（1998）也认为："对已然事实的确认只要'证据确凿'就行，不一定牵涉到说话人做事的意愿；对推断事情的肯定，则需要说话人以自己的态度作保证。"

我们认为"说话人自己的态度"正是表明了主观性。如：

(1) 我是昨天来的。(客观事实，主观性弱)
(2) 我是一直爱你的。(可能是事实，也可能是说话人自己的看法，主观性较强)
(3) 我是会去的。(还没有成为事实，只是说话人自己的保证，主观性最强)

另外，我们认为，就"已成事实的'是……的'"而言，内部也有强调级次问题，对谓词性修饰、补充成分的强调度低，对主语（主体）和客体的强调度高。

(4) 我昨天去上海了。
(5) 我是昨天去的上海。
(6) 是我昨天去的上海。
(7) 我昨天去的是上海。

根据辅重原则和信息量原则，"我昨天去上海了"重音在"上海"。假如一个句子有两个重音的话，那必然是"昨天"和"上海"都带重音。但是"上海"带重音优先于"昨天"，因为它是新信息。用"是……的"确认状语性成分，带有说话人反预设（对与之相对的已知信息的"纠正"）①的语气，这种语气较弱，因为"是……的"结构中间放入"修饰性成分+动词"是最为常见的句型。而用"是……的"确认主体或客体性成分，说话人的反预设语气非常强，在使用的时候经常是对听话人的纠正。因为"是"放在主语前、动词后，与放在"修饰性成分+动词"前相比，用法较少。据此推测：例（6）和例（7）的强调级次应高于例（5）。

第七节　本章小结

本章我们首先证明了"是……的"句符合我们提出的强调条件：异于常规（重音、焦点移动）、凸显。其次，我们对"是……的"句强调什么进行了研究。研究的方法是：我们先统计不同语体语料中"是……的"句中句法成分所占的比例，然后按照各类例句数量的多少进行排

---

① 关于"反预设（anti-presupposition）"，参见张和友《情态确认型"是"字构式中"是"的语义功能》，《北京大学学报》，2007年第2期，第97页。

序，发现动词类在"是……的"中占明显的优势，其次是形容词类，具体的排序是：动词类＞形容词（副＋形）＞命题类＝能愿动词＞代词＞副词＞特殊结构。在动词类内部，又有一个等级序列：动前有修饰成分＞"动＋宾"类＞动前名/代类（主体、邻体）＞动词性的四字语类＞单独的动词＞"动词＋补语"类。研究发现，"是……的"中间如果是单独的句法成分，那这个单独的句法成分就是要强调的，比如单独的形容词、代词、副词、动词、四字短语等等。至于两个或两个以上的句法成分的组合，我们比较容易判断强调的是哪个成分的有：能愿动词类、疑问词类、动前有修饰成分类、动前名/代类。比较难以判断的是两类："动＋宾"类、"动＋补"类。这两类强调的一般倾向是："动＋名"类强调"名"，"动＋代"类强调"动"，"动＋补"强调"补"。但是到底强调哪个成分有时会根据上下文而有所变化。

我们还考察了三种不同的语体中"是……的"的运用情况，以期发现不同语体对"是……的"用法的制约机制。统计表明，在三种语体中，"是……的"中间出现最多的都是动词类的成分，其次是形容词类的成分。其中，"是……的"中间出现动词类成分最多的是两类："修饰成分＋动"类及"动＋宾"类。

通过与表达"确认"语义的副词进行比较，我们概括出了"是……的"的语义特点，即"是……的"句是对命题内的成分进行确认。这类确认，不是叙述事件，而是确认非事件中的某一语义成分。

"是……的"句作为强调范畴的次范畴——框架凸显范畴，有着与极量、全量范畴不同的特点。但是它们都具有主观性、新奇性，都有重音的改变，这些应该是它们作为强调范畴的共性。

"是……的"句与是字句有着紧密的联系，本书限于篇幅、精力，暂时不进行深入研究。另外，"是……的"句与"是……了"句的转换问题也需要更加深入的分析研究。

第八章 语气强调范畴
——反复

第一节 研究概述

一、界定

反复作为一种修辞格，是修辞学研究的重要内容。目前学界对反复的界定不少，有影响力的学者如王希杰（2005）、袁世全（1999）、胡壮麟（1994）等。王希杰（2005）认为反复是要素（单位）的有规则的重现。他区分了反复和重复，认为反复是积极的，重复是消极的。反复可以分为：形式的和意义的；连续的和间隔的。同时他将反复与重复进行了对比，定义较为全面、清晰。

对此持相近观点的学者不少，比如袁世全（1999）认为反复是"为了强化某种思想感情，突出某种意图而有意多次使用某一个词语（概念）或者句子的修辞手法。重复是一种无意义的叠加，是单调，是赘余，而反复则相反"。

还有些学者研究中使用的"重复"实际上是语形"反复"，他们认为"重复"是一种积极的修辞手段，如胡壮麟（1994）对"重复"的界定如下："重复指同样的结构、同样的词汇在语篇的两个句子中出现，以体现中心思想或主题，最后达到强调的目的。"

由于反复既可以是语形的反复，也可以是语义的反复，而语形的反复又经常被称作"重复"，因此，我们把"重复"作为"反复"的一个小类来看。下文谈到的某些学者研究的"重复"其实都可以纳入"反复"的讨论范围。

二、反复的功能

对于不同语形的反复所表达的功能，国内外的研究者大都认为是

"强调",如 Kane & Peters（1969）等在 *Writing Prose* 中指出："Restatement is one of the simplest ways of achieving emphasis." 这句话表明，语意反复的基本目的在于强调（转引自杨明，1997）。李海红（2002）也认为"反复"是通过不断换述的过程将语意一再叠现和强调。赵末乔（2003）持相同看法："The most important and obvious effect brought by restatement is its emphasizing function." 这句话也指出语意反复最为重要和明显的功能是"强调"。

相同语形的反复也带来"强调"。比如胡祥骅（1998）认为："随意地重复句中某些词汇会使句子显得软弱无力，而经过认真考虑后重复某些词汇会使句子产生预期的强调效果。"叶友林（1990）指出："重复指重说相同的一个词或一些词，具有极大的强调功能。"志娃（1959）也认为"反复"是强调[①]的手法之一。

同义反复（包括句内成分、句子复现）最为大家认可的是突出强调作用。（陈建民，1990）也有研究认为，同义反复用来说明相似的意思，以示强调。（宗迁虎，1998）有的文章认为，同义反复是一种"羡余"成分，有突出强调的积极作用。（张炼强，1990）[②]

重复（repetition）是英语中颇为常见的现象。在讨论到"功能"时，不少人往往只注意在"强调"这一点上做文章，无意之中忽视了重复所具有的其他多种功能，这给人以一种错觉，认为似乎重复只与"强调"有关，和其他功能无缘。（朱永生，1998）

还有些学者尝试打破"强调"的束缚，探索"反复"的其他功能。我们综述前人的成果研究，概括出他们对"反复的功能"的论述。如表8-1所示：

表 8-1：反复的功能

学者	观点
崔艳红（2000）	突出某思想；强调某种感情
任志萍、杜蓓（2002）	增强行事行为的效力；增强重点信息的刺激强度；突显话语里的情感信息；使言外之意更加显豁。

[①] 语意上的加强，就是一般修辞书上讲的"强调"。其他的强调手法还有"排比、正反、设问"。

[②] 此三处均转引自马彪《浅谈同义反复辞格》，《求是学刊》，2005 年第 6 期，第 106-110 页。

续表

学者	观点
魏榕平（1998）	突出重点；抒发感情；语篇连贯
王涛（2003）	强调；表现强烈感情；表示赞美
陈宏薇（1998）	突出某种思想；强调某种感情；增强节奏感
李晋瑜（2006）	前后连贯；强调；使语言表达显得生动活泼，有感染力
张文庭（1985）	强调、幽默、讽刺、音乐美
马洪海（2002）	强调；抒发强烈的感情；独特的语用价值和修辞效果

上表所列学者的观点有同有异。那么，表中所列的种种反复的功能与强调到底是什么关系？是平行的，还是交叉的？是上位的，还是下位的关系？后文我们将进行分析。

三、英汉比较

以上对"反复的功能"的研究有些涉及汉语，有些涉及英语。近年来，还有些学者就英汉的"反复"现象进行对比研究。关注英汉语"反复"相似点的如杨铭（2002），他认为："英语修辞格（repetition）和汉语修辞格反复都是运用冗余信息、有目的地重复使用词语、句子、甚至段落，以表示强调、突出重点、加强语气、加深印象、创造特别的意境、形成特殊的节奏。"也有学者关注相异之处，如英汉修辞中的"反复"都具有强调作用，不同的是，"反复的部分或位置略有不同；英语追求言简意赅之美，而汉语则比较注重表达形式的整齐和富于变化"（王新明，1995）。王立弟、张立云（2002）讨论了汉英文本中语词的重复，并指出重复在汉语中出现的频率大大高于英语。这是因为重复在汉语中是实现语篇衔接的主要手段之一，而在英语中语篇衔接主要依靠代词、近义词替换和省略句的使用。英语中重复只是一种强调式的修辞手段。

四、反复的语义、语用功能

反复表达什么语义、语用功能？有学者注意到："从表面上来看这种语言现象非常简单，不过是些相同的字、词、句不止一次地出现在语言材料中而已，可它所表达的意义非常丰富，很难理清说透，不是孤立的个别语义分析所能概括的。在语法书中，人们常常对形式重复的意义进行单独的描述，指出它们在什么场合下表示'强调''表达不断增加的程度''表达一个过程的延续或重复''并列的强化作用''增强连接'等。这样处理，虽然可以帮助我们掌握一些形式重复的意义和用法，但缺乏横向联系和整体感，人们不知道这些意义是怎样得出来的。"（汤力群，2005）

我们可以把前表中所列的各种不同的语义、语用功能进行简化，认为反复表达的核心意义是强调，至于其他的功能与作用，都是强调的下位层次。这一点，也有学者指出："语义反复产生的一个基本意义是强调意义。……强调是一种主观情态意义，包括情感性、表达性、形象性、评价性、强烈性等。"（杨明天，2000）这样，反复表达什么语义、语用功能就不必在强调上绕圈子了，把强调作为一个上位的语义层次，其他的语义、语用功能都可以在不同的上下文中去探求。

五、反复为何是强调

我们在第二章关于"强调"的判断条件中列举了两个，分别是：(1)异于常规；(2)凸显与强化。

根据前人的研究成果和我们的观察，我们认为，反复符合异于常规与强化这两个条件。

其一，反复是异于常规的语言形式。这里的"异于常规"是指不重复的语言形式。有些学者在论述中也提到反复的这种特点，如汤仁云（2006）指出："在一般英语中，我们总是追求风格的变化多样，而力戒罗嗦和重复。但在有的语篇中，正是这种变异（deviation）造成了一种突出（foregrounding）引起读者或听众的注意，而且在一连串的不同的句子里重复使用同一结构或关键的词，会加深读者或听众的印象，使文章更富有感染力。这种修辞手段还可以发挥语篇的纽带作用，并能够达到突出主题、节奏明快等修辞效果。"

其二，反复具有强化的语义。这是因为反复的使用带有发话人的感情。这一点在前面我们所列的表中可以清楚地看到，几乎所有的学者都认可"反复表现出了发话人的强烈感情"这一特点。

这两个条件其实都是为了达到一个目的，即引起受话人的不随意注意，加深信息在受话人头脑中的印象。许多学者也意识到了反复这一本质的特点，如赵末乔（2003）讨论了语意反复这一修辞活动参与者的心理状态。他认为："对接受者而言，语意反复能引起他的不随意注意，较容易而快速地被理解，并有可能被长时间地记忆。"又如刘雪春（1998）认为："由于反复是不断重复相同的信息，因此恰当运用，可以强调要突出表达的重点，不断加深所传输的信息在受众头脑中的印象，增强语言的表达效果。此外，反复还可以帮助语言表达者抒发一种强烈的感情。"姚锡远（1995）认为："听读者的大脑皮层受的刺激越多，留下的痕迹也越多，反响也越强烈。同一事物出现的次数越多，给人感官上的刺激越强烈，这样就能引起人们对该事物的高度重视。反复能实现其突出事物、强化感情的修辞功能，其心理基础正在于此。"

以上是从心理学的角度解释"反复"被称作"强调"的原因。我们也可以从认知的角度①对"反复"进行简要的解释。这里我们要先介绍一个概念，即数量象似，它指的是："语言结构的复杂度映照所表现的概念结构的复杂度，即量大的信息，说话人认为重要的信息，或对受话人而言联想度低的信息，所使用的句法成分就比较多，语言形式就比较复杂；反之，量小的信息，说话人认为不甚重要的信息，或对受话者而言联想度比较高的信息，所使用的句法成分就比较少，语言形式就比较简单，甚至可以省略不说。"（沈家煊，1993）彭兰玉、谢晓明（2001）认为"话语复现具有强化作用，特别是强化了主观量和信息量"。李鑫华（2004）从意象的角度来看待"重复"现象，他认为："语言与意象虽可以看作是两种符号系统，但这两种系统也是互动的。语言系统也好，意象系统也好，各自都有联想联系（associative interconnection）。它们可以互相转换，语言上的反复可以引起意象上的强化，同时也可以引起情感上的强化。而情感的反复加强，最终对说话人表达他的主题会起到很大的作用。"

第二节 反复实现强调的途径

一、研究基础

本节从语料分析入手，探究反复的各种形式特点以及这些形式表达

---

① 从认知的角度来考虑这一问题，我们要感谢刘丹青先生的意见，他认为，强调与反复的关系应该跟强调与主观量的关系结合起来。强调和反复的联系，是通过主观量作为中介来实现的。因为反复直接表达的是一个主观量，是最象似性地表达主观量的，然后再通过这个主观量来达到强调的效果。

强调的途径。我们所用的语料包括:《北京人在纽约》剧本、《编辑部的故事》剧本、老舍的《茶馆》《龙须沟》剧本以及王朔的小说《永失我爱》《空中小姐》。

李宇明(2000)对强调的研究是本节研究的重要基础。① 他认为强调是语势的一种,语势量的差异便形成语势的等级。他研究中的三个例句是本节所谈的反复现象。如:

(1) 在车上我回头看她,视线相遇时,她身子一抽搐(的的确确是抽搐)。
(2) 如果说过去我是凭直觉感到她有重要的话要对我说。那么现在,我几乎可以肯定,她是的的确确有话要对我讲,还是句对我生死攸关的话。
(3) 老马听了大骂我荒唐,他很了解我的情形,认定我只是一时想不开。事实上我的确是想不开,但除此之外,我已经无从想象人生还有什么了。

李宇明先生认为这些例子用"是""的确""的的确确"等表示强调的词语来增强语势,同时,他提出,对这些连用的非强调式和强调式进行分析,可以发现语势的不同等级。

本节考察反复现象时,我们也将参照张伯江(1996)的研究方法,对近义的同形或异形的反复现象进行探究,以期发现强调的机制与途径。②

二、反复实现强调的途径

(一) 同形反复

我们在考察语料后发现,反复的类型可以分为两大类:同形反复和异形反复。同形反复是指相同的形式连续出现,这些语言形式既包括词语,也包括句子,我们可以用"XX"来表示。例如:

---

① 李宇明先生建议笔者重点考察形式上有变化的反复通过什么来实现强调。
② 张伯江先生在笔者开题时就建议笔者沿着"否定的强化"这一思路做下去。由于强调问题难以把握,前面的章节占用了笔者写作的大量时间,本节内容因时间、精力原因不能深入展开,以后有时间会继续深入研究。在修改本章时,笔者已经欣喜地看到有博士生从强调的视角对包括反复在内的话语现象进行研究,如鲁莹(2011)。

(4) 起明：怎么啦。我在美国还不能抽根美国烟。
   郭燕：<u>你看看，你看看</u>那墙上写着什么来着。

            （《北京人在纽约》）

(5) 起明：我是臭资本家。我为了挣第一笔钱，为了做第一笔生意，你知道吗？你这个爹。我<u>七天七夜，七天七夜</u>，我每天睡两个小时的觉。我他妈差点<u>淹死，淹死</u>在那个澡盆里头。那是你爹。知道吗？

            （《北京人在纽约》）

(6) 起明：真的，有这预感？
   大李：<u>真的，真的</u>。你记着我这话，你要发的时候别把哥们儿给忘了。

            （《北京人在纽约》）

(7) 阿春：起明，<u>我求你。我求你，我求你</u>。我一定要走，好不好？让我走。

            （《北京人在纽约》）

  例句（4）、（5）是句内词语的重复，例句（6）、（7）是句子的重复。例（6）虽然是一个词，但是也作为一个答句连续出现两次。

  我们在第一至第三节所论述的反复形式，大部分都是同形反复，同形反复是修辞学研究的重要内容。话语中连续出现（有时间隔出现）的两个相同的语言形式，有些学者称为话语复现，他们认为话语复现有强化作用，特别是强化了主观量和信息量。

  （二）异形反复

  异形反复是指连续出现的形式前后不同，有一些变化，主要包括增形反复、减形反复和变形反复。异形反复除了对相同语言形式进行连续复现之外，还增加、减少、变化原来的形式，达到强调的目的。

1. 增形反复

  增形反复是指形式上后者增加了一些词语，可以用"XX+"来表示。这类反复在我们所考察的语料中非常多。我们关心的是后面的语言形式增加了哪些词语，这些词语有什么特点。我们在分析语料时发现，后面的形式增加比较多的是一些表示确认意义的副词。例如：

(8) 我只想帮忙，<u>真的</u>，帮忙。

            （《北京人在纽约》）

(9) 莫：高，<u>实在</u>是高。

(《编辑部》)

(10) 她要跟我说的不是这话。<u>确实</u>不是这句话。

(《空中小姐》)

(11) 李：报复，<u>肯定</u>是报复。

(《编辑部》)

(12) 刘：可以。<u>当然</u>可以。我这就给你腾地儿。你们想怎么谈就怎么谈，啊。

(《编辑部》)

以上例句连续出现的后句用"真的、实在、确实、肯定、当然"等增强确信的语气，比单纯的同形反复语气要强。

另外，语料中还有一些其他副词出现于后句中。如：

(13) 起明：不能，<u>绝</u>不能，我不能没有你。

(《北京人在纽约》)

(14) 郭燕：他会是个好丈夫，而且他会成功。他<u>一定</u>会成功的。你应该嫁给他。

(《北京人在纽约》)

(15) 赵老：我管！我<u>一定</u>管！

(《龙须沟》)

(16) 牛：诶，你说说清楚，这到底怎么回事儿啊？没用。<u>根本</u>没用。

(《编辑部》)

(17) 牛：诶，诶，等一等，等一等！
何：咱们法庭见。不等，<u>坚决</u>不等。

(《编辑部》)

以上例句所用的副词"绝、一定、根本、坚决"等明显起增强反复的语势的作用。

还有一些后句中出现的副词表示程度的增加。比如：

(18) 你错了，阿眉！你<u>完完全全</u>搞错了。

(《空中小姐》)

(19) 大卫：真美。你真是<u>太</u>美了。

(《北京人在纽约》)

(20) 郭燕没意思，没意思透了。什么爱情，都是骗人的。十几年的夫妻，全是假的。

(《北京人在纽约》)

例句中所用的"完完全全、太……了、透了"表示程度增加，语意更强。

另外，还有一些表示范围的副词用于后句。比如：

(21) 少他妈动我。实话告你，老子不喜欢，都不喜欢，看见这花花绿绿的东西就烦。

(《永失我爱》)

(22) 起明：你他妈的也不懂什么叫青梅竹马。狗日的现在人在哪儿我不知道。人在哪我都不知道。你他妈把她弄哪儿去了。

(《北京人在纽约》)

例句(21)出现了表示范围的"都"，例(22)出现了"连……都……"结构中的"都"，这些例句中的后一小句在范围、程度上都高于前句。

语料中还发现了后句用"就、就是、是……的"的例子。如：

(23) 宁宁：臭资本家，你就是臭资本家。

(《北京人在纽约》)

(24) 起明：……犯混了，犯混，我就犯混了。不想走，你就甭走，站住。今儿我就犯混了。

(《北京人在纽约》)

(25) 我对她讲，应该去见见那个小伙子，总要再嫁个什么人，况且这个小伙子比前面那位强上百倍。阿眉只是说不想见，就是不想见。

(《空中小姐》)

(26) 大卫：说你爱我吧。我要听你说爱我。
郭燕：你知道的，你是知道的。

(《北京人在纽约》)

(27) 大卫：我觉得可以。可是我需要时间。知道吗？我需要的是时间。不能一下子那样。

(《北京人在纽约》)

还有些增形反复的例句,用四字词语表示程度的增加。如:

(28) 张:我有罪。我<u>罪该万死</u>。

(《编辑部》)

2. 减形反复

减形反复是指形式上后者比前者少了一些词语,可以用"X+X"来表示。比如:

(29) 起明:什么叫安插,你不平等。全是咱们自己人,<u>自己人</u>。咱俩就什么事不操心。

(《北京人在纽约》)

(30) 这也怪我。过去老是说省俩钱儿啊,<u>省俩钱儿</u>。我看头一件事儿,咱们就得请个法律顾问。

(《编辑部》)

(31) 张:小声点儿。咱们屋里谈,<u>屋里谈</u>,好吧?

(《编辑部》)

(32) 我得罪了谁?<u>谁</u>?皇上,娘娘那些狗男女都活得有滋有味的,单不许我吃窝窝头,谁出的主意?

(《茶馆》)

(33) 大李:我跟你说呀。我可不是挑拨你们离婚。这话咱可说前头。
起明:我知道,我也不能够离,<u>不能够</u>。

(《北京人在纽约》)

(34) 刘秀芬,你过来。这你干的好事儿啊!啊,你到底想把我怎么着,啊?<u>你想把我怎么着啊,你</u>!

(《编辑部》)

以上例句中 (29)、(30)、(31)、(32) 都是完全复现前句的后半部分。例句 (33) 复现的是能愿动词"不能够",例句 (34) 复现的是副词"到底"所修饰的命题"你想把我怎么着"。

还有一些与以上诸例不同的减形反复用例,这些用例重复句子的前半部分,略去后半部分,但是后句常常带有表示强调的"是……的"结构。这类反复可以说是增形反复与减形反复的重叠。

(35) 起明，我自个也找到工作了。我自个找的。

（《北京人在纽约》）

(36) 你说过你不会爱我！你说过的……等一下。

（《北京人在纽约》）

3. 变形反复

变形反复是指前后反复的形式变化比较大，主要是句式上不同，可以用"XY"来表示。这类反复与张伯江（1996）所谈的不同句式的前后连用大体相同。我们在语料中找到不少类似的用例，其中有许多用例是反问和否定句式的连用。例如：

(37) 四嫂：（悲哀地）一夜压根儿没睡！我哪能睡得着呢?

（《龙须沟》）

(38) 女：没关系！你们冒用我们的名义到处拉赞助搞晚会，怎么叫没关系呢？

（《编辑部》）

(39) 阿春：在美国这可不叫吹牛，这叫树立形象。我跟你认真讲，我刚来的时候，我也曾经谦虚过，可是连你自己你都不相信的话，谁会相信你呀。

(40) 起明：兄弟，记着啊。打明个儿开始。只要有用的着哥们的地方，言语。

大李：那还有的说呀，没的说。不过你将来发了，可千万别把哥儿们给忘了。

（《北京人在纽约》）

(41) 这你们都理解了吧？谁愿意失业，没人愿意失业吧。这是一个问题。

（《北京人在纽约》）

(42) 郭燕：家。我哪还有什么家呀。我早就是个无家可归的人了。如果说，我曾经有过一个家的话，那它也绝不是在纽约，它在北京。

（《北京人在纽约》）

以上例句中(37)、(38)、(39)都是否定后连用反问句式。例(40)~(42)是反问与否定的连用。

还有一些例句前后都是否定式，一个用"不"否定，一个用"没"

否定:

(43) 张: 不谈。没什么好谈的。

(《编辑部》)

变形反复还有一类是更换个别的词语,有的是更换形容词或形容词性成分。如:

(44) 小二德子:……没当过这么美的差事,太美,太过瘾!比在天桥好得多!

(《茶馆》)

(45) 戈: 呕,呦,合着这名人都来了哈。《大众生活》真了不起啊,真有两下子啊。

(《编辑部》)

还有的是更换修饰成分,比如否定词、副词、时间名词等成分。如:

(46) 郭燕: 起明。你不要这样想。别这么想。

(《北京人在纽约》)

(47) 起明: 我这儿,经理助理的位置。永远给您留着,一直给您留着。……

(《北京人在纽约》)

(48) 起明: 哎。好沉。这么沉。

(《北京人在纽约》)

(49) 王: 那,那是几儿啊?
    李: 今天,现在,立刻,马上。

(《编辑部》)

(50) 大　卫: 我必须冒险。
    安东尼: 为什么?
    大　卫: 因为我是最出色的,非得冒险不可。我不,别人也会,对吧。

(《北京人在纽约》)

更换个别词语的还有一种情况是更换名词,名词所指的内容范围逐渐扩大。比如:

(51) 起明: 你说清楚谁是失败者。我不是失败者。我是厌倦,我讨厌，我讨厌他妈的纽约。我讨厌他妈的美国。我讨厌这儿的一切。

（《北京人在纽约》）

例（51）反复出现"我讨厌……"，由小到大，程度加深。

4. 复杂形式

还有一些连续反复两次以上的词语或句子，这样的情况就比较复杂了。如：

(52) 我也把匙伸进她的汤碗里舀了一匙喝，评论道：这纯粹是刷锅水。是刷锅水，毫不掩饰的刷锅水，连盐都不屑一放。

（《永失我爱》）

(53) 郭燕：你不觉得无聊吗？

起明：我觉得我无聊。我特无聊。我怎么那么无聊呀。我就是一个无聊的人。有不无聊的呀。

（《北京人在纽约》）

(54) 我没话给你留。我没有（号码）。我没有名字，没有号码，没有电话号码。什么也没有！

（《北京人在纽约》）

例（52）、（53）、（54）都是异形反复，其中例（52）有三处反复："这纯粹是刷锅水→是刷锅水"是减形反复；"是刷锅水→毫不掩饰的刷锅水"是增形反复；"（是）毫不掩饰的刷锅水→连盐都不屑一放"是变形反复，此处还用了表示强调的连字句表达作者对"汤"的不满。

例（53）最少也有三处反复："我无聊→我特无聊"是增形反复，用"特"表达程度更高；"我特无聊→我怎么那么无聊呀→我就是一个无聊的人"是变形反复，"怎么那么"表达程度高，"就是"表示强调性的确认。

例（54）连用几个"我没有……"变形反复，仅更换个别的词语。最后用一个"什么也没有"强调句把"我"的一无所有表达到了极致。

第三节 本章小结

反复现象属于超句范畴，本章从强调的角度入手，综述了学界对反复现象的研究情况。学者们大都同意"反复的功能是强调"这一观点，然而对为什么是强调没有给予解释。另外，前人的研究大都聚焦于同形的反复形式，对异形近义的反复研究则比较少。

本章着力点在于对反复现象的解释，并对反复现象表达强调的途径进行了具体语料的探究。研究表明，同形和异形反复现象都存在着异于常规的形式，都是一种重复现象，另外都具有强化语义的作用。

我们把异形反复现象又分为增形反复、减形反复和变形反复这三种现象来研究。增形反复的后句常常增加一些副词，如"真的、实在、确实、肯定、当然、绝、一定、根本、坚决、完完全全、太……了、透了"等明显起增强反复语势作用的副词。另外，语料中还发现，很多反复句的后句用"就、就是、是……的"等表达确认语气，以达到强调的目的。

减形反复是一种比较有意思的反复现象。在形式上后句比前句简短，是发话人表达的重点。减形反复句大都省略前句的前半部分，反复后半句。

变形反复主要包括意义相近的不同句式的连用，语料中比较多的是通过反问与否定句式的反复出现来进行强调。另外，我们还发现，变形反复句中前后反复的句式相同，但是会更换个别的词语。这类变形反复有些类似于同形反复，也可以称之为近形反复。

以上各种反复现象也有交叉运用的情况，现实语料中有一些用例，在此我们不赘举。

值得注意的是，反复现象中的句式很多都是强调句式，即连字句、"是……的"句、周遍句、反问句等等，并且这些句式大都放在反复的后句中。另外，一些评注性副词或者"强调性副词"，比如"真的、确实、实在、一定"等等也常出现于反复的后句。

反复现象多出现于口语及对话语体中，因此，本章研究对其他语体的反复现象涉及很少，今后我们可以尝试对反复现象的语体分布进行研究。

第九章　结论及余论

第一节　本研究的创新与价值

无论是本体研究，还是应用研究，"强调"这个概念使用频率高，使用面广，很多人都提及"强调"，但是没有给予梳理。"强调"是很复杂的现象，它分散于语言研究的各个层面，很难集中。[①] 本书首次对"强调"这一复杂的语言现象进行相对系统、深入的研究，从认知心理学视角，给"强调"一个相对清晰的界定，并提出判断强调与否的标准。另外，本书对强调、焦点、对比的异同进行研究，基本廓清了三者的界限。运用我们提出的强调界定标准，可以对纠缠不清的强调外延进行划定，同时对于厘清哪些是强调现象、哪些不是强调现象有一定的理论价值。

本书借鉴语义范畴理论，提出构建强调范畴并对此进行论证。由于强调范畴包含的次范畴较多，本书仅对几种核心的次范畴进行研究。另外，对近义的强调格式我们从语义、语用方面进行了对比分析，从强调级次上排出了强调程度的高低。对于连字句、甚至句、即使句、周遍句、"是……的"句的研究，前人已取得了丰硕的成果，但我们又从一个全新的视角对它们进行了深入的探讨。另外，我们对同是表达主观极量的强调句式的比较研究也是前人很少关注的。同时，我们首次尝试了对表确认强调的"是……的"句与"实在""确实"等表示确认的副词的比较研究。对于"是……的"句到底强调什么，我们通过手工检索100多万字的语料，找到了一些规律。

本书对于具体句式的研究成果都是在前辈学者研究的基础上，从强调视角进行观察所取得的。这不仅有助于开阔研究的视野，发现更多的规律，而且更有其实际的应用价值。比如，对外汉语教学大纲中列出了很多强调格式，但并未就筛选标准进行说明，如果利用本书的研究成果

[①] 李宇明先生曾建议笔者从更高、更宏观的角度去思考强调现象，本书朝这一方向做了一点努力，但由于个人水平所限，存有不少遗憾。如有可能，今后本人将继续为之而努力。

则可以对诸多的强调格式进行判定，尤其是对典型强调次范畴能够加以认定。对于强调次范畴的语义研究，可以帮助对外汉语教师在教学中讲清楚强调句式的语义背景。

本书对异形反复的分类、对异形反复实现强调途径的研究，是普通修辞学、句法学所很少涉及的。这对于扩大反复研究的视野，深化对反复现象的认识有一定的意义。同时，异形反复的研究成果对于从更高层面认识强调现象也具有十分重要的价值。

第二节　余论

一、关于"强调"

强调是主观心理现象，它不易捉摸；它又是语言表达中不可缺少的东西，句子、段落、篇章都离不开它。从范畴的角度研究强调，限于笔者的精力和水平，我们只能就典型的次范畴进行列举和研究，基本局限于小句的范围内，超句研究仅涉及反复一章。另外，强调次范畴的构建尚处于理论构想阶段，还缺乏深入的论证；次范畴之间是什么关系，也需要更深入的探讨。

研究表明，强调与主观量有着密切的关系，连字句、即使句、甚至句都表达主观极量，"疑问代词＋都/也……"句表达主观全量，反复是主观量的强化。一些表达主观极量的副词还没有纳入本书的研究范围，它们与强调是什么关系值得我们进一步研究。此外，主观量是目前学术界所关注的热点问题，从主观量的角度深入研究强调现象应该会有新的发现。

我们知道，强调涉及的研究层面很广，比如语音、词汇、语法、语用等，但本书在语音方面的研究涉及较少，尤其欠缺语音实验的相关论证。从语音层面研究强调，也是一个今后研究的新课题。

强调范畴的研究在汉语教学领域有很好的应用价值，对于强调次范畴的偏误分析研究也是今后需要研究的课题。

二、有待深入研究的其他强调现象

非常规语序是与常规语序相对而言的，又叫凸显语序、特异语序、超常语序等。1980 年，Osgood 就注意到语言有两种语序：自然语序和凸显语序（或叫"特异语序"）。"自然语序"立足于时间顺序（或叫"概念顺序"），"凸显程序"则立足于焦点，负载着说话人的兴趣、心绪、态度等等。① Osgood 所说的"凸显语序"指的就是非常规语序。就汉语来说，有汉语语感的人一般比较容易辨别某一语序是常规语序还是非常规语序。非常规语序可以表达强调是不容置疑的，但是为什么表达强调，学者对此进行解释的很少。有一些学者已经从心理学视角尝试进行简要的解释，比如张伯江、方梅（1994）认为："心理学的实验研究表明，在一般对话里最容易引起听话人注意的首先是句首成分，因此，对话语体里在有限的时间内把最重要的信息放在句首的处理办法，既是说话人直接的心理反映，也是引起听话人注意的便捷手段。在我们所考察的语料里，有 96% 以上的主位后置句出现在对话里，可以说明，主位后置是对话语体的特有现象。"根据我们总结出强调的条件来考察非常规语序现象，发现它符合两条：异于常规（重音、焦点移动）及凸显。非常规语序既然是"非常规"的，肯定是有标记的，和常规语序相比，更容易引起受话人的注意。这一点是心理学已经证明了的。非常规语序的句子是否重音和焦点发生了移动？陆俭明（1980）认为，易位句的语句重音一定在前置部分，后移部分一定轻读。这和常规语序句正好相反。重音发生了转移，焦点也会相应地转移。对于一些修饰成分的后置现象，同样可以进行解释。

　　反问在强调范畴体系里，我们将之归入语气强调范畴。前人有许多成果都认为反问是表达强调的。当然也有学者对"强调说"提出质疑（郭继懋，1997）。本书在"反复"一章中涉及到反问和否定的连用现象。从强调的视角观察反问句式，尤其是观察反问句式的使用环境值得探讨。另外，反问到底在强调范畴处于何种位置，它如果是强化范畴，与反复、双重否定在强调上有无异同也需要研究。

　　有些学者认为，双重否定之所以表达强调，是因为否定词有"否定"和"强调"两个功能，它们的"否定"功能在双重否定中相互抵消了，但它们的"强调"功能没有抵消，反倒加强了。（徐杰、李英哲，1993）但是语言事实表明，双重否定可以表达强调，有时也可以表达弱

---

① 参看戴浩一著《以认知为基础的汉语功能语法刍议》（上）（下），叶蜚声译，载《国外语言学》1990 年第 4 期，1991 年第 1 期。

化的功能。双重否定与强调的关系也值得探讨。

李宇明（2000）认为，语言表达常需夸张，夸张是造成虚量的一个原因。仔细品味，凡主观量大都含有或多或少的夸张成分。既然夸张与主观大量有关系，那么它应该与强调有关系。

按通常说法，让步句主要包括据实让步和虚拟让步两类，据实让步又称"容认句"，以"虽然 p，但是 q"为代表。虚拟让步又称"纵予句"，以"即使 p，也 q"为代表。即使类单句在本书的极量强调范畴里涉及到了。即使复句是不是可以纳入强调范畴需要探讨。据实让步句许多也是强调，当把一个强调的成分放到背景位置的时候，那么它凸显的后面跟它相反的那个意思也会表达强调，所以强调不完全有正向的作用，反过来也有逆向的作用，这个问题也是值得注意的。①

除了以上提出的非常规语序、反问、双重否定、夸张、让步等，还有一些语言现象与强调有关，即对仗、反身代词、强调副词等等。另外，各强调范畴在对外汉语教学中的使用情况、教学情况如何，有无偏误出现，如果有，如何解释这些偏误等问题都比较有意思。

与"强调"有关的语言现象如此之多，这充分说明"强调"在语言表达中的重要地位，也说明我们对其研究的必要性。然而，强调现象又是如此复杂，如此纷繁，散布于语言的各个层面，许多课题需要更多的学者参与研究。

同时，我们也需要深入思考强调在语言表达中的作用。从宏观、理论的视角发现语言的强调原则，总结出更有理论意义的语言规律。这也需要我们拓宽视野，从语言类型学的视角去观察世界不同语言表达强调时的共性，找到一些倾向性的规律。

---

① 关于据实让步句与强调的关系是刘丹青先生提出的，限于精力，我们只能留待以后进行研究了。

参考文献

白梅丽（Marie-Claude Paris）（1981）汉语普通话中的"连……也/都"，罗慎仪节译，《国外语言学》，第3期。
蔡维天（2004）谈"只"与"连"的形式语义，《中国语文》，第2期。
曹逢甫（2005）《汉语的句子与句子结构》，王静译，北京：北京语言大学出版社。
曹秀玲（2005）再议"连……都/也……"句式，《语文研究》，第1期。
陈　光（2010）《现代汉语量级范畴研究》，上海：上海人民出版社。
陈宏薇（1998）《汉英翻译基础》，上海：上海外语教育出版社。
陈建民（1990）北京口语中的同义重复现象，《中国语文》，第5期。
陈　平（2006）引进·结合·创新——关于国外语言学与中国语言学研究关系的几点思考，《当代语言学》，第2期。
陈小荷（1994）主观量问题初探——兼谈副词"就"、"才"、"都"，《世界汉语教学》，第4期。
陈　颖（2009）《现代汉语传信范畴研究》，北京：中国社会科学出版社。
陈　忠（2005）《认知语言学研究》，济南：山东教育出版社。
程葆贞（2010）《现代汉语强调范畴》，硕士研究生学位论文，河南大学。
程存熹（1991）英语表达强调意念的语言手段，《外语学刊》（黑龙江大学学报），第6期。
崔希亮（1990）试论关联形式"连……也/都……"的多重语言信息，《世界汉语教学》，第3期。
崔希亮（1993）汉语连字句的语用分析，《中国语文》，第2期。
崔艳红（2000）反复辞格补说，《辽宁师范大学学报》（社会科学版），第3期。
崔永华（1984）"连……也/都……"句式试析，《语言教学与研究》，第4期。
崔永元（2003）《精彩实话——实话实说话题精选》，北京：中国摄影出版社。
戴浩一（1990）以认知为基础的汉语功能语法刍议（上），叶蜚声译，《国外语言学》，第4期。
戴浩一（1991）以认知为基础的汉语功能语法刍议（下），叶蜚声译，《国外语言学》，第1期。
邓云华（2005）《英汉句法对比研究》，长沙：湖南师范大学出版社。
丁雪欢（1994）连字句的逆反性考察，《语文研究》，第3期。
董付兰（2002）"毕竟"的语义语用分析，《首都师范大学学报》（社会科学版），第

3期。

董秀芳（2003）无标记焦点和有标记焦点的确定原则，《汉语学习》，第1期。

董秀芳（2010）《量与强调》，载徐丹主编《量与复数的研究——中国境内语言的跨时空考察》，北京：商务印书馆。

端木三（2007）重音、信息和语言的分类，《语言科学》，第5期。

范　晓主编（1998）《汉语的句子类型》，太原：书海出版社。

范　晓、张豫峰（2003）《语法理论纲要》，上海：上海译文出版社。

方　梅（1995）汉语对比焦点的句法表现手段，《中国语文》，第4期。

方　梅（2005）篇章语法与汉语篇章语法研究，《中国社会科学》，第6期。

方永德（1998）《汉英强调句对比研究》，载吕光旦主编《对外汉语论丛》，上海：上海外语教育出版社。

高桥弥守彦（1987）关于"连……也/都……"格式的一些问题，《第二届国际汉语教学讨论会论文选》，北京：北京语言学院出版社。

高桥弥守彦（1991）"谁也/都……"格式中的若干问题，《第三届国际汉语教学讨论会论文选》，北京：北京语言学院出版社。

高桥弥守彦（1993）关于介词"连"，载大河内康宪主编《日本近、现代汉语研究论文选》，北京：北京语言学院出版社。

高顺全（1995）施事后周遍性受事的句法性质——兼论"前置宾语"，《解放军外语学院学报》，第4期。

龚千炎（1983）论几种表示强调的固定格式，《语法研究与探索》（1），北京：北京大学出版社。

顾　钢（2001）话题和焦点的句法分析，《天津师范大学学报》（社科版），第1期。

郭春贵（1996）试论"连……都……"和"连……也……"的异同》，《第五届国际汉语教学讨论会论文选》。

郭继懋（1997）反问句的语义、语用特点，《中国语文》，第2期。

国家对外汉语教学领导小组办公室汉语水平考试部（1996）《汉语水平等级标准与语法等级大纲》，北京：高等教育出版社。

哈杜默德·布斯曼（2003）《语言学词典》，北京：商务印书馆。

韩　梅（2005）"是……的"句的句法语义分析，《东疆学刊》，第2期。

韩玉国（2003）连字句中"都"与"也"的语义差别，《暨南大学华文学院学报》，第1期。

洪　波（2001）连字句续貂，《语言教学与研究》，第2期。

侯学超（1998）《现代汉语虚词词典》，北京：北京大学出版社。

侯　颖（2004）《"是……的"结构的语义角色及其焦点指派》，硕士研究生学位论文，北京语言大学。

胡德明（2002）"连"字成分的焦点及相关问题，《海南大学学报》，第4期。

胡明扬（1994）语义语法范畴——兼谈转换语法的一些发展，《汉语学习》，第1期。

胡祥骅（1998）怎样使用词序、重复和语态进行强调，《大学英语》，第11期。

胡裕树、张　斌（1984）汉语语序研究中的几个问题，《中国语文》，第3期。

胡裕树、张　斌（2002）《20世纪现代汉语语法八大家——胡裕树、张斌选集》，长春：东北师范大学出版社。

胡壮麟（1994）《语篇的衔接与连贯》，上海：上海外语教育出版社。

黄永健（1995）非……不……句式初探，《深圳大学学报》（人文社会科学版），第3期。

黄瓒辉（2003）焦点、焦点结构及焦点的性质研究综述，《现代外语》（季刊），第4期。

黄章恺（1987）《现代汉语常用句式》，北京：北京教育出版社。

黄章恺（1994）《汉语表达语法》，汕头：汕头大学出版社。

汲传波（2006）论强调范畴的构建，《暨南大学华文学院学报》，第2期。

汲传波（2009）从认知心理学视角论语言中的"强调"，《现代语文》，第8期。

汲传波（2010）连字句与甚至句对比研究，《渤海大学学报》，第1期。

季羡林主编，黄国营编（2002）《20世纪现代汉语语法八大家——吕叔湘选集》，长春：东北师范大学出版社。

贾　媛、李爱军、陈轶亚（2009）汉语"是"和"连"标记的焦点成分语音特征研究，《清华大学学报》（自然科学版），第49卷第S1期。

夸　克（1989）《英语语法大全》，上海：华东师范大学出版社。

朗文出版公司辞典部（1998）《朗文当代高级英语辞典》（英英·英汉双解），北京：商务印书馆。

黎锦熙（2000）《新著国语文法》，北京：商务印书馆。

李国强（2003）英汉语的强调手法，《广西梧州师范高等专科学校学报》，第1期。

李海红（2002）对"反复"修辞功能的探讨，《齐齐哈尔医学院学报》，第11期。

李海燕（2006）"是……的"句的语用分析，载《汉语教学学刊》编委会编《汉语教学学刊》第2辑，北京：北京大学出版社。

李佳慧（2011）《面向对外汉语教学的强调句研究》，硕士研究生学位论文，沈阳师范大学。

李劲荣（2007）"实在"句的语义格局与句法制约，《世界汉语教学》，第2期。

李晋瑜（2006）浅谈"重复"的汉译英，《山西农业大学学报》，第5期。

李　荆、钟　岚（1995）英汉强调手段的比较，《吉林师范学院学报》，第9、10期。

李　讷、安珊笛、张伯江（1998）从话语角度论证语气词"的"，《中国语文》，第2期。

李　青（2001）试谈英汉反身代词的强调用法，《绥化师专学报》，第 1 期。
李青苗（2004）《焦点的语义功能、结构特征和认知特点》，硕士研究生学位论文，东北师范大学。
李善熙（2003）《汉语"主观量"的表达研究》，博士研究生学位论文，中国社会科学院研究生院。
李泰洙（2004）"也/都"强调紧缩句研究，《语言研究》，第 2 期。
李咸菊（2004）重动句几种语用功能探微，《四川教育学院学报》，第 7 期。
李晓琪（2004）关于建立词汇—语法教学模式的思考，《语言教学与研究》，第 1 期。
李鑫华（2004）语言递归性与拓扑心理学视角下反复辞格的语用功能与心理价值探析，《外语学刊》，第 3 期。
李　燕（2012）《现代汉语趋向补语范畴研究》，天津：南开大学出版社。
李　引、王桂芝（1996）英语被动句与强调的英汉比较，《外语学刊》，第 1 期。
李宇明（2000）《汉语量范畴研究》，武汉：华中师范大学出版社。
李宇明（2004）《意义与形式关系的思考》，中国传媒大学讲座。
厉霁隽（2005）副词"真的"的语法化过程，载齐沪扬主编《现代汉语虚词研究与对外汉语教学》，上海：复旦大学出版社。
林杏光（1993）进一步深入研究现代汉语格关系，《汉语学习》，第 5 期。
刘春卉（2008）《现代汉语属性范畴研究》，成都：巴蜀书社。
刘丹青（2005）作为典型构式句的非典型"连"字句，《语言教学与研究》，第 4 期。
刘丹青（2006）焦点（强调成分）的调查研究框架，《东方语言学》编委会《东方语言学》创刊号，上海：上海教育出版社。
刘丹青、徐烈炯（1998）焦点与背景、话题及汉语"连"字句，《中国语文》，第 4 期。
刘探宙（2008）多重强式焦点共现句式，《中国语文》，第 3 期。
刘贤俊（2003）语义范畴研究的一部新作——汉语量范畴研究读后，《世界汉语教学》，第 2 期。
刘鑫民（1995）焦点、焦点的分布和焦点，《宁夏大学学报》（人文社科版），第 1 期。
刘鑫民（2004）《现代汉语句子生成问题研究———一个以语序为样本的探索》，上海：华东师范大学出版社。
刘雪春（1998）"反复"在广告语中的创新，《汉语学习》，第 4 期。
刘　焱（2004）《现代汉语比较范畴的语义认知基础》，上海：学林出版社。
刘月华、潘文娱、故　烨（2001）《实用汉语语法》（增订本），北京：商务印书馆。
龙海平（2007）《已然义"是……的"类句式的多角度考察》，博士研究生学位论文,华中师范大学。

卢英顺（2008）关于认知图景的几个问题,《语言科学》,第6期。

鲁　川、林杏光（1989）现代汉语语法的格关系,《汉语学习》,第5期。

鲁　莹（2011）《现代汉语话语强调范畴构建与研究》,博士研究生学位论文,中国人民大学。

陆丙甫（2006）论形式和功能的统一是语法分析的根本基础——兼谈转换语法的一些发展,《外国语》,第3期。

陆俭明（1980）汉语口语句法里的易位现象,《中国语文》,第1期。

陆俭明（1993）《陆俭明自选集》,郑州：大象出版社。

陆俭明（2002）《20世纪现代汉语语法八大家——陆俭明选集》,长春：东北师范大学出版社。

陆俭明（2003）《现代汉语语法研究教程》,北京：北京大学出版社。

陆俭明（2005）要重视讲解词语和句法格式的使用环境,载上海师范大学《对外汉语研究》编委会编《对外汉语研究》,第1期。

陆俭明（2006）语言研究目的浅议——兼谈汉语应用研究有广阔的前景,《语言文字应用》,第2期。

陆俭明、马　真（1985）《现代汉语虚词散论》,北京：北京大学出版社。

陆镜光（2004）说"延伸句",《庆祝〈中国语文〉创刊五十周年学术论文集》,北京：商务印书馆。

罗耀华、齐春红（2007）副词性非主谓句的成句规约——语气副词"的确"的个案考察,《汉语学习》,第2期。

吕必松（1982）关于"是……的"结构的几个问题,《语言教学与研究》,第4期。

吕叔湘（1979）《汉语语法分析问题》,北京：商务印书馆。

吕叔湘（1982）《中国文法要略》,北京：商务印书馆。

吕叔湘（1990）《吕叔湘文集第1卷——中国文法要略》,北京：商务印书馆。

吕叔湘主编（1999）《现代汉语八百词》（增订本）,北京：商务印书馆。

吕叔湘（2002a）《20世纪现代汉语语法八大家——吕叔湘选集》,长春：东北师范大学出版社。

吕叔湘（2002b）汉语语法分析问题,载季羡林主编、黄国营编《20世纪现代汉语语法八大家——吕叔湘选集》,长春：东北师范大学出版社。

马　彪（2005）浅谈同义反复辞格,《求是学刊》,第6期。

马洪海（2002）论重叠复句,《信阳师范学院学报》（哲学社会科学版）,第4期。

马庆株（1998）《汉语语义语法范畴问题》,北京：北京语言文化大学出版社。

马盛静恒（1986）汉语"了、过、是……的、着、在、呢"教材教法的构想,载《第一届世界汉语教学讨论会论文选》,北京：北京语言学院出版社。

马　真（1985）说"也",载《现代汉语虚词散论》,北京：北京大学出版社。

马　真（2001）表加强否定语气的副词"并"和"又"——兼谈词语使用的语义背景，《世界汉语教学》，第 3 期。
玛丽安娜·黛安娜（2002）《英语教学语法》（第二版），北京：北京大学出版社。
梅　华（1983）"强调"应单独列为一种修辞格，《黄冈师专学报》，第 1 期。
莫红霞、张学成（2001）汉语焦点研究概观，《杭州师范学院学报》（人文社会科学版），第 4 期。
倪宝元、林士明（1979）说"连"，《杭州大学学报》，第 3 期。
倪　兰（2002）"是……的"结构话语功能，《语文学刊》，第 3 期。
牛保义（2007）凸显度优先：TALL-SHORT 类相对反义词的认知研究，《外语学刊》，第 2 期。
潘建华（2000）每个句子都有焦点吗？《山西师大学报》，第 3 期。
彭聃龄、张必隐（2004）《认知心理学》，杭州：浙江教育出版社。
彭兰玉、谢晓明（2001）话语复现与主观量的强化，《上海师范大学学报》（社会科学版），第 3 期。
彭增安、陈光磊主编（2006）《对外汉语课堂教学概论》，北京：世界图书出版公司。
齐沪扬（2002）《语气词与语气系统》，合肥：安徽教育出版社。
秦振锋（2000）语法重音和逻辑重音，《语文教学与研究》，第 4 期。
仇栖锋（2006）汉语焦点问题研究综述，《齐齐哈尔大学学报》，第 2 期。
屈承熹（2006）《汉语篇章语法》，潘文国等译，北京：北京语言大学出版社。
阙国光（1983）句首词（成分）对语序的影响，《福州大学学报》，第 3 期。
人民日报评论部（2007）《人民日报评论集——人民时评 2006 年卷》，北京：红旗出版社。
任志萍、杜　蓓（2002）口语中同形反复的语用功能，《修辞学习》，第 1 期。
杉村博文（1992）现代汉语"疑问代词＋也/都"结构的语义分析，《世界汉语教学》，第 3 期。
邵敬敏（1998）八十到九十年代的现代汉语语法研究，《世界汉语教学》，第 4 期。
邵敬敏（2004）"语义语法"说略，《暨南学报》，第 1 期。
邵敬敏（2010）《汉语方言疑问范畴比较研究》，广州：暨南大学出版社。
邵敬敏、赵春利（2006）关于语义范畴的理论思考，《世界汉语教学》，第 1 期。
沈家煊（1993）句法的象似性问题，《外语教学与研究》，第 1 期。
沈家煊（2000）认知语法的概括性，《外语教学与研究》，第 1 期。
沈家煊（2001）语言的"主观性"和"主观化"，《外语教学与研究》，第 4 期。
沈家煊（2006）《认知与汉语语法研究》，北京：商务印书馆。
沈开木（1999）《语法理论话语——现代汉语的探索》，广州：广东人民出版社。
施春宏（2011）面向第二语言教学汉语构式研究的基本状况和研究取向，《语言教学与研究》，第 6 期。

石定栩（2003）理论语法与汉语教学——从"是"的句法功能谈起，《世界汉语教学》，第 2 期。

石毓智（2000）论"的"的语法功能的同一性，《世界汉语教学》，第 1 期。

石毓智（2001）《肯定和否定的对称与不对称》，北京：北京语言文化大学出版社。

石毓智（2004）对"《汉语语法化的历程》商兑"一文的答复——答洪波等所提的问题，《北大中文论坛》汉语语言学论坛，6 月 21 日。

石毓智（2005）论判断、焦点、强调与对比之关系——"是"的语法功能和使用条件，《语言研究》，第 4 期。

石毓智、李讷（2001）《汉语语法化的历程——形态句法发展的动因和机制》，北京：北京大学出版社。

史厚敏、何芸（2007）基于典型范畴理论的连系动词家族相似性研究，《洛阳大学学报》，第 1 期。

宋玉柱（1996）《现代汉语语法论集》，北京：北京语言学院出版社。

孙汝建（2004）肯定与肯定焦点，《南京师范大学文学院学报》，第 3 期。

孙瑞珍主编（1995）《中高级对外汉语教学等级大纲》（词汇·语法），北京：北京大学出版社。

孙维张（1990）论语义范畴系统的建构，《吉林大学社会科学学报》，第 1 期。

太田辰夫（2003）《中国语历史文法》，北京：北京大学出版社。

汤力群（2005）英语形式重复的语用功能模式，《江西教育学院学报》（社会科学），第 1 期。

汤仁云（2006）浅析英语重复及平行结构的修辞效应，《皖西学院学报》，第 6 期。

汤廷池（1983）国语的焦点结构：分裂句、分裂变句与准分裂句，载汤廷池、郑良伟、李英哲编《汉语句法、语意学论集》，台湾：台湾学生书局。

唐凤艳（2003）《现代汉语"即使"复句探析》，硕士研究生学位论文，暨南大学。

陶红印（1999）试论语体分类的语法学意义，《当代语言学》第 1 卷，第 3 期。

汪有序（1986）怎样教学"是……的"，《第一届世界汉语教学讨论会论文选》，北京：北京语言学院出版社。

王灿龙（2004）连字句的焦点与相关的语用问题，载中国社会科学院语言研究所、《中国语文》编辑部编《庆祝〈中国语文〉创刊 50 周年学术论文集》，北京：商务印书馆。

王红（2001）语气副词"都"的语义、语用分析，《暨南大学华文学院学报》，第 2 期。

王立弟、张立云（2002）重复——在汉英翻译中的处理，《中国翻译》，第 5 期。

王玲玲（1989）现代汉语格关系研究述评，《汉语学习》，第 5 期。

王明华（2001）用在否定词前面的"并"与转折，《世界汉语教学》，第 3 期。

王胜文（2005）表示强调关系的"连"及其隐括用法，《南开语言学刊》，第1期。
王世凯（2010）《现代汉语时量范畴研究》，北京：中国社会科学出版社。
王　朔（2004）《王朔自选集》，昆明：云南人民出版社。
王　涛（2003）英语反复辞格研究，《遵义师范学院学报》，第4期。
王希杰（2005）从反复说修辞格研究的一些问题——张晓、徐广洲《反复新论》序言，《赤峰学院学报》（汉文哲学社会科学版），第4期。
王　欣（2009）《类型逻辑语法与现代汉语"是"和"的"》，博士研究生学位论文，北京语言大学。
王新明（1995）英汉修辞中"反复"的对比，《广西教育学院学报》，第3期。
王韫佳、初　敏、贺　琳（2003）汉语语句重音的分类和分布的初步实验研究，《心理学报》，第6期。
王韫佳、初　敏、贺　琳（2006）汉语焦点重音和语义重音分布的初步实验研究，《世界汉语教学》，第2期。
王芝清（2009）《"强调"类语气副词与对外汉语教学》，硕士研究生学位论文，内蒙古师范大学。
魏榕平（1998）英汉"反复"修辞格之比较，《福州大学学报》（社会科学版），第3期。
温锁林（1998）汉语句子的信息安排及其句法后果——以"周遍句"为例，载袁晖、戴耀晶主编《三个平面：汉语语法研究的多维视野》，北京：语文出版社。
温锁林（2012）"有＋数量结构"中"有"的自然焦点凸显功能，《中国语文》，第1期。
温至孝（1983）"强调"与语序，《天水师范学院学报》，第2期。
文贞惠（2003）《现代汉语否定范畴研究》，博士研究生学位论文，复旦大学。
芜　菘（2003）重新认识"双重否定"，《湖北民族学院学报》（哲学社会科学版），第2期。
吴为章（1996）语序重要，《中国语文》，第4期。
吴中伟（1995）关联副词在周遍性主语之前，《汉语学习》，第3期。
肖奚强（2007）略论"的确""实在"句法语用差异，《语言研究》，第2期。
肖奚强等（2008）《汉语中介语语法问题研究》，北京：商务印书馆。
肖娅曼（2003）《汉语系词"是"的来源与成因研究》，博士研究生学位论文，四川大学。
谢永玲（1999）也说是字句，《北京印刷学院学报》，第2期。
邢福义（1986）反递句式，《中国语文》，第1期。
邢福义（2001）《汉语复句研究》，北京：商务印书馆。
熊锡新（1982）也谈介词"连"——与尹绀熙同志商榷，《汉语学习》，第5期。
徐建华、林铁红（1998）描写句主谓语易位现象研究，《锦州师范学院学报》（哲学社会科学版），第 3 期。
徐　杰（2004）《普遍语法原则与汉语语法现象》，北京：北京大学出版社。
徐　杰、李英哲（1993）焦点和两个非线性语法范畴："否定""疑问"，《中国语文》，第 2 期。
徐晶凝（2000）汉语语气表达方式及语气系统的归纳，《北京大学学报》，第 3 期。
徐烈炯（2002）功能主义与形式主义，《外国语》，第 2 期。
徐烈炯（2005）几个不同的焦点概念，载徐烈炯、潘海华主编《焦点结构和意义的研究》，北京：外语教学与研究出版社。
徐烈炯、刘丹青（1998）《话题的结构与功能》，上海：上海教育出版社。
徐默凡（2004）《现代汉语工具范畴的认知研究》，上海：复旦大学出版社。
许国萍（2007）《现代汉语差比范畴研究》，上海：学林出版社。
玄　玥（2002）焦点问题研究综述，《汉语学习》，第 4 期。
颜红菊（2006）话语标记的主观性和语法化——从"真的"的主观性和语法化谈起，《湖南科技大学学报》（社会科学版），第 6 期。
杨伯峻（1936/1955）《中国文法语文通解》，北京：商务印书馆。
杨春雍（2004）对外汉语教学中"是……的"句型分析，《云南师范大学学报》（对外汉语教学与研究版），第 5 期。
杨德峰（2001）也论易位句的特点，《语言教学与研究》，第 5 期。
杨凯荣（2003）"量词重叠＋（都）＋VP"的句式语义及其动因，《世界汉语教学》，第 4 期。
杨丽君（2001）试论"一 X 不 Y"式成语，《湖北大学学报》，第 6 期。
杨　玲（1999）现代汉语副词"还"的语义与语法分析，《四川大学学报》（哲学社会科学版），第 1 期。
杨　明（1997）语意反复，《外国语》，第 1 期。
杨明天（2000）语义反复表达的主观情态意义，《外语学刊》，第 2 期。
杨　铭（2002）冗余信息、修辞格反复及其翻译，《外语教学》，第 6 期。
杨培松（2003）《"强调类"语气副词语篇分析的个案研究》，硕士研究生学位论文，广西师范大学。
杨石泉（1997）"是……的"句质疑，《中国语文》，第 6 期。
杨　艳（2004）《现代汉语"是"字结构与语用量研究》，博士研究生学位论文，上海师范大学。
杨　艳（2005）表让步的"就是"与主观量，《东南大学学报》（哲学社会科学版），第 6 期。
姚锡远（1995）论"反复"辞格产生的理论基础，《辽宁教育学院学报》，第 1 期。
姚亚平（1981）"是"字词性辨，《江西大学学报》（哲学社会科学版），第 4 期。
叶　川（2004）"连 X 都 VP"与"连 X 也 VP"表情达意语用比较，《南昌高专学报》,第 2 期。

叶友林（1990）论重复,《外语教学》,第 1 期。

易福成（2007）《语法的系统性和学生的接受能力》,"国家汉语教学新趋势"高层系列讲座讲稿,北京大学,12 月 18—20 日。

尹绪熙（1982）介词"连"小议,《汉语学习》,第 1 期。

余国良（2005）语法焦点与强调,《大连海事大学学报》（社会科学版）,第 1 期。

俞　谨（1985）语序的逻辑意义,《镇江师专学报》（社会科学版）,第 3 期。

袁世全（1999）重复与反复：人称代词及其他,《修辞学习》,第 5 期。

袁毓林（2000）论否定句的焦点、预设和辖域歧义,《中国语文》,第 2 期。

袁毓林（2002）论元角色的层级关系和语义特征,《世界汉语教学》,第 3 期。

袁毓林（2003a）从焦点理论看句尾"的"的句法语义功能,《中国语文》,第 1 期。

袁毓林（2003b）句子的焦点结构及其对语义解释的影响,《当代语言学》,第 4 期。

袁毓林（2006）试析连字句的信息结构特点,《语言科学》,第 2 期。

曾毅平（2005）"居然"如此修辞,《修辞学习》,第 6 期。

张宝林（1994）"是……的"句的歧义现象分析,《世界汉语教学》,第 1 期。

张伯江（1996）否定的强化,《汉语学习》,第 1 期。

张伯江（1997）认识观的语法表现,《国外语言学》,第 2 期。

张伯江（2005）功能语法与汉语研究,《语言科学》,第 4 卷第 6 期。

张伯江（2007）语体差异和语法规律,《修辞学习》,第 2 期。

张伯江、方　梅（1994）汉语口语的主位结构,《北京大学学报》（哲学社会科学版）,第 2 期。

张伯江、方　梅（1996）《汉语功能语法研究》,南昌：江西教育出版社。

张和友（2004）《汉语"是"字构式的句法语义——基于说话人取向的研究》,博士研究生学位论文,北京大学。

张和友（2007）情态确认型"是"字构式中"是"的语义功能,《北京大学学报》,第 2 期。

张辉松（2005a）试论语言强调的功能性,《韶关学院学报》（社会科学版）,第 2 期。

张辉松（2005b）强调手段分类的新视角,《华中科技大学学报》,第 3 期。

张辉松（2008）语言强调功能系统：强化及凸显,《湖北师范学院学报》（哲学社会科学版）,第 5 期。

张辉松（2010）论强调功能的认知机制——象似性与强调功能,《湖北师范学院学报》（哲学社会科学版）,第 6 期。

张　静（1963）从"是……的"结构看语法单位的同一性和示差性,《郑州大学学报》,第 3 期。

张　黎（1997）关于语义范畴——汉语意合语法讨论之二,《汉语学习》,第 4 期。

张炼强（1990）羡余成分说略，《语文研究》，第 2 期。
张明莹（2000）说"简直"，《汉语学习》，第 1 期。
张清源（1998）"强调"概念在对外汉语教学中的应用，《对外汉语教学论丛》（第一辑），成都：四川大学出版社。
张庆余（1998）"也"表示强调时的句重音位置，《内蒙古民族师范学院学报》，第 2 期。
张绍杰（1986）《强调在信息传递中的作用》，硕士研究生学位论文，东北师范大学。
张旺熹（2006）"连"字句的序位框架及其对条件成分的映现，《汉语学习》，第 2 期。
张文庭（1985）《英语强语势》，北京：商务印书馆。
张文庭（1986）英语词语的修辞重复，《外国语》（《上海外国语学院学报》），第 4 期。
张谊生（2000）《现代汉语副词研究》，上海：学林出版社。
张谊生（2002）《助词与相关格式》，合肥：安徽教育出版社。
张豫峰（2006）关于汉语句子焦点问题的两点思考，《中州学刊》，第 2 期。
章　熊（1981）略说句尾的强调作用，《语文教学》，第 10 期。
赵建华主编（1999）《对外汉语教学中高级阶段功能大纲》，北京：北京语言文化大学出版社。
赵金铭（2001）论汉语的"比较"范畴，《中国语言学报》，第 1 期。
赵金铭（2002）《似同实异——汉语近义表达方式的认知语用分析》序言，北京：中国社会科学出版社。
赵　敏（2004）《连字句、甚至句、即使句的对比分析》，硕士研究生学位论文，暨南大学。
赵末乔（2003）《语意反复的研究》，硕士研究生学位论文，南京师范大学。
赵淑华（1979）关于"是……的"句，《语言教学与研究》，第 1 期。
赵元任（1979）《汉语口语语法》，吕叔湘译，北京：商务印书馆。
赵振才（1985）汉语简单句的语序与强调，《语言教学与研究》，第 3 期。
郑良根（1986）语序功能新探，《杭州师院学报》（社会科学版），第 4 期。
志　娃（1959）谈"强调"，《语文知识》，第 2 期。
钟　华（2007）现代汉语焦点表现手段研究，博士研究生学位论文，安徽大学。
钟书能（1997）信息结构——英汉被动句主位强调说质疑，《外国语》，第 5 期。
钟正岚（2011）《对外汉语教学强调方式语法项目的选取与排序研究》，硕士研究生学位论文，暨南大学。
周　红（2005a）《现代汉语致使范畴研究》，上海：复旦大学出版社。
周　红（2005b）语义范畴与对外汉语语法教学，《云南师范大学学报》，第 3 期。

周　红（2007）致使表达的现实性与虚拟性及其功能特征，《广播电视大学学报》，第 1 期。
周　静（2003）《现代汉语递进范畴研究》，博士研究生学位论文，华东师范大学。
周　静（2004）"甚至"的篇章衔接功能和语法化历程，《暨南学报》（人文科学与社会科学版），第 5 期。
周利芳（1993）"都"表总括与表强调之间的内部联系，《语文学刊》，第 5 期。
周晚田（1999）反身代词的强调特征，《湖南师范大学社会科学学报》，第 6 期。
周小兵（1990）汉语连字句，《中国语文》，第 4 期。
周小兵（1996）《篇章、语义、句法——汉语语法综合研究》，广州：广东高等教育出版社。
周小兵（2002）《对外汉语教学中的副词研究》，北京：中国社会科学出版社。
周有斌（1992）是字句研究述评，《汉语学习》，第 6 期。
周有斌（2004）《现代汉语选择范畴研究》，桂林：广西师范大学出版社。
朱　斌（2002）《现代汉语是字句然否类型联结研究》，博士研究生学位论文，华中师范大学。
朱德熙（1982）《语法讲义》，北京：商务印书馆。
朱德熙（1987）现代汉语语法研究的对象是什么？《中国语文》，第 4 期。
朱品凡（1999）浅述英语句中的强调，《大学英语》，第 7 期。
朱永生（1988）英语重复现象的多种功能，《外国语》（上海外国语学院学报），第 3 期。
宗廷虎（1998）《修辞新论》，上海：上海教育出版社。
Beym, R. (1952) *The Linguistic Category of Emphasis in Colloquial Spanish*. The Graduate College of the University of Illinois. The Dissertation of Ph. D.
Brooks, C. & R. P. Warren (1952) *Fundamentals of Good Writing—A Handbook of Modern Rhetoric*. 19-23. London: Dennis Dobson.
Chafe, W. L. (1976) Giveness, Contrastiveness, Definiteness, Subjects, Topics and Point of View. *Subject and Topic* (ed.) by N. Li. Charles 25-26. Academic Press.
Chu, C. (1970) *The Structure of Shi and You in Mandarin Chinese*. University of Texas at Austin. The Dissertation of Ph. D.
Cohan, J. B. (2000) *The Realization and Function of Focus in Spoken English*. The University of Texas at Austin. The Dissertation of Ph. D.
Fraser, B. & M. Malamud-Makowski (1996) English and Spanish Constrastive Discourse Markers. *Language Sciences*. 18: 863-881.
Greenbaum, S. & G. Nelson (2002) *An Introduction to English Grammar*. Longman. Second Edition.

Huang, G. & R. P. Fawcett (1996) A Functional Approach to Two "Focussing" Constructions in English and Chinese. *Language Science*, Vol. 18. Nos 1-2: 179-194.

Huang, Y. (2000) *Anaphora-A Cross-linguistic Study*. Oxford University Press.

Johnston, Edgar O. (1991) *Syntax and Emphasis in Deuteronomy*. Annenberg research Institute. Formerly Dropsie College. The Dissertation of Ph. D: 150-166.

Kane, T. S. (1983) *The Oxford Guide to Writing—A Rhetoric and Handbook for College Students*. 280-307. Oxford University Press.

Kane, T. S. & L. J. Peters (1969) *Writing Prose*. New York: Oxford University Press.

Kiefer, F. (1967) *On Emphasis and Word Order in Hungarian*. Bloomington: Indiana University. Mouton & Co. The Hague, The Netherlands.

Kim, Y. E. (2000) *Focus and Old Information: Polarity Focus, Contrastive Focus, and Contrastive Topic*. The University of Texas at Austin. The Dissertation of Ph. D.

Leech, G. & J. Svartvik (2002) *A Communicative Grammar of English*. Longman. Third Edition.

Lin, H. T. (1981) *Essential Grammar For Modern Chinese*. Cheng & Tsui Company, 257-271. Inc. Boston.

Livna, M. A. (1984) *Focus Constructions in Somali*. University of Illinois at Urbana-Champaign. The Dissertation of Ph. D.

Malim, T. (1994) *Cognitive Process-Attention, Perception, Memory, Thinking and Language*. The Macmillan Press LTD.

Muraoka, T. (1969) *Emphasis in Biblical Hebrew*. Jerusalem: Hebrew University. The Dissertation of Ph. D.

Myhill, J. & Z. Xing (1996) Towards an Operational Definition of Discourse Contrast. *Studies in Language*. 20: 2, 303-360.

Naylor, P. B. (1973) *Topic, Focus, and Emphasis in the Tagalog Verbal Clause*. The University of Michigan. The Dissertation of Ph. D.

Radetzky, P. K. (2002) *The Functions and Evolution of Topic and Focus Markers*. Berkeley: University of California. The Dissertation of Ph. D.

Saeed, J. I. (2003) *Semantics*. Blackwell Publishing. Second Edition.

Shyu, S. (徐淑英) (2004) (A) Symmetries between Mandarin Chinese Lian⋯⋯ Dou and Shenzhi. *Journal of Chinese Linguistics*. Vol. 32. No. 1.

Waltke, B. K. & M. O'Connor (1990) *An Introduction to Biblical Hebrew Syntax*. Winona Lake: Eisenbrauns.

Werth, P. (1984) *Focus, Coherence and Emphasis*. Croom Helm Ltd.

Yang X. L. (1999) *Focus and Scales: L1 Acquisition of CAI and JIU in Mandarin Chinese*. The Chinese University of Hong Kong. The Dissertation of Ph. D.

Zhu, Y. (1997) *The Focus-Marking Function of SHI in Mandarin Chinese*. The Graduate School of the Universtiy of Minnesota. The Dissertation of Ph. D.

附　表

表一　《现代汉语八百词》（增订本）解释中带有"强调"的词和格式

词或格式	解释
"把"前加"大、满、小"	强调数量多或少（53 页）
才	强调确定语气（108 页）
才＋形＋呢	强调程度高（108 页）
成＋量	构成短语，可修饰动词。可重叠。强调数量多或时间长（117 页）
大	放在某些时令、时间、节日前，表示强调（140 页）
当	前面可以加"正"，强调某件事正在发生（148 页）
到底	强调原因或特点；毕竟。a) 用在动、形或主语前；b)［名］＋到底＋是＋名，前后名词相同（153 页）
的	用在句首某些短语后，强调原因、条件、情况等。用于口语（163 页）
都	与"连"字同用，有强调语气的作用（177 页）
而况	用反问语气强调更进一层的意思。用于后一小句开头。用于书面（194 页）
而且	不但（不仅，不单，不只，不光）……而且……，强调更进一层的意思（195 页）
反正	强调在任何情况下都不改变结论或结果。上文常有"无论、不管"，或表示正反两种情况的词语。多用在主语前（199 页）
非常之（地）＋形/动	语意更加强调、突出（206 页）
好［副］	强调多或久。用在数量词、时间词或形容词"多、久"前。数词限于"一、几"（258 页）
好多	重叠式"好多好多"，强调数量多。可用如名词或修饰名词（260 页）
好像	可以受"真"修饰，表示强调（261 页）
好几、几十几百、几千几万……	强调数量大（290 页）
简直	强调完全如此或差不多如此，含夸张语气（296 页）
进而	强调进一步的行动（309 页）
究竟	用于是字句，强调事物的特性（314 页）

续表

词或格式	解释
就：就＋动；就＋形	强调在很久以前已经发生。"就"前必有时间词语或其他副词（315页）
就：就＋动＋数量	强调数量多寡（317页）
就是	强调肯定（319页）
就算	与"但是、难道、可是"等配合，后一分句表示强调以让步为前提的转折（321页）
可	表示强调语气，程度由轻到重都有。多用于口语（334页）
老＋不（没）＋动	强调时间久（350页）
了	连动句强调前一动作完成后才开始后一动作时，兼语句强调前一动作完成时，了$_1$可用在前一动词后（352页）
连	表示强调。"连"后用"都、也、还"等呼应，"连"前还可以加"甚至"（364页）
每	指全体中的任何个体，用来代表全体。强调个体的共同点（384页）
那个	不强调区别性时，"那个"在前；强调区别性时，"那个"在后（398页）
那么	不表示比拟的程度，只强调说话人的感叹语气，类似"多么"（400页）
那么	"那么"的强调作用同样适用于积极意义的形容词和消极意义的形容词（401页）
动＋那么＋动量	强调动量（402页）
那么	强调数量之多或少，或无所强调（402页）
那么些（指、代）	通过上下文，可强调多或强调少，以前者为主，后者多用"那么点儿"或"那么几＋量词"。不强调多或少时，一般用"那些"（403页）
乃至	表示强调（405页）
起来，下去	强调开始，强调继续（442页）
亲自（副）	表示强调动作、行为由自己直接进行。修饰动词（452页）
上（趋）	表示动作开始并继续下去，强调的是开始（475页）
甚至，甚而，甚而至于，甚至于	强调突出的事例。后面常用"都、也"配合。有时可以放在主语前（486页）
实在（副词）	强调事情的真实性。可以重叠（492页）
时常，经常	"经常"强调一贯性（493页）

续表

词或格式	解释
是＋（小句＋的）	强调小句的主语。动词是结束性的。"是"前不能添出主语。不用否定式（499页）
的＋是＋名/动/小句	强调谓语（499页）
是＋小句	强调一件事情的真实性（500页）
A 是 A	用于对举，强调二者不同（500页）
A 是 A	强调事物的客观性。"是"前常用"总、就、到底"等词（500页）
突然间	同"突然"，更加强调情况发生的那一瞬间，多用于主语前（540页）
突然	比"忽然"更强调情况发生得迅速和出人意料（541页）
下去	强调继续发展（570页）
下来	强调开始出现（570页）
这点＋名	强调少（582页）
样、种	强调与别的同类事物有区别（591页）
一切的一切	强调对事物的最大概括（609页）
一直	强调所指的范围（610页）
尤其＋是	主要用来引进同类事物中需要强调的一个（627页）
又	加强否定（635页）
又	加强反问（635页）
才	表示动作已实现，并且强调动作实现得晚（644页）
早	副词；强调事情的发生离现在已有一段时间。句末常用"了"（650页）
这个	强调区别性时，"这个"在后（658页）
这么	强调说话人的感叹语气（660页）
这么	强调作用同样适用于积极意义的形容词和消极意义的形容词（661页）
这么	强调数量之多或少（662页）
这么些（指、代）	强调多或少（663页）
正	加强肯定的语气（670页）
恰好	比"正好"更强调事情的巧合性（671页）
只是	强调在任何条件下情况不变；就是。用于否定句（680页）
终究	强调事物的本质特点不会改变，事实不可否认。有强调语气的作用，多用于评价意义的陈述句（686页）

表二　《中高级对外汉语教学等级大纲》（词汇·语法）关于"强调"的方法

中级教学语法基本纲	1. 反问句 　1.1 不是……吗？（强调肯定） 　1.2 用疑问代词"怎么、哪儿、什么"构成反问，表示强调。 2. 双重否定（强调肯定的意思） 3. "连……也（都）……"表示强调 4. 用副词"就"表示强调 5. 用动词"是"表示强调 6. 用"非……不可（不行）"表示强调 7. 用"一……也没（不）……"强调否定 8. 用"怎么……也（都）不……"强调否定 9. 用"再也不（没）……"强调否定 10. 用"难道"或"难道……不成"表示强调 11. 用"是……的"结构，强调动作的时间、地点、方式、条件、目的、对象、工具及施事者等
高级教学语法基本纲	1. 用"是""是……的"表示强调 2. 用"连……也……"表示强调 　2.1 "连……也（都、还）……" 　2.2 省去介词"连"，用"一＋量＋名"短语表示强调 3. 双重否定表示强调 　3.1 "无Ｘ不Ｘ"表示强调 　3.2 "不是不""不得不""不能不"表示强调 　3.3 "非……不可（不行）"表示强调 4. 用反问表示强调 　4.1 单纯用语气表示的反问 　4.2 用副词"何尝、何苦、何不、何妨、何至"等构成反问句 　4.3 正反问句构成的反问句 　4.4 选择问句构成的反问句 5. 代词前后连用强调语义 　5.1 怎么/这么…… 　5.2 怎么/那么…… 6. 排比 7. 语句重复

表三　《汉语水平等级标准与语法等级大纲》关于"强调"的方法

甲级语法大纲	"是……的"句（一），反问句（一），连……也（都）……
乙级语法大纲	"是……的"句（二），用副词"就"强调，用动词"是"强调，用双重否定强调，用副词"可"强调，用"非……不可"强调，用"……也（都）/也没（不）"强调
丙级语法大纲	是字句（三），反问句（二）
丁级语法大纲	反问句（三）

表四 《对外汉语教学中高级阶段功能大纲》中关于"强调"的方法

词	专/专门；明明；特地/特意；千万/务必；万万；特别（是）/尤其（是）
短语	重中之重；三令五申/三番五次/一而再，再而三（成语）
句子	决不……；关键是……；非……不可；是……的；没有……就没有……；别提多……了；没有比……再/更……的了；别说……，就是……也……；比A还A；A来A去；A了又A；A得不能再A了；要A有A，要B有B；排比句

表五 "是……的"强调成分统计表

成分类型	语体			
	实话	人民时评	王朔小说	总计
形	10	10	14	34
不＋形	9	10	5	24
副＋形	37	8	27	72
副＋形（性）	1	1	1	3
不＋副＋形	1	0	0	1
副＋不＋形	1	0	0	1
指＋形	0	0	1	1
四字短语（形）	2	2	1	5
能愿动词	3	0	1	4
副＋能愿动词	1	1	0	2
能愿动词＋动词	10	0	5	15
能愿动词＋动词＋补	1	0	0	1
施事＋能愿＋动词	2	0	0	2
副＋能愿＋动词	1	0	2	3
状＋能愿＋动词	1	1	0	2
能愿＋动词＋名	5	5	1	11
能愿＋副（状）＋动词	2	2	2	6
能愿＋小句	0	0	2	2
四字短语（动）	4	9	18	31
动词＋名/代	12	6	13	31
动＋宾	2	0	3	5
有＋名（短语）	14	4	14	32
介宾＋有＋名	0	0	1	1

续表

成分类型	语体			
	实话	人民时评	王朔小说	总计
没有＋名	1	0	6	7
有所＋动词	1	0	0	1
环境 时间	0	3	11	14
环境 情况	4	7	4	15
环境 处所	4	3	8	15
环境 时间＋处所	0	0	1	1
方式 凭借	2	3	3	8
方式 工具	1	0	0	1
根由 目的	2	1	2	5
根由 原因	1	0	5	6
主体 施事	11	5	18	34
主体 当事	0	1	0	1
主体 系事	0	0	1	1
邻体 伴随	4	0	2	6
邻体 关涉	1	0	0	1
邻体 与事	0	0	3	3
副＋动词	4	1	5	10
形＋动	0	0	2	2
状＋动＋宾	1	0	3	4
副＋动＋名	5	2	12	19
副＋动＋动	1	1	1	3
指代＋动	3	0	2	5
动＋补	6	2	6	14
动	6	5	11	22
副	2	0	1	3
代	5	0	2	7
疑问代词	15	3	19	37
命题	11	6	31	48
特殊结构	1	0	0	1
总计	211	102	270	583

后 记

本书是在我博士学位论文的基础上历经近五年时间修改而成的。与博士论文相比，本书在"强调的判定标准、强调次范畴"的构建部分有较大调整，其他各章也都补充、吸收了近年来学界最新的相关研究成果。因我一直从事对外汉语教学工作，平时课时多，任务重，所以修改、完善博士论文的工作一直断断续续。此次付梓之际，心情有些复杂，既兴奋、喜悦，又有些忐忑。兴奋的是，我的第一本专著终于可以出版了，其中的绝大部分内容都未曾在期刊上公开发表过，借此次出版的机会，我希望能求教于学界同行；忐忑的是，"强调"研究是个难题，虽历经近十年的摸索，但因个人功力、水平所限，本研究仍有很多不足和遗憾，敬请各位专家、学者多批评指正。

强调范畴的研究得到了导师李宇明先生的悉心指导。先生不仅在学术上指引我前行，更是我的人生榜样。先生对如何做人、如何做学问的训诫一直伴随着我："学术不是一种职业，而是一种事业；学术是最朴素的工作，要求从事者耐得住寂寞，抗得住诱惑；学术最贵平实；平平实实研究，堂堂正正为学。"更令我感动的是，先生百忙之中欣然同意为本书写序，对我进行鼓励与鞭策。另外，我还要衷心感谢白丰兰师母。师母无时无刻不关心着我的学业、生活和家庭，给予了我许多无私的帮助和关爱。

在此，我还要感谢在中国社会科学院研究生院博士论文开题、答辩时给我提出宝贵建议的诸位先生：中国社会科学院语言所沈家煊、刘丹青、吴福祥、张国宪、张伯江，南开大学马庆株，北京大学李晓琪、袁毓林等先生。他们都是语言学界一流的专家、学者，为我的研究提供建议，实在是我莫大的荣幸。我还要感谢我攻读硕士学位时南开大学的诸位先生：谢文庆、王振昆、孙晖、郭继懋，是他们指引我走上了语言研究的道路。另外，我还要感谢中央民族大学关辛秋、北京大学王若江、李红印、王海峰等教授在我学习、工作过程中提供的帮助。

同时，我要感谢北京市社会科学理论著作出版基金的资助，感谢出版社杜若明先生、王飙先生对本书顺利出版所给予的帮助，更要感谢责任编辑唐娟华女士为本书出版所付出的努力。唐娟华女士审稿一丝不苟、严谨求真,为本书提出了很多宝贵的建议,使本书增色不少。

最后要特别感谢我的爱人刘芳芳,她乐观豁达、纯真善良,一直支持、鼓励我,帮我渡过一个个生活的难关。还要感谢女儿,她的降生让我们整个家庭每天都温馨、幸福和快乐!感谢岳母,她善良、朴实、坚忍、知性,以博大的爱感染着我们。

谨把此书送给女儿,作为她的一周岁生日礼物,祝她健康、快乐、幸福!同时,我将谨记"平平实实研究,堂堂正正为学"的训诫,做到与人为善,不急不躁,不随波逐流,争取在这喧嚣、浮躁的社会中做真正的自己。

汲传波

于北京大学燕北园

2014 年 12 月